功利と直観

英米倫理思想史入門

児玉聡
KODAMA Satoshi

keiso shobo

はしがき

現代英米の倫理学では、功利主義と義務論という二つの理論が大きく対立していると言われる。功利主義（utilitarianism）とは、行為や政策が人々に与える結果を重視する立場であり、最大多数の最大幸福に役立つ行為が倫理的に正しいとする考え方である。一方、義務論（deontology）は、そのような結果の善し悪しにかかわらず、世の中には守るべき義務や倫理原則があるという考え方である。

たとえば、「政治家は公約を守るべきだろうか」と質問されたとしよう。一般的に言えば、政治家が公約を守ることは正しく、公約を守らない政治家は非難されるだろう。では、なぜ公約を守るべきなのか。この質問に対しては、「人は自分がした約束を守るべきだから」と答えられるだろう。では、なぜ人は約束を守るべきなのか。この問いに対しては、功利主義者と義務論者で答え方が異なる。功利主義者は、「人々が約束を守ることによって初めて協力関係が成り立つ。そこで、人々が約束を守らず協力関係が成立しない場合よりも、約束を守った方が、社会全体の幸福量が増すからだ」と答えるだろう。一方、義務論者は、「約束を守るという行為が正しいのは、それがまさに人の守るべきルールだからだ。約束を守ることによって社会の幸福が増えるかどうかという結果の善し悪しには依存しない」と答えるだろう。したがって、功利主義では、(たとえば政治家が数年前に発表した公約が現在の実情に合わなくなった場合など) 約束を守ると社会全体の幸福量が減ってしまうと考えられるならば、約束を破った方がよいことになる。それに対して、義務論では、たとえどのような結果が生じるとしても、約束は約束であるがゆえに果たされるべきことになる。

今日の英米の倫理学では、この二つの考え方が大きく対立していると言われる。しかし、興味深いことに、「功利主義」と「義務論」というこの対立図式はそれほど古いものではない。本書で詳しく見るように、この対比は二〇世紀に入ってから現れたものであり、それ以前は、「功利主義」と「直観主義」が対比されていた。

「直観 (intuition)」とは、「直ちに観てとる」、すなわち、何らかの過程を経ずに知識を直接的に得ることである。たとえば、倫理学以外の文脈で言うと、ハリー・ポッターの映画 (『ハリー・ポッターと謎のプリンス』) の中で、トム・リドル (若き日のヴォルデモート) が、スラッグホーン教授に大好物のパイナップルを贈るシーンがある。教えていないのに自分の好物を当てられたスラッグホーン教授が驚いて、「パイナップルを贈ってくれてありがとう。きみの予想通り、わたしの大好物だよ。だが、どうやってわかったんだい?」と尋ねたのに対し、トム・リドルは一言、「直観ですよ (Intuition.)」と答える。これが直観という言葉の一般的な使われ方である。道徳的善悪や正・不正の把握もこのような「直観」によってなされるとする立場が、倫理学における直観主義である。すなわち、行為の帰結について考えるという過程を経なくても、行為を見ればすぐにその正しさあるいは不正さがわかるという考え方である。これが今日の義務論に通じる考え方であることは明らかであろう。しかし、「直観主義」から「義務論」への変遷は、いつ、また、なぜ生じたのだろうか。これが本書で明らかにしたいことの一つである。

上で述べたように、二〇世紀に入ってからは、「功利主義」と「義務論」という対比が主流になる。とはいえ、必ずしも「義務論」が「直観主義」に完全に置き換わったわけではない。本書のもう一つの課題は、現代の倫理学において直観および直観主義がどのような役割を果たしているかを明らかにすることである。

後に詳しく説明するように、直観主義は一九五〇年代から六〇年代には不評の極みにあった。当時、ある英国の哲学者は次のように述べている。

歴史を振り返ってみると、直観主義は非常に奇妙な現象――非常に鋭い洞察を含んでいると同時に、まったく何も明らかにしない著作群――だったように思われる。そのため、それをどうやって説明したらよいのか、その始まりが何だったのかを説明するのに困るのである。(Warnock 1967: 16)

しかし、最近の英国の哲学者が『倫理的直観主義』という編著の序文で述べているように、ここ二〇年、直観主義を見直す機運が生じている(Stratton-Lake 2002a: 2)。実際、生命倫理学のようないわゆる応用倫理学の諸問題を見ていると、功利主義と対立しているのは、義務論ではなく、「直観」であるように思われてくる。たとえば、ピーター・シンガー（Peter Singer）やマイケル・トゥーリー（Michael Tooley）による人工妊娠中絶や新生児安楽死の正当化の議論は、典型的な功利主義的主張と考えられているが、これらの主張は、「直観に反するから誤っている」という退けられ方をすることが多い。また、後に述べるように、ジョン・ロールズ（John Rawls）の『正義論』（Rawls 1971）でも直観主義や直観（ロールズの言葉で言えば「熟慮を経た判断」）について論じられている。そこで、本書では、現代の倫理学において直観および直観主義がどのような位置を占めているのかを明らかにしたい。

ときどき起きることだが、長い間論争をしていると、そもそも何が原因で争っているのか、何について争っているのかがわからなくなってしまうことがある。そもそも、「功利主義 対 直観主義」として知られていた論争は、いつどのようにして始まり、現代の議論へとつながっているのか。本書では、この論争を通史的に検討することで、倫理学の展望を示したい。英米の倫理学の歴史を功利主義と直観主義の対立という視点から見ると、現代に至る倫理学の流れがよく見えるようになるというのが筆者の見解である。

筆者の知る限り、筆者と同じ長いスパンで、功利主義と直観主義を軸に論じた倫理学書は存在しない。たとえば、W・D・ハドソン（W. D. Hudson）は、『倫理的直観主義』（Hudson 1967）という本において、一八世紀の直観主義者たちの諸子百家的な状況を二〇世紀の分析哲学的観点から考察しているが、功利主義との対比および一九世紀以降の展開についてはほとんど述べていない。また、英国のヴィクトリア朝期までの道徳哲学史について論じたJ・B・シュニーウィンド（J. B. Schneewind）

の著作は、功利主義と直観主義の展開を丹念に追っているものの、一九世紀が終わりヴィクトリア朝が幕を閉じたところで筆を擱いている（Schneewind 1977）。さらに、前述のハドソンは、『道徳哲学の百年』（Hudson 1980）という本において、一九世紀末から二〇世紀後半までの倫理学を功利主義と直観主義の抗争と特徴付けて論じているが、とりわけ二〇世紀以降の両者の論争状況に関する説明は不十分であるように思われる。国内に目を転じると、柘植尚則は、『良心の興亡』という著書の中で、「良心」を鍵概念として一八世紀から一九世紀の英国倫理思想を通史的に説明しており、示唆に富んでいる（柘植 2003）。しかし、筆者の考えでは、良心をめぐる論争は功利主義対直観主義の争いの一側面であるため、良心を中心に論じると、現代に至る論争の全体像が見えにくくなるように思われる。いずれにせよ、二〇世紀初頭の哲学者であるG・E・ムーア（G. E. Moore）以前とそれ以降を連続的に論じた倫理思想史の本はほとんどないと言ってよい。本書の特色は、一八世紀以降の英米倫理思想の流れを、直観主義と功利主義の対立という視点から通史的に論じていることだと言える。

また、「直観」という言葉は現代の英米倫理学の鍵概念の一つだと思われるが、日本の倫理学に関連する議論では、「直観」という言葉があまり表に出てこない。倫理学の分野で直観あるいは直観主義を書名や論文名にしたものは国内ではわずかであり、とくに英米の倫理学の文脈でこの言葉が主題的に論じられることはほとんどなかった。そのことを踏まえて言えば、本書のもう一つの特色は、功利主義だけではなく、直観および直観主義を中心に据えて論じていることだと言えよう。

本書は三部構成になっている。

Ⅰ　対立図式の成立（第一章〜第三章）

本書第Ⅰ部では、近代における直観主義の始まりから見る。第一章では、直観主義がホッブズ主義批判を発端に理論化され、バトラーやリードに至るまでに洗練されていく様子を簡単に説明する。続く二つの章では、ベンタム、ミル父子らによる功利主義理論の形成と、彼らによる直観主義批判、および彼らの論敵による功利主義批判を概説し、功利主義と直観主義の対立の図式化と論点整理を行なう。

Ⅱ　理論的展開（第四章〜第七章）

本書第Ⅱ部では、最初の二章で主に二〇世紀前半の功利主義と直観主義の論争の展開について検討し、残りの二章で二〇世紀後半における功利主義と直観主義のそれぞれの理論的展開を見る。具体的には、第四章でシジウィックによる論争の「調停」およびムーアによる「破壊」について見たあと、第五章ではプリチャード、ロスなどによる直観主義理論の論点と功利主義批判の要点をまとめる。第六章では、功利主義への批判を受けて発展した規則功利主義や二層功利主義について検討するとともに、今日の倫理学の方法論の一つである「思考実験」における直観の役割について見る。第七章では、ロールズの『正義論』における反省的均衡をめぐる議論を中心に、ヘアやシンガーといった功利主義者による直観主義批判を見る。

Ⅲ　現代の論争（第八章〜第一〇章）

本書第Ⅲ部では、功利主義と直観主義の理論的な対立からは少し離れて、より具体的・実践的な文脈に舞台を移し、両者の対立がどのような形で展開されているかを点描的に描き出す。第八章では、同性愛の非犯罪化をめぐって二〇世紀中盤に英米で行われた「法による道徳の強制」の是非をめぐる論争を概観し、この論争が功利主義と直観主義の争いの一局面であることを示す。第九章では、生命倫理学分野における功利主義と直観主義の争いを概観する。第一〇章では、近年の脳科学や心理学の展開が功利主義と直観主義の争いに関してもたらす知見について見る。

なお、本文中の注は、この分野を専門に研究する者でなければ読む必要はない。また、読者の便宜のために、本文中に現れる専門用語について、巻末に簡単な用語集を付してある。

最後に、本書のタイトルにもなっている「功利」と「直観」という語について付言しておく。本書では utility を「功利（性）」と訳して使用した。utility は経済学分野では「効用」と訳されることが多いが、本書では utility から派生した utilitarianism を「功利主義」と訳すので、それとの統一を図るためである。また、intuition については、「観る（*intueor*）」というラテン語の原義に即して「直観」という訳語を用いた。後述するように、必ずしも感覚によって得られる知識ではないため、「直感」や「直覚」という語は用いなかった。

ところで、功利主義という言葉は、通俗的には、道徳よりも実利を優先する生き方というような意味で用いられることが多い。たとえば次の例がそうである。

> 今日の子供の多くは容易に種々の本を見ることができる幸福をもっているのであるが、そのために自然、手当たり次第のものを読んで捨ててゆくという習慣になり易い弊がある。これは不幸なことであると思う。もちろん教科書だけに止まるのは善くない。教科書というものは、どのような教科書でも、何等か功利的に出来ている。教科書だけを勉強してきた人間は、そのことだけからも、功利主義者になってしまう。(三木 1974: 15. 傍点は引用者)

本書で詳しく見るように、功利主義にはこのような誤解が生じる素地があったことは否めない。だが、倫理学や政治哲学などの学問領域において功利主義という言葉が使われる場合は、ほとんどの場合、冒頭で述べたような意味で用いられるので、通俗的な意味とは区別する必要がある。また、功利主義は、このように誤用されることの多い言葉であるため、今日、「公益主義」「公利主義」「大福主義」などの訳語も提案されていることも付記しておく。

功利と直観　英米倫理思想史入門

目次

目次

Ⅲ　現代の論争

目　次

BOX

I　対立図式の成立

第一章　直観主義の成立

1　功利主義と直観主義の対立の始まり

「功利主義対直観主義」という対立は、いつ始まったのだろうか。アイルランドの歴史家のレッキー（W. E. H. Lecky, 一八三八〜一九〇三）やケンブリッジ大学の功利主義者シジウィック（Henry Sidgwick, 一八三八〜一九〇〇）が活躍した時代、すなわち一九世紀後半には、すでに「功利主義対直観主義」という対立がはっきりと現れている。

レッキーが書いた *History of European Morals*（Lecky 1869）は、今日ではほとんど顧みられることのない本である(1)。しかし、当時は、「功利主義をめぐってこれほど大きな議論が一般誌で巻き起こったことはそれ以降なかった」（Schneewind 1977: 180）ほど、評判となった。彼はその著作の長大な序文「道徳の自然史」の中で、「直観と功利のいずれが、道徳的区別の究極の支配者とみなされるべきかをめぐる相対立した主張」について論じている。ここで言う道徳的区別とは、正と不正、善と悪などの区別のことである。

レッキーは、直観主義と功利主義を次のように説明している。まず直観主義から見てみよう。

前者の学派〔直観主義〕の道徳家たちの意見を大雑把に述べるとこうなる。われわれは、本性的《ほんせいてき》(natural) に備わっている能力により、善意、貞節、正直といった性質が他よりも優れていること、また、そういった性質を陶冶すべきであり、その反対の性質を抑圧すべきことを知覚することができる。別の言い方をすると、彼らは次のように主張する。正しさの概念に義務の感情が伴うことは、われわれの本性 (nature) である。また、ある行為がわれわれの義務だと述べることは、それ自体で、またあらゆる帰結とは独立に、その行為を実践するための理解可能で十分な理由になる。そして、われわれが義務の第一原理を得るのは、直観からである。(Lecky 1869: 2.〔　〕は引用者による補足。以下同様)

正直さを例にとってレッキーの説明を確認しよう。直観主義者に言わせると、正直さという性質がウソつきという性質よりも優れていることは、本性的に、すなわち教育によってではなく、生まれながらにしてわかることである。生まれながらにしてわかるといっても、ゼロ歳児でもわかるというわけではない。まともに育った成人ならば、どのような国や文化で育とうと、正直であることがそうでないよりも優れた性質であることがわかるということである。また、正直さが優れた性質であると理解することとは、単に頭だけで理解するというのではなく、正直であるべきだ（ウソをつくべきでない）という義務の感覚を伴う。これもわれわれは人間であるかぎり、本性的にそうだというのである。さらに、正直であれば皆から信用されるとか、うまく出世できるとかそういった望ましい帰結（結果）が伴おうと伴うまいと、正直であることは義務であり、それを行なう十分な理由になる。最後に、正直さが義務であることはどうやってわかるかというと、はしがきで触れたトム・リドルのように、「直観によって」と答えるわけである。

では、功利主義についてはどうか。レッキーは次のように説明している。

彼〔功利主義者〕によれば、われわれは、善さと悪さについても、またわれわれの感情や行為のどれがより優れているかについても、本性的にはいかなる知識も持っていない。こうした概念は、人間の幸福に役立つ生き方を観察することを通じてしか得られない。善い行為とは、人間の幸福を増やすか、人間の苦痛を減らす行為のことである。悪い行為とは、その反対の傾向を持つ行為のことである。そこで、「最大多数の最大幸福」を得ることは、道徳家の最大の目的であり、最高の種類の徳であり、その発現である。(Lecky 1869: 2)

この引用についても少し説明を加えておこう。功利主義者は道徳の知識は本性的だという直観主義者の主張をはっきりと否定する。そして、たとえば正直さが優れた性質であることをわれわれが知っているのは、正直であることが当人や他の人々の幸福に役立つということを、観察によって学習したからだと説明する。その他の徳や悪徳についても同じように考え、最終的には、「最大多数の最大幸福」を生み出すことが正しい行為であるという結論に至る、というのである。

細かい論点は後の章で検討することにして、これが直観主義と功利主義という相対立する主張についての、一九世紀後半における標準的理解だと思われる。レッキー自身は熱烈な直観主義者で、上記の序文でも延々と功利主義を批判しているが、それはここでは割愛して、最初の問いに戻ろう。直観主義と功利主義の対立はいつ始まったのだろうか。

レッキーと同じ年（一八三八年）に生まれた功利主義者のシジウィックは、『倫理学史（*Outlines of the History of Ethics*）』（一八八六）の中で、バトラーの *On the Nature of Virtue*（一七三六）が、直観主義対功利主義の争いの出発点になっていると述べている（Sidgwick 1886: xxv）。バトラーについては後で詳しく見るが、たしかにこのあたりから功利主義と直観主義の対立が徐々にその姿を現してくると思われる。ただし、バトラーは功利主義の創始者と言われるベンタムよりも一世紀半前の思想家であり、当然のことながら功利主義や直観主義という言葉は使っておらず、「普遍的善意」と「良心」という対比を語るに留まっている。

筆者は、それまでは潜在的であった功利主義と直観主義の対立が顕在化するのは、一八世紀末にベンタムらの功利主義者が活躍する頃からだと考えている。しかし、功利主義と直観主義という二つの理論がそれぞれどのように現れてきて、レッキーが述べるような対立の構図を形作るに至ったかを詳しく見ることは、両者の抗争を理解する上で重要であるだろう。

そこで本書第I部では、バトラーよりもう少し前に遡って、近代の英国における直観主義の始まりから見ることにしたい。この第一章では、直観主義がホッブズ主義批判を発端に理論化され、バトラーやリードに至るまでに洗練されていく様子を簡単に説明する。続く二つの章では、ベンタム、ミル父子らによる功利主義理論の形成と、彼らによる直観主義批判、および彼らの論敵による功利主義批判を概説し、功利主義と直観主義の対立の図式化と論点整理を行なう。

2　ホッブズ主義の脅威

ホッブズ主義について

ホッブズは、「倫理思想史における不可欠の中心人物であるが、それは単に彼自身の思想が深遠で独創的であっただけではなく、彼が生み出した論争に重要な価値があったためである」(Schneewind 1990a: 112) と評されることがある。近代における倫理的直観主義も、主にホッブズやマンデヴィルなどの、当時ホッブズ主義 (Hobbism) と呼ばれた立場に対する批判として始まった[2] (Sidgwick 1886: 169; Hudson 1967: 3)。そこで以下では、まずホッブズ主義について簡単に説明しよう。

BOX　ホッブズとマンデヴィル

ホッブズ (Thomas Hobbes, 一五八八〜一六七九) は、オックスフォード大学でアリストテレス哲学と過激なピューリタニズムに出会い、後に両方を批判することになる。二〇歳でキャヴェンディッシュ家の家庭教師になる。四〇歳で幾何学に出会うまでは、古典の研究（トゥキディデスの翻訳など）をしていた。幾何学だけでなく、自然学にも大いに影響された。当時、英国は革命前の激動の時代であり、一六四〇年に*Elements of Law*を書いたが、政治的理由から一六五〇年まで発表しなかった。『市民論（*De Cive*）』は一六四二年、『リヴァイアサン（*Leviathan*）』は一六五一年に公表した。一六四〇年から五一年まではパリに滞在し、その後イングランドに戻ってさまざまな論争を行なった。晩年はホメロスの翻訳をしていた。無神論者で魂の存在を信じず、自由意志を否定する唯物論者であり、利己主義者、エピクロス的快楽主義者だと思われていた。ホッブズは、マキャベリと同様、当時の人々に忌み嫌われたとされる。

マンデヴィル（Bernard Mandeville, 一六七〇〜一七三三）は、オランダのロッテルダム生まれ。ライデン大学で哲学を学んだ後、医学に転向した。英国に移り住み、そこで結婚し、思想家として有名になる。彼の人生についてはあまり知られていない。主著である『蜂の寓話（*The Fable of the Bees*）』は一七〇五年にパンフレットとして出たが、そのときは詩の部分だけで、論文の部分はなかった。一七一四年にコメンタリーと脚注をつけて再版し、一七二五年の版は二巻本の論文になった。一七二三年版以降、大きな注目を浴びた。ホッブズの再来と考えられ、神への信仰を捨て、人間に対する信頼を損ねると批判された。マンデヴィル――およびその背後にいるホ

ホッブズ

マンデヴィル

ッブズ――を批判することは、小さな産業になったとされる。

ホッブズ主義の特徴は、利己的な人間理解と道徳の人為性の二点にまとめられる。一つめの利己的な人間理解とは、人間には純粋な意味での利他心（善意、他人を思いやる心）などないという考え方である。ホッブズは『リヴァイアサン』(Hobbes 1651) の中で、善と悪について、当人の欲求の対象になるものが善で、反対に嫌悪の対象になるものが悪だと説明した。これは、何が善くて何が悪いかは人によって異なるという考え方であり、実際、ホッブズは、「善、悪（…）といった言葉は、常にそれを用いる人間との関連において用いられるものであり、単純に、そして絶対的にそうだというものはありえない」と述べ、善悪の客観性を否定している[3]（第一部第六章）。

ホッブズはさらに進んで、人間が持つと言われている利他心を、利己的な視点から説明してしまう。たとえばホッブズは、「自分自身に対する善を意図せずに人に贈り物をする者はいない。というのは、贈り物というのは自発的なものであり、すべての自発的な行為は、自分自身の善を目的としているからである」と述べている（第一部第一五章）。見返りを求めない、純粋な意味での善意などというものは存在しないというのがホッブズの見解である。今日、このような見解は、進化論や心理学などの影響もあり、当たり前の考え方として受け入れている人もいるかもしれない。だが、隣人愛を強調するキリスト教道徳の教えが堅固であった当時は、非常にスキャンダラスな発想であり、人々の強い批判を招くことになった。

二つめの道徳の人為性についてであるが、ホッブズによれば、道徳（理性が命じる法、自然法）はそれ自体では強制力を持たないため、国家による実定法や制度によって強制されなければならない。また、われわれが従うべき具体的な道徳や義務は、社会契約に基づいて決められた主権者が決定するという意味で、約束事に過ぎない。社会契約については、ホッブズの思想の中でもよく知られている部分であろう。自己保存を第一に考える利己的な人々が自然状態、すなわち国家の存在しない状態でそれぞれ勝手に生きている場合、理性的な自然法（道徳）は存在するものの、それを担保する強制力（国家権力）が存在しないため、常に「万人の万人に対する戦争状態」となってしまう。そこでの各人の人生は、「汚らしく、野蛮で、しかも短い（nasty, brutish, and short）」（第一部第一三章）。そこで、各人は自己保存のために互いに社会契約を結んで自然の権利（自由）の一部を譲渡し、契約の履行を強制する主権者を作る必要に迫られるとホッブズは考えた。道徳はそれ自身では強制力を持たず、主権者の意志や法律に基づくという意味で依存的（dependent）であり、自立していない（Sidgwick 1886: 169）。このような道徳の非自立性という点も直観主義者からの非難の的となった(4)。

マンデヴィルもまた、利己的な人間理解と道徳の人為性というホッブズ主義の主張を説いた。彼は『蜂の寓話』（一七二四）の中で、「個人の悪徳は公共の利益（Private Vices, Public Benefits）」、すなわち個人が自己利益を追求することが社会全体の利益になるという逆説的なテーゼを主張し、利己心を賞賛した。さらに、徳なるものは、人々の名誉心や虚栄心をかき立て、社会の役に立つことをさせるために、統治者が便宜的に作り出した概念装置に過ぎないと主張した。

このように人間の利他心を否定し、道徳の人為性を強調するホッブズ主義に対して、直観主義者たちは利他心の存在、および道徳の自然性を主張する。ここでの論争点は、「どういう意味で道徳は自然的か」ということである（Hudson 1967: 4）。たしかにホッブズも自然法という概念を用いているが、彼は伝統的な自然法概念を完全に換骨奪胎して用いている点に注意すべきである。ここで言う伝統的な自然法とは、社会生活を支配する客観的・絶対的な道徳法則のことである。たとえば、ギリシア神話に出てくるオイディプスの娘アンティゴネーは、オイディプス追放後に国王になったクレオーンに反旗を翻して返り討ちにあった兄ポリュネイケースを、国王が埋葬を禁じたにもかかわらず埋葬する。アンティゴネーは国王の命令は自然法に反しているとして、それに従わないことを正当化した。このように、伝統的な自然法は実定法を批判するさいに持ち出されるものであったのだが、ホッブズは、自然法を自己保存のための一般的規則と理解した。また、伝統的な自然法が共通善を得るようわれわれの行為を指導するものであるのに対して、ホッブズの自然法は、個人が自分自身の善を得る方法を教えるものであった。さらに、伝統的な自然法は、神の意志の顕れであり、拘束力を持つものであったのに対し、ホッブズの自然法は、あくまで理性によって知られる規則であり、主権者による法的な強制がなければ、拘束力を持たなかった（Schneewind 1990a: 138–9）。この意味で、ホッブズの自然法は人為性を必要としたのである。

以上のようなホッブズ主義は、必ずしも正確なホッブズ理解ではないかもしれないが、少なくとも当時の直観主義者たちはこうした理解に基づいてホッブズ主義を批判した。そこで次に、直観主義者たちによるホッブズ主義の批判を簡単に見ることにしたい。どの直観主義者が何を述べたかについては今は不問とし、それぞれの直観主義者たちについての説明は、次節以降で行なうことにしよう。(5)

利己的な人間理解への批判

ホッブズ主義によれば、人間のあらゆる行為は利己的である。一見して利他心の存在を示すように見える行為も、実は利己心が姿を変えたものに他ならず、善行をしたことから得られる自己満足の感覚や、善行によって得られるその他の利益こそがそれらの行為の本当の動機である。ホッブズ自身、次のように述べている。「自分自身の欲求を達成できるだけでなく、他人の欲求を達成するのを助けることができることほど、ある人の力を示すものはない。これが慈善の内実である」(Hobbes 1650: 44)。つまり、慈善とは自分の力を誇示する手段に過ぎないというのである。

たしかに、善行や慈善は、自己満足や名誉心といった理由で行なわれる場合も少なからずあるかもしれない。しかし、すべての慈善行為について、そのような説明が成り立つだろうか。ホッブズ主義が正しいとすると、人間の行なうあらゆる行為は、自分の利益を追求する行為であることになる。この考え方に対しては、二つの方向での反論が考えられる。一つは、経験に照らして、少なくとも一部の行為については、自己利益を追求しているとは考えられないと批判することである。つまり、自分の利益や快楽のためにやっているという説明が成り立たない行為も存在することを示すという反論である。もう一つは、より概念的な批判で、人間が利己的であるとか、常に自己利益を追求するというのは、正確にはどういう意味かを問いただすというものである。直観主義者たちは、この二つの方向でホッブズ主義を批判した。

少なくとも一部の行為については自分の利益を追求してやったとは思われない事例として、ある人が何らかの理由であと数分後に死んでしまう場合を考えてみよう。その人は、自分がまもなく死ぬことを悟った後は、他の人の幸福に無関心になるだろうか。祖国や友人のために死ぬ人は決してそうではないだろう。

また、駅のホームから線路に転落した人を見たときに、命の危険を顧みず線路に降りて救助を行なう人もいる。実際にそのような救助を行なった人が、「とにかく助けなきゃと、体がとっさに動いた。見て見ぬふりはできなかった」と述べている[6]。このような場合について、ほんの一瞬の間に自分自身の利益を計算してそのように行為したと考えることは容易ではないだろう。

さらに、先に述べたようにホッブズは慈善や善行を自分の力を誇示することだと主張したが、自分の力が及ばない場合でも、ある人の善を欲求し、自分に代わって誰かがそれをなしとげたときに喜ぶことがある。たとえば、宮崎駿監督の映画『魔女の宅急便』で、飛行船がコントロールを失い町の塔に衝突するシーンがある。飛行船からロープでぶらさがっている少年（トンボ）を見た人々は、自分の力では彼を助けられないが、魔女（キキ）がやって来て彼を助けたことに大喜びする。もちろん、このような場合に、困っている人を自分以外の人が助けたことで、嫉妬したり、自尊心を傷つけられたりする人もいたかもしれない。だが、純粋に、困っている人が助かったことを「ああよかった」と喜ぶことも十分に考えられるだろう。ここでのポイントは、「人間の行なうあらゆる行為は、自分の利益を追求する行為である」という主張を退けることであるため、自分の利益を追求してやったとは言えないような行為を、少なくとも一つでも挙げられればそれでよいのである。

しかし、ホッブズ主義者は、次のように主張して頑張るかもしれない。命の危険を顧みず救助を行なう人も、トンボが助かって喜ぶ人も、人が死ぬことを見る苦痛を避けたいと考えてそのように行為しているのであり、その意味では、あらゆる行為はやはり利己的である、と。ホッブズに関する逸話として有名なものに、ホッブズが乞食に施しをするところを見た友人が、してやったりとばかりに、「ホッブズさん、それは純粋な利他心の発露であり、あなたの主張である人間の利己性に反するのではないか」と尋ねたという話がある。それに対してホッブズは、こう答えたという。「老人のみじめな状況を見るのが苦痛であった。そこで、彼に施しをしてみじめな状況を改善してやることで、自分の苦痛も和らいだのだ」、と（Singer 1997: 123/156）。

そこで、ホッブズ主義に対するもう一つの、より理論的な批判として、自己利益の追求の意味、あるいは人間の欲求の構造について分析を加えるという方法で批判がなされた。これは、〈人間は自己保存に役立つ事柄を欲求し、その反対物を嫌悪（回避）する〉という単純な行動原理のみによって、人間のあらゆる行動を説明するホッブズ主義的な人間理解を批判するものである。

直観主義者は、人間の行動原理を衝動レベルと反省レベルとに分けるという考えを提案した。たとえばバトラーは、食欲や性欲などの欲求を追求することと、自分を愛すること（自愛 Self-love）とを区別し、食欲や性欲など、食べ物や性行動その他を対象にする欲求は人間以外の生き物も持つ能力（衝動レベルの行動原理）であるのに対して、自分を愛することは、自分の利益や幸福について反省できる生き物だけが持つ高次の能力（反省レベルの行動原理）であると見なした。そして、人間には欲求をコントロールする自愛の働きが存在するのであるから、ホッブズ主義のような単純な人間理解は誤っていると主張したのである。

衝動レベルの行動原理について注意する必要があるのは、食欲や性欲それ自体は、快楽を追求しているわけではないということである。たしかに、食欲が満たされれば、快楽が生じるかもしれない（もっとも、食べすぎの場合には快楽は生じないかもしれないが）。しかし、何かを食べたいという欲求そのものは食べ物を対象としており、欲求が満たされることで生じる快楽や幸福を目的にしているわけではない。「食欲を満たすことによって快楽を得ることができるからそうしよう」というのは、反省レベルの思考において初めて可能になるものである。そう考えてみると、食欲や性欲が快楽を得ることを対象としていないのと同様に、困っている人を助けたいという欲求も、困っている人を助けることを目的としており、それによる快楽を目的にしているわけではない。他人を助けたいという欲求がこのような衝動レベルの行動原理であるとすれば、それは利己的ではないのである。

衝動レベルと反省レベルが異なるものであることは、反省レベルの自愛の観点から欲求や衝動を抑圧しなければならない場合があることからもわかる。たとえば、歯医者に行くと痛い思いをするから行きたくないという欲求が強くとも、自愛の思慮から行くべきだと考える。また、昨晩夜更かししたために眠くて仕方ないが、授業を欠席すると単位が出ないので、がまんして早起きする。また、筋トレはつらいが、次の試合に勝つために我慢してする。ケーキを食べたいがダイエット中なので我慢する、などがその例である。バトラーの影響を受けたプライスは、この点について、「各人は衝動に従い自分自身の利益のみを追求するというのは、正しくないどころか、われわれは常に衝動によって自分自身の利益とわかっていることから逸脱しそうになると感じており、また、人々が自分にとって破滅になると認めているような行為や営みへと、毎日衝動によって駆り立てられているのをわれわれは観察する」と述べている（Price 1758: 157）。つまり、われわれの周りには、欲求によって身を滅ぼすような人々がたくさんいるということである。食欲にせよ性欲にせよ、欲求がある程度満たされることは幸福になるために不可欠であるが、次々と生じる欲求をすべて満たすことが必ずしも幸福につながるとは限らない。そのことを示す例として、睡眠障害に悩むアメリカの一九歳の少女が、精神科医と交わした対話を見てみよう。

少女：なかなか眠れない。どうしてか？
医師：何か心当たりのあることは？
少女：いろいろ過剰だからだろうか。まず、煙草を吸い過ぎる。アルコールを飲み過ぎる。それに、私は男友達が多いせいか、セックスをし過ぎる。だから疲れ過ぎる。眠れないことと関係があるのか？
医師：その過ぎるというのは、よくないのでは。少しセーブするといい。
少女：本当ですか。自分がしたいと思うことを、しなくてもいいのですか。（千石 2001: 153）

「自分がしたいと思うことを、しなくてもいいのですか」という少女の言葉は印象的である。彼女は、次々に生じる欲求を満たす以外に選択肢はない、あるいは欲求を満たす義務があると感じているようである。バトラーやプライスならば、いささか説教くさくなるが（バトラーは英国国教会の説教師であるから説教くさくなっても気にしないだろうが）、「過剰な欲求は身を滅ぼす。自分がしたいと思うことが、本当に自分の幸福に役立つかどうか考えてから行動しなさい」と彼女に言うであろう。つまり、ホッブズ主義者は、誰もが常に「自分のしたいことをやっている」と言うが、歯医者の例のように、したくないことをあえてやる場合もあるし、この少女の例のように、したいことをやるべきでない（また、実際にやらない）場合もあることを、われわれは経験的に知っているのである。

バトラーは、このように個々の欲求と自愛を区別して、われわれは欲求と嫌悪によって常に突き動かされているわけではなく、欲求をコントロールする自愛の働きが存在すると主張した。彼はさらに進んで、欲求の種類を分類し、欲求の中には、上で見たように食欲や性欲のように自分が食べたり性行為をしたりして満たされるものもあれば、善意の欲求のように他人を幸福にすることによって満たされるものも存在すると考えた。たしかに、他人を助けたいという欲求が満たされることによって、自分に快楽や満足感が生じるかもしれない。しかし、だからと言って、自分の食欲を満たすことを後回しにして他人を助けたいという欲求を優先する人が、その逆の行為をする人と同じように利己的であると述べることは、バトラーの言い回しを用いれば、「人類の言葉遣いではない」。われわれには、「よく考えた上で自分の利益（幸福）になることをする」という意味での自愛の思慮と、友情や復讐心といった、場合によっては自分の身を滅ぼしてまでも他人に善いことあるいは悪いことをしようという欲求とを区別できる言葉が必要である。——以上のようにバトラーは述べ、善意のような個々の欲求と、自愛の思慮という反省的原理とを区別することで、人間は本性的に利己的であるというホッブズ主義の主張を批判したのである。(7)

なお、このようなホッブズ主義の利己主義的側面は、心理的快楽説（心理的利己説(8)）と呼ばれ、この後の英国倫理思想史の中でも引き続き登場し、今日でもときどき主張されることがある。とくにリチャード・ドーキンスの『利己的な遺伝子』（一九七六）がきっかけとなり、進化論との関連で出てくることがある。[9] その意味で、英国の哲学者C・D・ブロード（C. D. Broad）が次のように述べていることは示唆的である。

利己主義は、心理学的理論としては、バトラーによって息の根を止められた（…）。彼はこの理論を徹底的に批判して息の根を止めたので、今日の読者からすると、彼が死んだ馬になお鞭打つような印象を受けることもある。しかし、もっともらしい誤謬は、死ぬと必ず米国に行き、田舎の教授の最新の発見として甦るものである。だから、バトラーの批判を手元に用意しておくことは、常に有用である。（Broad 1930: 55）

心理的快楽説が完全に息の根を止められたと言えるかどうかは読者の判断に任せたい。しかし、主に「自己利益」や「利己的」といった言葉の曖昧さから生じる悩みは、次に引用するように、哲学的な疑問を持った一部の人がしばしば抱くものであるため、ブロードの言うように、バトラーの心理的快楽説に対する批判を吟味して、どういう助言ができるかを考えておくことは有用だろう。[10]

優しさは利己心？
東京都 男性（二七）

半年ほど前、「献血に行かないか」と友人を誘いました。すると、「お前、自分がいい人であることをアピールしたいんだろ」と返事され、絶句してしまいました。

私はボランティア活動への参加を誘ったり、これまでの自分の活動のことを友人に話したりしたことはありましたが、見返りを求めたことは一度もありません。ただ、言われた通り、周りの人によく思われたいという気持ちが少しあったことは否めません。

以来、「他人への優しさも結局は利己的なものだったんだ」と思うようになり、苦しくなってボランティアをやめてしまいました。私の判断は正しかったのでしょうか。

（『朝日新聞』二〇〇九年九月一二日朝刊「悩みのレッスン」より）

道徳の人為性に関して

一八世紀の直観主義者たちによるホッブズ主義批判の第二の論点は、道徳は人為的ではなく、「それ自体で」成立するものであるということである。

道徳を主権者に依拠するものと考えるホッブズ主義の理論の中で直観主義者たちが特に問題視したのは、道徳の相対性である。すなわち、義務や道徳的区別はすべて契約によって成立するとなると、ああでもありえたし、こうでもありえたというように、主権者の恣意に左右されるものになってしまう。道徳は客観的かつ普遍的なものだと考えていた彼らにとっては、これは耐え難い結論であった (Schneewind 1990a: 112)。

また、ルターやカルヴァン、さらにカンバーランドやロックなど、道徳的区別（善悪の判断）は神の意志に基づくとする思想家たちも、道徳は主権者の意志に基づくとするホッブズ主義と同様、直観主義者による批判の的となった。たとえば、ロックは『人間知性論』の中で、道徳的に善いとは神の法に一致することだ（神の命令説）と述べている（第二巻第二八章第四節〜第一一節）。しかし、善さがそのように定義されると、「神の法は善い」という言明は、「神の法は神の法に一致している」という同語反復になってしまう。これはプラトンのエウテュプロン問題（道徳的に善いことは、道徳的に善いから神に命じられるのか、あるいは神に命じられるから道徳的に善いのか）に通じる話であり、また、中世のスコラ哲学においてもトマス・アクィナスのような主知主義者と、ドゥンス・スコトゥスやオッカムといった主意主義者の間で争われた問題である（Schneewind 1990a: 7–8）。主意主義者が主張するように、どんなことであれ神に命じられたことが道徳的に善いとするならば、道徳は神の恣意に基づくもの（相対的なもの）になってしまう。直観主義者はそのことを恐れており、彼らは概して、道徳的に善いからこそ神に命じられるという主知主義の路線を支持した[11]。

だが、ホッブズのように道徳が主権者の意志に依存しているとか、神の命令説論者のように道徳が神の意志に依存していると主張しないとすれば、人間は義務や徳をどうやって知るのか、またそれを行なう動機は何なのか、という問題が出てくる。これらの問いに直観主義者は独特な答えを与え、神にも主権者にも依存しない自立的な道徳を作ろうとしたのであった。その詳細について次節で見ていくことにしよう。

3　デカルトの直観かロックの感覚か

さて、ホッブズ主義に対抗するために、直観主義者は少なくとも以下の二つのことを示す必要があった。一つは、前節で見たように、われわれは常に利己的に行動しているわけではなく、混じり気の無い純粋な善意も持つということである。そしてもう一つは、主権者（や神）に依存しなくても道徳が成立することである。

直観主義者によれば、人間は常に利己的に行為するわけではなく、本性的に善意を持っている。しかし、単に善意（思いやる心）だけなら、多くの動物も本能的に持つかもしれない。直観主義者によれば、われわれは善意を持つだけでなく、本性的に道徳的でもある。ここで言う道徳的とは、自分や他人の行為について正・不正の評価を行なったり、義務感から行為したりできるということである。直観主義者たちは、われわれが持つこの道徳的能力を、道徳器官（moral faculty）の存在によって説明しようとした。

ハドソンは、道徳器官には三つの役割があると言う（Hudson 1967: 9）。第一に、善悪などの道徳的性質を知覚すること、第二に、それを是認（賞賛）または否認（非難）すること、第三に、人を道徳的行為へと動機付けること、である。つまり、直観主義者によれば、われわれは善いことと悪いことを見分ける力を本性的に持っており、善いものを是認し、悪いものを否認することができるし、さらに、その是認や否認に基づいて行動することができる、というわけである。これは、自動車などの運転の三要素と言われる「認知・判断・操作」と似ている。たとえば、赤信号を認知し、停止すべきだと判断し、ブレーキを踏む、というのがそれである。われわれはそれと同じような能力を、道徳に関して持っているというわけである。

もしわれわれにこういう能力があり、世界の側に客観的に存在する道徳的区別を認識することができるのだとすれば、道徳は主権者の意志に依存する人為的なものだとするホッブズ主義に代わる枠組みを提示することができるだろう。そこで、直観主義者の目標は、このような道徳器官の存在をもっともらしく説明することとなった。

一八世紀の直観主義は、この道徳器官をどのようなものと考えるかによって、理性的直観主義(12) (rational intuitionism) と道徳感覚説 (moral sense) の二種類に分けることができる。前者は、われわれは理性によって道徳的区別を知ることができると考える。後者は、理性よりも感覚を重視し、われわれには視覚や聴覚と同様、道徳感覚なるものがあり、これによって道徳的区別を知ることができると考える。前者は知性説 (intellectualism)、後者は感覚説 (sentimentalism) とも呼ばれ、後に見るように、それぞれデカルト的な認識論と、ロック的な認識論を踏まえたものである(13)。

いわゆるBritish Moralistsと呼ばれる一八世紀の英国の道徳思想家はたくさんいて、諸子百家状態のため、名前を覚えるだけでも一苦労である。以下では、それぞれの思想家の思想をごく簡単に紹介しながら、上で述べた大きな二つの流れを説明していこう(14)。

理性的直観主義(15)

通常、理性的直観主義者として知られる思想家には、カドワース、クラーク、バルガイ、プライスなどがいる。彼らは、「観念同士の一致・不一致を知覚するのは知性の働きであり、こうした一致関係・不一致関係が知識を構成する」というロックの考えを受け入れ、道徳判断を形成する道徳器官は理性（reason）または知性（understanding）だと考えた。ちょうど、三角形の内角の和が二直角と一致していることが知性によって看取されるのと同様のことが、道徳においても生じるというのである。

たとえばクラークは、道徳的適合性（moral fitness）という言葉を使い、人間とその行為の間には適合性・不適合性が存在すると述べた。適合性という訳語はわかりにくいが、ＴＰＯ（Time, Place, Occasion）という和製の表現を思い出すとよいだろう。真っ赤な勝負ネクタイをして葬式に行ったり、きれいな花だなと思ってシクラメンを買って病院に見舞いに行ったりすると、時と場所を弁えていないとして不適切な振る舞いだとみなされるだろう。真っ赤なネクタイやシクラメンは、ある状況とは適合性があるが、別の状況とは適合性がない。これは日本の文化に特定の話であるが、クラークは道徳に関していつでもどこでも適合性がある／ないと言える事柄があると考えた。そこで彼は、人間が神を称え、祈り、従い、模倣するのは適合した（似つかわしい）ことであり、また、人類を破滅に追いやろうとするよりも、万人の幸福を促進しようと努力することの方が道徳的な適合性があると述べたのである（Clarke 1706: 192–4）。

BOX　理性的直観主義者たち

カドワース（Ralph Cudworth, 一六一七〜八八）は、ケンブリッジ大学の博覧強記のヘブライ語の先生で、ケンブリッジ・プラトニストの中心人物。ケンブリッジ・プラトニストとは、一七世紀中盤ごろのケンブリッジ大学で(新)プラトン主義を奉じていた人々のことで、プロテスタントの主意主義と、ホッブズの主意主義を批判した。また、個人は自己の内にある道徳法に自由に従えるという考えから、〈魂の救済については予《あらかじ》め神によって決定されている〉という清教徒の予定説と、人間の自由意志を否定するホッブズの決定論を批判していた。カドワースの主著 *Treatise Concerning Eternal and Immutable Morality* は彼の死後一七三一年に出版されたが、草稿が早くから出回っていて、理性的直観主義の立場の形成に影響力が大きかったとされる。

クラーク（Samuel Clarke, 一六七五〜一七二九）もケンブリッジ大学出身で、英国国教会の聖職者。ニュートンのプリンキピアを独学で学び、後にニュートン主義の立場からライプニッツと論争したことでも知られる。ボイル・レクチャーという、「キリスト教の正しさを不信心者に対して証明する」と

カドワース

クラーク

プライス

いうロバート・ボイル（Robert Boyle, 一六二七〜九二、アイルランドの科学者）の遺志により始められた講演会にて、*A Discourse concerning the Being and Attributes of God*（一七〇四）と*A Discourse concerning the Unchangeable Obligations of Natural Religion*（一七〇五）を発表した。これらは、一八世紀前半に非常に影響力のあった本とされる。
バルガイ（John Balguy, 一六八六〜一七四八）は同じくケンブリッジ大学出身で英国国教会の聖職者。道徳感覚学派のハチソンの理論を批判したことで知られる。主著は*The Foundation of Moral Goodness, pt. 1 and pt. 2*（一七二八、一七二九）。
プライス（Richard Price, 一七二三〜九一）はウェールズの非国教徒派の聖職者。道徳哲学だけでなく、統計学や政治経済に関しても一家言のあった人である。彼がフランス革命について書いた論文が、バークが『フランス革命についての省察』を書くきっかけとなったとされる。主著は*A Review of the Principle Question in Morals*（一七五八）。

では、このような道徳的適合性・不適合性という関係は、理性や知性によってどのように知られるのだろうか。ここで直観というキーワードが出てくる。カドワースは、ケンブリッジ・プラトニスト[16]と呼ばれたが、実際はデカルトに負うところが大きく、観念の道徳的一致・不一致はデカルト的な直観によってわかると考えた。デカルトは直観について次のように述べている。

「直観」というのは、感覚の変りやすい証しでもなく、虚構の想像力の誤れる判断でもなくて、純粋なかつ注意せる精神の把握、しかも理解するところについて何の疑いをも残さぬほど容易な判明な把握である。換言すれば、ただ理性の光からのみ生まれ、演繹よりも単純であるがゆえに一層確実であるところの、純粋なかつ注意せる精神の不可疑の把握、である（…）。かくてすべての人は精神を以って直観することができる、みずからが存在すること、みずからが思惟すること、三角形がただ三つの線によって限界づけられること、球がただ一つの面によって限界づけられること、など。（Descartes 1651: 19）

プライスも、このようなデカルト的な直観概念に基づき、道徳の直知的認識（an immediate perception of morality）について述べた。プライスによれば、一般に知性には、推論と直観という二つの働きがある。前者が精神の内にすでに存在する観念と観念の関係について考察する能力であるのに対して、後者は「新しい原初的観念を生じさせる、直知的認識の能力」と定義された。直観によって得られた観念は、「単純で否定できない」、すなわち論理的に還元不可能であり、理性的存在者にとって自明である。そして、このような知性的直観は数学的観念や論理的観念（必然性、同一性）などに関して存在するだけでなく、道徳的観念（正しさ、適合性、よさ、義務）などについても生じるとされた。これらはすべてデカルトの言う「明晰かつ判明な観念」であり、根源的であるがゆえに証明が不可能な、知識の究極の構成要素とされる。

このような仕方で、理性的直観主義者は、神や他者に対する義務や自分に対する義務といった道徳的義務が、自明なものとして直観されると考えたのである。

道徳感覚説

道徳感覚学派の代表的思想家は、シャフツベリ伯爵と、ハチソンである。シャフツベリによれば、感情や行為は、それ自体が評価の対象になりうる。すなわち、絵画や音楽に美や調和を感じるのと同様に、同情や親切といった感情や行為についても、その美醜や調和を論じうる。美徳／悪徳とは感情の領域における美醜であり、われわれは道徳感覚を通じてそれを感受する。このように美的な感覚とのアナロジーがしばしば用いられるがゆえに、道徳感覚説は美的直観主義（aesthetic intuitionism）とも呼ばれる（Hudson 1967: 1）。

BOX　シャフツベリ伯爵とハチソン

シャフツベリ伯爵（Anthony Ashley Cooper, third Earl of Shaftesbury, 一六七一～一七一三）は伯爵とあるとおり、貴族の三代目である。一代目は一七世紀のウィッグ党の指導者の一人で、ロックのパトロンでもあった。三代目である彼はロックの弟子であり、また下院議員と上院議員も務めた。ただし、ロックの主意主義的な道徳理論（神の命令説）は受け継がず、道徳感覚説の基礎を作り、ストア派的な公共善を求める道徳を主張した。道徳論の他に、文芸論でも大きな足跡を残した人である。

シャフツベリ

ハチソン（Francis Hutcheson, 一六九四～一七四六）はアイルランド生まれで、スコットランド移民の家系に生まれた。家は長老派（カルヴァン主義を奉じる教派の一つ）で長老派の教育を受けたが、シャフツベリ同様、カルヴァン主義的な主意主義の立場からは理論的に遠ざかった。また、ハチソンは後にグラスゴー大学の哲学教授になるが、自身がグラスゴー大学の学生だったときに先生だったカーマイケル（Gershom Carmichael）の影響を大きく受けたとされる。カーマイケルはプーフェンドルフの自然法論の注釈を書き、またロックの認識論を教えていた。さらに、シャフツベリもハチソンも、ハリントンの『オセアナ』に代表される古典的共和主義政体を実現しようとしていたモールズワースと仲が良く、公共善に対する志向も強かった。シュニーウィンドによると、ハチソンはヒューム、スミス、トマス・リードに大きな影響を与えた。フランス語やドイツ語にも訳され、カントにも影響を与えた。さらに北米の英国植民地で、ハチソンは政治思想家たちに大きな影響を与えたとされる（Schneewind 1990b: 503–4）。

ハチソン

シャフツベリはあまり「道徳感覚」という言葉を用いておらず、また説明もしなかったが、ハチソンは、シャフツベリの考えを引き継ぎ、道徳感覚説をより洗練させた。たとえば、オスカー・ワイルドの『幸福な王子』を読むと、われわれは、王子やツバメの自己利益からなされたのではない親切な行為に対して、是認の感情が生じるのを「感じる」ことができるだろう。五感とは別の、この知覚の能力が道徳感覚である。ハチソンの言葉では、道徳感覚とは、「われわれの意志に依存せず、われわれに対して生じる対象の存在から何らかの観念をわれわれが受け取るという、精神の傾向性」である

(Hutcheson 1725: 264–5)。

シャフツベリやハチソンなど、道徳感覚を主張する思想家たちは、ロックの経験論的な認識論を前提としていた。ロック流の認識論では、複雑な観念（複合観念）は、単純な観念（単純観念）の組合せからなり、レゴのブロックのように要素に分割できるものである。たとえば一ダースという観念は、一つの単位が一二個組み合わさってできた複合観念であり、また（より複雑になるが）美という観念は、一定の色と形の組合せからなり、見るものに喜びを与えるなどの観念からなる複合観念である。そして、単純観念は感覚か内省のいずれかによって――外的事物の観念は感覚によって、精神活動の観念は内省によって――得られるとされる。ハチソンは、道徳的善悪は色や味のように感覚によって直接得られる単純観念であると考えた。たとえば、「レモンはすっぱい」というのと同じ仕方で「いじめはよくない」という判断を下すというのである。というのは、いじめを否認するとき、通常、われわれは熟慮したり、自分の利益がどう影響を受けるかについて考えたりすることなく、客観的に評価すると考えられるためである。もちろん、「いじめはよくない」と主張すると自分もいじめられると考えて、自己利益からそのような評価を口にしないことも実際にはあるかもしれないが、それでも、最初の「いじめはよくない」という判断は、自己利益とは独立に行なわれていると考えられるのである。

ハチソンは、次のように述べ、道徳的善悪の直観はあくまで（理性ではなく）感覚によるものだと主張した。「公共善への努力を是認するのは、道徳感覚であり推論（reasoning）ではない、それは、感覚する以前に延長や形や色や味を知覚しないのと同じである。推論によって感覚が是正されることはあるが、延長や形や色や味覚などの原初観念を理性の働きに帰すことはできない」(Hutcheson 1728: 312)。ただし、それに加えて、「美徳や悪徳の観念が感覚の知覚によるからといって、その現実性（reality）が減じるわけではない」(*ibid.*: 319) とも述べている。ハチソンはここで再びロックの認識論に依拠し、道徳的性質をロックの言う一次性質（物体固有の性質。延長、形、運動など）ではなく、二次性質（感覚器官の作用で生じる性質。色、味、匂いなど）になぞらえた。すなわち、色という二次性質（たとえば赤色）がそれを知覚する存在者なしには存在しえないように、善悪という道徳的性質も、それを是認・否認する存在者なしには存在しえないが、少なくとも色が客観的であるのと同じ意味で客観的でありうるのである。このようにハチソンは、道徳的是認や否認を行なう道徳感覚の存在を主張し、われわれは他人を助けるような欲求に対して是認の感情を抱き、他人を傷つけるような欲求に対して否認の感情を抱くと考えた。

以上のように、理性的直観主義者と道徳感覚学派は、それぞれの仕方で、われわれが本性的に道徳的であることを説明した。道徳感覚学派も、理性的直観主義者が言うように、道徳的性質が客観的であり、意志に依存しない器官（能力）によって把握されることには異論はなかった。ハドソンが注意しているように、道徳感覚学派と理性的直観主義者の争いを、主観主義対客観主義と特徴づけるのは誤りである。両者は、道徳的区別が客観的に存在することは認めたうえで、道徳的区別の認識を、デカルト的直観と考えるべきか、ロック的な感覚になぞらえるべきかで争っていたと言える（Hudson 1967: 22)。

4　バトラーの良心とリードの常識道徳

最後に、バトラーとリードの思想を簡単に解説しておこう。バトラーは、英国思想史に大きな影響を及ぼした人物であり、プライスやリード、また後に出てくるヒューウェルやシジウィックは、みなバトラー主義者（Butlerian）とみなすことができるとまで言われるほどである（Schneewind 1990b: 525)。

BOX　バトラー

バトラー（Joseph Butler, 一六九二〜一七五二）は非国教徒の家庭に生まれたが、オックスフォード大学で学んだあと、のちに英国国教会の司教になり、ロンドンのロールズ・チャペル（Rolls Chapel）で説教師になった。バトラー司教（Bishop Butler）と呼ばれることも多い。この教会で有名な『一五の説教（*Fifteen Sermons*）』（一七二六）を行なった。『説教』は英語で書かれた倫理学書の中で最も影響力が大きい本の一つだと言われる（Schneewind 1990b: 525)。一七三六年に *Analogy of Religion, Natural and Revealed, to the Constitution and the Course of Nature* を書き、信仰には神の啓示を必要としないとする理神論（deism）を批判した。この本は英国国教会の聖職者の間で一

バトラー

八世紀の間中、また一九世紀に入ってからも長い間使われたとされる。この著作のせいで、理神論は人気が無くなったと言われるほどである。その後、ブリストルとダラムで主教を務めた。

バトラーは、理性的直観主義者と道徳感覚学派の双方から影響を受けており、両者を統合する立場を取る。彼は道徳器官を「われわれの道徳的知性と道徳感覚」(Butler 1736: 383) と呼ぶ。また、良心とも呼ばれる道徳器官について、「知性の意見 (a sentiment of the understanding) であるか、心の知覚 (a perception of the heart) であるかと言われるが、その両方を含むというのが真理だと思われる」(*ibid.*: 379) と述べ、われわれの道徳能力を理性と感情の両方に帰している。

本章第2節で見たように、バトラーはホッブズのように人間の基本的な動機を単純化することを批判し、人間の精神には体系や秩序があると考えた。具体的には、人間の精神は三階建てとなっているとバトラーは考えた。一階には、飢え、性欲、名声欲など、特定の外的な対象を追求する個々の情念がある。二階には、それら諸情念を指導する、善意と自愛という二つの一般的原理がある。バトラーは、この二つは車の両輪であり、両者がうまく一致して働かなければ、自分の利益も社会の利益も十分に達成できないと考えた。最後に、最上階である三階にあるのが良心である。良心が実際に存在し、われわれの行為に関して統治的な位置にあることは疑いがないとバトラーは考えた。(17)

バトラーは次のように良心を定義している。

どの人にも、上位の内省原理すなわち良心がある。良心は当人の外面的な行為だけでなく内面的な行為原理をも評価する。つまり、当人自身とその行為について判断を下す。良心は、きっぱりと、一部の行為はそれ自体において正義に適っており、正しく、善いと宣言し、他の行為はそれ自体において邪悪であり、不正であり、正義に反していると宣言する。良心は、誰にも相談することなく、また誰からも助言を受けることなく、王のように振る舞い、当の行為をなした本人を是認あるいは否認するのである。（Butler 1726: 351）

一読してわかるように、バトラーは良心を内的な王あるいは神のように描き出している。このようないわゆる「内なる神の声」としての良心は、現在のわれわれには若干想像しにくいかもしれないが、ハドソンは、宗教心の篤かったバトラーの時代にはフロイトのいう「超自我」（精神の一要素で、自我を規制する働きを行なう）が発達しており、実際にこのような権威ある良心の声が「聞こえた」のだろうと推察している（Hudson 1967: 61）。

バトラーは良心によって直観される道徳的性質について、他の直観主義者同様、自己利益に還元できない独特（*sui generis*）なものだと考えた。*sui generis* というのは、それだけで独自の類（*genus*）を形成しているため、他のものと同類に扱うことができないという意味である。つまり、他のものとは別格の扱いを必要とするということである。バトラーは、「あらゆるものはそれそのものであり、別のものではない（Everything is what it is, and not another thing.）」（Butler 1726: 335）と述べ、ホッブズのように道徳的善悪を自己利益に還元することはできないとした。バトラーのこの名セリフは、二〇世紀に入ってムーアがスローガンとして掲げ、倫理学の新たな出発点となるのだが、それについては後の章で見ることになるだろう。

最後にリードについて述べよう。リードはスコットランドの哲学者であり、コモン・センス(常識)学派の創始者として知られる。彼の本には、ほとんどすべての頁に「人類のコモン・センスによれば…」という表現が出てくる。コモン・センスとは人類共通の判断のことである。リードは、このような人類共通の判断が道徳において支配的な地位を占めていると主張し、万民の同意(*consensus gentium*)を得ているとされる常識道徳の妥当性を支持している(Schneewind 1977: 74)。彼は次のように述べている。

あらゆる時代に受け入れられてきた道徳の実践的規則〔常識道徳〕と、その主題に関して提案された理論の諸原則とが一致しない場合、常に実践的規則が基準となって理論が修正されなければならない。お気に入りの理論と一致するように実践的規則を歪めることは、安全でなく、哲学的でもない。(Reid 1788: 646)

つまり、理論の正しさは常識道徳によって判断されるのであり、また、理論によって常識道徳を変更しようとするのは、実践的にも理論的にも誤っている、というのである。バトラーが良心の存在を固く信じていたのと同様、リードにおいては常識道徳に対する絶大な信頼が見てとれる。

BOX　リード

リード（Thomas Reid, 一七一〇〜九六）はスコットランドの哲学者で、ハチソン、ヒューム、スミスの同時代人。若いときは長老派教会の牧師を務め、四〇代以降はアバディーン大学やグラスゴー大学で教鞭をとった。ヒュームの認識論や道徳論の批判者として有名。リードはスコットランド啓蒙期の他の哲学者とは異なり、学派と呼べるものを形成した（スコットランド・コモン・センス学派）。主著は *An Inquiry into the Human Mind on the Principles of Common Sense*（一七六四）、*Essays on the Intellectual Powers of Man*（一七八五）、*Essays on the Active Powers of Human Mind*（一七八八）。彼の影響は英国だけでなく、フランスや米国東海岸などにも及んだ。この点について詳しくは、長尾（2004）の第一章第三節を見よ。

リード

リードの倫理学はバトラーの影響を強く受けており、バトラー同様、人間の基本的動機の階層性を強調するものである。そして、より大きな善を望むべき、自然の意図に従うべきなど、道徳の第一原理を複数挙げ、これらは「自分には抗いがたい直観的明証性をそれ自身のうちに持つと思われる」と述べた。また、良心は人間の構成の自然で原初的な部分であるとし、良心の権威は証明不可能とした。良心と自愛の思慮が対立する場合、つまり道徳の命令に従うことが自己利益に反する場合にどうするのかという問いに対しては、神が世界を作ったので、そのようなことは起こり得ないというのがリードの答えである。ただし、無神論者は、自分の利益を犠牲にして道徳に従う愚か者（fool）になるか、自分の利益を優先して不道徳な行為を行なう悪漢（knave）になるかの選択を迫られる可能性があると考えた。

リードはヒューム（David Hume, 一七一一～七六）の思想を批判していたことでよく知られるが、ヒュームもホッブズに劣らず、過激な主張をした人物である。[18] ヒュームはとくにクラークのような理性的直観主義の立場を批判していたが、その一つの論点は、「理性は情念の奴隷」であり、情念（passion）が目的を定め、理性は目的達成のための手段を見つけるにすぎないというものであった。リードはヒュームのこの考えを批判し、人間は理性を持たない動物と異なり、理性によって「全体的な善（good upon the whole）」（バトラーの言う自愛）と「義務」を目的として定めることができると主張した。また、理性は道徳判断を行なうだけでなく、動機付けも与えると考えた。さらに、道徳器官を「道徳感覚」と呼んでもよいが、この感覚には正や不正といった道徳的区別を知覚するだけでなく、この行為は正しい、あの行為は不正であるといった（真偽を問える）判断を行なう能力も備わっているものと考えなければならないと主張した。つまり、道徳器官は、理性と呼ぶにせよ、道徳感覚と呼ぶにせよ、運転でいう認知・判断・操作のすべてを行なう能力がなければならないとリードは明確に主張したわけである。

以上、大雑把にではあるが、直観主義の立場がどのようなものかを説明してきた。道徳器官はそれが理性であるにせよ感覚であるにせよ、道徳的区別を知覚し、道徳判断を下し、それに基づいて行動する動機付けを与えるものだ、というのが、直観主義に共通する主張である。理性的直観主義と道徳感覚説の間での論争も興味深いのだが、ここでは省略して[19]、次章では功利主義の立場と、功利主義による直観主義の批判を見ていくことにしよう。

第二章　ベンタムたちの攻撃

前章で見たように、直観主義はホッブズ主義に対する批判を通じて形作られてきた。直観主義の基本的な立場は、われわれ人間は本性的に善意を持つだけでなく、本性的に道徳的でもあり、徳や悪徳を知覚し判断する能力を有しているというものであった。これは一見もっともな考えであるように思われる。だが、このような直観主義理論を強力に批判する理論として、次に姿を現したのが功利主義であった。そこで本章では、功利主義の代表的思想家であるベンタムを中心に、功利主義と直観主義の対立について見る[1]。

1　ベンタムの直観主義批判と功利主義

ベンタムは、『道徳と立法の諸原理序説』（以下『序説』）の第一章から第五章で功利主義について詳しく述べている。その中でも第二章は、功利性の原理に対立する原理である「禁欲主義の原理」と「共感と反感の原理」について論じられている注目すべき章である。とくに「共感と反感の原理」は、功利主義と直観主義の対立を理解する上で非常に重要である。

BOX　ベンタム

ベンタム（Jeremy Bentham，一七四八〜一八三二）はロンドン生まれ。一二歳からオックスフォード大学で学び、法廷弁護士を目指したが、性に合わず途中で辞め、思想家として一生を過ごした人物である。オックスフォード大学で英国の法律を教えていたブラックストーンの法・政治思想を批判した『統治論断片』（一七七六）や、功利主義的な刑罰論の序説として書かれた『道徳と立法の諸原理序説』（一七八九）などが主著と言える。彼の功利主義的な社会改革のプランは、ジェームズ・ミルやジョージ・グロートなどの「哲学的急進派（philosophic radicals）」と呼ばれる彼に影響を受けた人々によって一九世紀の英国において次第に実行されていった。ベンタムの生涯についてさらに詳しくは土屋（1993）および永井（2003）を参照。

ベンタム

なお、Bentham を「ベンタム」と表記するか、「ベンサム」と表記するか、という厄介な問題がある。筆者は以前（一九九七年ごろ）、ロンドンのUCLでベンタム全集を編集しているベンタム・プロジェクトのJ・ハリス氏にこの点についてメールで尋ねたところ、次のように返事をいただいた。

通常、Bentham の th は、「thought のように『ベンサム』と発音する。ただし、ベンサム自身は自分の名前を『ベンタム』と発音していた。彼の同時代人はそういう彼の発音を変だと思っていたようだが」。本書では、本人の発音を尊重して、「ベンタム」と表記する。

禁欲主義の原理

まず、禁欲主義の原理（the principle of asceticism）について簡単に見ておくことにしよう。禁欲主義の原理は、功利主義を逆立ちさせたようなもので、人々に与える快楽が少なければ少ないほどその行為はよく、また、人々に与える苦痛が多ければ多いほどよいとする原理である。この原理を採用する人は、哲学的あるいは宗教的な理由から、快楽を望ましいものと考えず、また、苦痛を積極的に善いか（たとえば、苦行に宗教的価値を見出すなど）、少なくとも悪いものではないと考える。今日、このような意味での禁欲主義を全面的に自分の主義として奉じている人はあまり多くないと思われるが、ベンタムは、犯罪者が犯罪行為によって得る快楽をそれ自体悪いものとして非難する人は、その限りにおいて禁欲主義の加担者だと述べている。

最も卑しむべき犯罪人が彼の犯罪から得た最も下劣な快楽が、それだけを取り上げて非難されるのは（…）この禁欲主義の原理によるのである。問題は、犯罪人の快楽が決して孤立しているのではなく、それと比べれば快楽などは問題にならないほどの多量の苦痛が（…）必然的にその快楽に伴うということであり、このことが、その犯罪行為を処罰するための、真実で唯一の、しかし全く十分な根拠なのである。（Bentham 1789: 18/90）

ベンタムの功利主義からすれば、どのような快楽も、たとえそれが性的倒錯から得られたものだとしても、それ自体としては善いものである。しかし、ある人がその快楽を得るためになす行為からあまりに大きな苦痛が他の人々に生じる場合には、その行為は犯罪として処罰すべき不正な行為であることになる。

また、ベンタムは禁欲主義の原理について、快楽を善、苦痛を悪とする功利主義の考え方の一つの表れだとみなしている。彼は次のように述べている。

禁欲主義は、もともと、せっかちにものを考える人々の幻想であったように思われる。彼らは、ある種の快楽が（…）長い目で見ればそれを上回る苦痛を伴うことを知って（…）快楽という名のもとに現れるすべてのものを非難するはめに陥ったのである。彼らはこのように行き過ぎを犯し、脱出する地点を忘れて猛進し、苦痛を愛することを立派なことのように思い込むまでになったのである。われわれは、このようなことでさえも、根底においては、功利原理の誤った適用に他ならないことを知っているのである。（Bentham 1789: 21/94）

つまり、ベンタムによれば、（たとえば食欲や性欲などの）一部の快楽が場合によってはそれを上回る苦痛をもたらすために望ましくないという事実から、すべての（少なくとも肉体的な）快楽は悪く、またすべての苦痛は善いという風に結論付けたことで生じたのが禁欲主義である。しかし、禁欲主義の根っこにあるのは、より多くの快楽を得るためには、一部の快楽を断念し、また一部の苦痛を甘受しなければならないという考え方であり、この「より多くの快楽を得るために」というのは功利主義の考え方に他ならないというわけである。

さらに、ベンタムは、禁欲主義は「個人の行為の規律として、どんなに熱心に受け入れられたとしても、統治の事業に適用された場合には、相当の程度まで徹底されたことはなかったように思われる」（*ibid*.: 19/91）と述べ、個人レベルの行動原理としてはある程度実行可能かもしれないが、集団レベルの行動原理としては、採用されたことはほとんどなかったし、実行不可能だろうと言う。たしかに、「最小幸福社会」の実現を公約に掲げる「不幸実現党」のような政党が政権を握るようなことは、まずありそうにない。上のような考えから、ベンタムは禁欲主義を退けている。

共感と反感の原理

直観主義との絡みでより重要なのは、「共感と反感の原理（the principle of sympathy and antipathy）」に対してベンタムが行なった批判である。これは「直観主義」という言葉こそ使われていないものの、今後の二大派閥の一方となる直観主義に対する宣戦布告と見なすことができる。ベンタムによると、共感と反感の原理とは、「ある行為を（…）単にある人がその行為を是認または否認したいと思うがゆえに、是認または否認し、その是認や否認をそれ自体として十分な理由であると考えて、何らかの外的な理由を探し求める必要を否定するような原理」(*ibid.*: 25/94) である。すなわち、ある人が当の行為に対して共感 (反感) を持つという事実が、その行為の正・不正を判断する根拠になるという考えである。たとえば、第八章で見るように、同性愛行為に対して人々が嫌悪感を抱くということが、同性愛行為を不正だと判断したり、法によって禁じる根拠になると見なしたりするような立場がこれに当たる。

行為の正・不正を判断するさいに、「是認や否認の感情をそれ自体の理由および基準」として掲げ、それ以外の外的な理由 (根拠) を示さないこの原理を、ベンタムは「真実の原理というよりは、名前だけの原理である」と批判している (*ibid.*: 25/99)。ベンタムによれば、「人がある原理の中に見出そうと期待するのは、是認や否認という内的な感情を正当化し、これを導いていく手段として、ある外的な理由を指し示すような何ものかであるが、是認や否認の感情をそれ自体の理由および基準として掲げる以外のことはしないような命題によっては、このような期待は満足させられない」(*ibid.*)。つまり、共感と反感の原理は、ある行為が正しい (または不正である) という判断は下すがその理由を述べることができない、とベンタムは批判しているのである。再びハリー・ポッターから引用しよう。

ハリー・ポッター：犯人はマルフォイです。
ミネルバ・マクゴナガル教授：それはとても深刻な告発ですよ、ポッター。
セブルス・スネイプ教授：その通り。証拠はあるのかね。

ハリー・ポッター：……ぼくにはとにかくわかるんです（I just know.)。
セブルス・スネイプ教授：「ぼくには、とにかく、わかる」か。きみの才能にはまたもや驚かされたよ、ポッター君。選ばれし者であるというのは本当にすばらしいことなんだねえ。

（『ハリー・ポッターと謎のプリンス』）

このように、「共感と反感の原理」は何が正しいか正しくないかについて「ぼくにはとにかくわかる」と述べ、証拠を示さない（示せない）という大きな問題がある。ベンタムは別のところで、共感と反感の原理を「独断主義（ipsedixitism）」とも呼んでいる。[2] つまり、ホッブズ主義とは異なり、道徳について客観的な判断を下せると主張していた直観主義者たちも、結局は主観主義に他ならないとベンタムは批判したのである。

ベンタムはさらに進んで、「正と不正の基準について作られてきた様々な思想体系は、すべて共感と反感の原理に還元することができるだろう。（…）それらの思想体系はすべて、外的な基準に訴える義務を避けて、著者の感情や意見をそれ自体の理由であるとして、読者に押し付けようとする工夫からなっている」（Bentham 1789: 25/99）と述べ、長い注の中で、これまでの英国の道徳思想家たちを名指しで批判している。ベンタムの真骨頂とも言える文章は、ぜひ直接読んでいただきたいが、以下、少し抜粋しておく。

（1）ある人（シャフツベリ伯爵、ハチソン、ヒュームなど）は、「私は何が正しく何が不正であるか

> ということを、私に告げる目的で作られたものを持っており、それは道徳感覚と呼ばれる」と言う。そして、気軽に話を進めて、これこれのことは正しく、これこれのことは不正であると言い、なぜかと問われれば、「私の道徳感覚が私にそう告げるから」と答える。(…)
>
> (3) ある人(プライス博士)が出てきて、道徳感覚のようなものがあるとは、私には信じられないが、自分は知性を持っていて、それは(道徳感覚と)同じ働きをしていると言う。彼によれば、このような知性は正と不正の基準であって、彼にあれこれ告げるものである。すべての善良で賢明な人々は、自分と同じように理解する。そして、もしも他の人々の知性が、なんらかの点で自分と違っているのであれば、彼らの方が間違っているのであって、彼らが欠陥を持っていること、または堕落していることの確実な証拠であるという。(…)(*ibid.*: 26–7 note d/100–1 注. 強調は原著者)

ベンタムは他にも、「コモン・センス」、「永遠普遍の正義の原理」、「事物の適合性」、「自然法」などの言葉を用いて議論する思想家たちをこき下ろしている。そして、それらすべてに共通する問題は、「専制主義の口実、みせかけおよび補強としてのはたらきをすることである」(*ibid.*: 28 note d/103 注)と述べ、道徳や政治の両方に有害な影響をもたらすと批判している。たとえば、この考え方が刑罰に適用されるとき、「自分自身のうちに非難したいという気持ち」を起こさせるものに対して、刑罰を加えてよいことになる。また、刑罰の量(量刑)についても、「あなた方が強く憎むのであれば重く罰し、憎むことが少なければ軽く罰し、要するに、あなた方が憎むままに罰すればよい。あなた方がまったく憎まないのであれば、まったく処罰しなければよい」(*ibid.*: 25/99)ということになる。

この原理に従うならば、たとえば同性愛のような特定の性的指向に対して、人々が嫌悪感を抱くかどうか、また抱く場合にはどのくらい強く抱くかを基準に、刑罰が課される可能性が生じる。ベンタムは、この考え方を次のように批判して、刑罰や量刑については、当該の行為が社会的に有害かどうかによって決めなければならないはずだと考える。

あなたがその行為を自分でどんなに嫌悪しても、それはあなたの勝手であり、（…）あなた自身がその行為をしないことには立派な理由がある。しかしあなたが言葉や行為によって、他人がそうすることを妨げたり、そうすることに対して苦しみを与えたりするならば、不正をなすのはあなたであって、その人ではない。（…）この問題については他人と自分とは考えが違うということに満足して、そのままにしておけばよいのである。彼があなたと同じ考えを持たなければあなたは満足しないというのであれば、私はあなたがしなければならないことを言おう。それは、あなたが反感を克服することであって、彼があなたの反感に屈することではない。（*ibid*.: 29 note d/104 注）

なお、直観主義に対するこのような批判は、後に見るように、明らかにJ・S・ミルに引き継がれていくものである。社会的な害悪が示されない限り他人の行為に干渉すべきでないというベンタムの考えは、ミルが『自由論』で定式化した他者危害原則の源流になるものである（本書第八章も参照せよ）。

以上のようにベンタムは、これまでの直観主義者たちの理論は、自らの道徳判断に外的な根拠を示すことを要求しないため、危険な判断をも正当化しかねないという意味で、有害な理論であると批判している。しかし、直観主義に関するベンタムの思想史理解については、すでに多くの批判がなされている。まず、ベンタムの弟子の一人であるJ・S・ミルが、ベンタムが死んだ一年後（一八三三）に匿名で発表したエッセイの中で、「ベンタム氏の最大の欠点は、他の人々の思想を十分に知らず、評価もしていなかったことである」（Mill, J. S. 1833: 431）と手厳しく評している。また、レッキーは、「ベンタムは自分以前の思想家たちを非常に軽蔑していたために、彼らの著作についてまったく無知であった。彼は（高い評判を受けた割には）道徳科学の進歩にほとんど貢献しなかった」（Lecky 1869: 10 note 2）と酷評している。また、柘植も次のように的確に述べている。

同時代の道徳哲学に対するベンサムの理解は、しばしば不正確であり、間違ってもいる。ベンサムは「道徳感覚」を唱えた人物としてシャフツベリ、ハチスン、ヒュームを挙げているが、ヒューム自身は「道徳感覚」に代えて「共感」によって道徳判断を説明しようとしたのであるから、ヒュームをシャフツベリやハチスンと同列に扱うことはできない。また、ベンサムは「常識」をビーティに、「知性」をプライスに帰しているが、ビーティやプライスは、道徳感覚や共感を道徳判断の源泉とする感情論に対抗して自説を主張しているのであるから、常識や知性を共感と反感の原理に含めることは誤りである。（柘植 2003: 183–4）

実際、ベンタムの別の著作である『倫理学(3)（*Deontology*）』においても、功利主義に対立する原理として「感情主義（sentimentalism）」という言葉を使っており（Bentham 1834: 25ff.）、第一章で述べた理性的直観主義と道徳感覚学派をベンタムが区別していないことはかなり確実と思われる。ただ、柘植自身も述べているように、「ベンサムの真意は、『道徳感覚』『常識』『知性』がいずれも直覚的なものであり、これらが行為の道徳的善悪や正邪の客観的な判定基準にはなりえない、ということ」(同上)にあった。したがって、むしろベンタムがこれらの理論を十把ひとからげに論じたからこそ、直観主義と功利主義の対立が明確になったと言える。現代にまで至る功利主義と直観主義の対立という軸を作ったという意味で、ベンタムは大きな役割を果たしたのである。(4)

ベンタムの功利主義

ベンタムの功利主義は、直観主義との対比を意識しながら作られている。以下、彼の功利主義について三点に絞って説明しよう。

まず、功利原理(the principle of utility)とは、「利害関係のある人の幸福を増進させるように見えるか減少させるように見えるかの傾向に従って、ありとあらゆる行動を是認または否認する原理」であり、個人の行為だけでなく、政府の政策についても適用されるものである(Bentham 1789: 11–2/82)。功利性(utility)とは、「あらゆるものにある性質であり、その性質によってそのものは、利害関係のある当事者に対し、利得、便宜、快楽、善、幸福(これらすべてはこの場合同じことになるのであるが)を生み出す傾向を持つのであり、または、(再び、同じことになるのだが)利害関係のある人に対し、損害、苦痛、悪、不幸が生じることを妨げる傾向を持つ」と説明される(*ibid.*: 12/83)。功利主義によれば、行為や政策の道徳的な正しさは、その行為や政策が人々の幸福に対して持つ影響

（帰結）によって判断される。刑罰だけでなく、「ウソをついてはいけない」とか「他人に親切にしなければならない」といった道徳的義務も、功利原理によって正当化される必要がある。これは「道徳や法の第一原理は一つである」とする一元論の考え方で、たとえばリードなどの直観主義者が通常採用する、第一原理が複数あるとする考え（多元論）とは対照的である。また、義務は利益に還元されて説明されるため、これも直観主義者が通常採用する、義務は利益に還元できないという考えと鋭く対立する。

第二に、有名な快楽計算（『序説』第四章）と、快楽と苦痛の種類分け（同、第五章）が挙げられる。詳細な説明は省略するが、これは要するに、行為や政策によってもたらされる快楽と苦痛をすべて枚挙したうえで、それぞれの快楽や苦痛がどの程度の強さや長さを伴うかといった計算を行ない、最も幸福に資する行為や政策を判断する、ということである。これが、ベンタムが共感と反感の原理に欠けているものとして批判した「外的な理由」に当たる部分である。すなわち、功利主義に則った議論では、行為の正と不正の理由として、快苦に関する帰結を提示することができるため、独断主義に陥らずに判断が行なえる、というわけである。

第三に、『序説』には「苦痛と快楽の四つのサンクションまたは源泉について」という重要な章がある（第三章）。ベンタムは、快苦の源泉には、自然的なもの、政治的なもの、道徳的なもの、宗教的なものの四つがあるとし、これらがわれわれの行為を動機付けると考えていた。自然的な快苦とは、行為に（人為的ではなく）自然に伴う快苦である（たとえば、フグを食べて毒に当たって死ぬこと）。政治的な快苦とは、政府の刑罰等によって与えられる快苦である（たとえば、刑罰として毒を飲まされて死ぬこと)。道徳的な快苦とは、政府以外の一般の人々によって与えられる快苦である(たとえば、村八分にされたり白い目で見られたりして苦しむこと)。最後の宗教的な快苦とは、神によって現世または来世において与えられる快苦である。(5)

この中でとくに注意する必要があるのは、道徳的サンクションである。前章で見たように、直観主義者たちは、道徳的直観によって是認・否認の判断が下されるだけでなく、その判断に基づいて行為へと動機付けられるとしたが、ベンタムはそのようには考えていなかった。道徳的サンクションというのは、あくまで周りの人からの圧力であり、道徳判断に内在するような動機ではない。別の言い方をすると、道徳的サンクションとは、功利原理に基づく判断に必然的に伴うものではない。この点では、ベンタムはホッブズ主義者と同様、道徳にはある種の人為性がなければならないと考えていたことになる。

2　ペイリーとゴドウィン

シュニーウィンドによれば、ベンタムの『序説』は数十年の間ほとんど完全に無視されていた。彼が哲学者として名声を(少なくとも英国道徳哲学のシーンにおいて)確立するのは、J・S・ミルによる再評価を待つ必要がある。それに対して、これから説明するペイリーの著作は、ケンブリッジ大学で一八三〇年代ごろまで道徳哲学の教科書として用いられ、大きな影響力を持った。また、ゴドウィンの著作『政治的正義』(一七九三)は、その過激な議論のゆえにすぐに注目され論争を呼んだ(ただし、その後ほぼ完全に忘れ去られた）（Schneewind 1977: 122）。ここではベンタムの同時代人であるこの二人の思想を簡単に見ておこう。

BOX　ペイリー

ペイリー（William Paley, 一七四三〜一八〇五）は、ケンブリッジで学び、ケンブリッジ大学で道徳哲学や神学を教えた後に、英国国教会で仕事をした。『道徳と政治哲学の諸原理（*The Principles of Moral and Political Philosophy*）』（一七八五）という道徳哲学に関する本の他に、デザイン論（神が存在することを世界の設計者という比喩を用いて説明する議論）を説いた『自然神学（*Natural Theology*）』（一八〇二）などの著書がある。この本と上記の本は、英国と米国で長く教科書として使われた。

ペイリー

ペイリーの主著である『道徳と政治哲学の諸原理』の第一部および第二部で述べられている理論の骨子はこうである。倫理体系の役割は、人間生活の行動一般において個人の良心を指導することであり、倫理学は義務とその理由とを教える科学である。そこで、個人の良心の道しるべとなるものは何かという問題が生じるが、それについてペイリーは、神の意志こそがわれわれの従うべき規則だと述べた。ペイリーによれば、自然界を見渡すと、神が人類の幸福を意図しているのは明白なことから、正・不正の基準は、人類に善をなすかどうかであることがわかるという。ペイリーはデザイン論によって神を証明するぐらいだから、世界がよほど美しく見えたのだろう。実際、幼児が無邪気に遊んでいる姿を見たら、神の善意を感じずにはいられないと述べている（Paley 1785: 41）。さらに、永遠の幸福への希望と永遠の苦痛への恐れが、義務の源泉（動機付けの力）になるとされる。

ペイリーは良心の道しるべとして、生得的な道徳感覚についても検討しているが、その存在は疑わしいとして退けている。詳しい話は省略するが、彼も直観主義について、ベンタムと同様、次のように結論している。

> 総じて言えば、道徳感覚と呼ばれる本能のようなものは存在しないか、あるいはあったとしても今日では偏見や習慣と区別できないと思われる。そのため、道徳的推論において道徳感覚に依存することはできない。すなわち、ある諸原則が、自然本性の命令、衝動、本能であると想定したうえで、行為の正・不正について、行為が持つ傾向性やその他の考慮に依拠することなく結論を出すことは、安全な議論の仕方ではないということである。（…）慣習の法は、自然の秩序と間違われる可能性が非常に高い。そうした理由から、わたしが思うに、本能を基礎とする道徳体系は、すでに確立された意見や実践の理由や弁明を見つけ出すばかりで、〔それらを〕修正したり改革したりすることはめったにないだろう。（Paley 1785: 11–2）

このように、ペイリーの功利主義はベンタムのそれとよく似ているが、神を道徳理論の中心におく功利主義（いわゆる神学的功利主義）の立場を採る点がベンタムと異なる。ペイリーは神が功利主義者だと考えていたと言ってもよいかもしれない（cf. Broad 1930: 81）。この発想は、次章で解説するオースティンの思想につながっている。

また、ペイリーは、それほど練られているわけではないが、功利原理は個々の行為ではなく、一般的規則に適用されるとする規則功利主義的な発想を持っている点でも、オースティンの功利主義と似ている（規則功利主義について詳しくは第六章で論じる）。ペイリーは、「暗殺は場合によっては役に立つがゆえに、功利主義では正当化されてしまう」という功利主義批判は、暗殺行為を認めた場合にそれが刑罰制度全体に与える一般的影響を無視しているために、誤っていると言う（Paley 1785: 42–5）。彼はまた、一人が偽札を使っても大した害悪はないが、みながやると貨幣制度が崩壊してしまうため、偽札を使ってはいけないという一般規則が存在することには功利主義的な理由がある、という例も挙げている（*ibid.*: 47）。ペイリーがこのような規則の重要性を主張していたのは、次に見るゴドウィンのような、常識はずれの結論を出すことを避けるためだったと考えられる（Schneewind 1977: 127）。

さて、ペイリーがこのように比較的保守的な立場をとるのに対し、ゴドウィンは直観に反する結論を次々と出し、ベンタムと同様、あるいはベンタム以上に功利主義の悪いイメージを作り出した人物である。

BOX　ゴドウィン

ゴドウィン

ゴドウィン（William Godwin, 一七五六～一八三六）は非国教徒の家庭に生まれ、父親は牧師だった。彼自身もロンドンで文筆家になるまでは牧師をしていた。彼の主著『政治的正義（*Political Justice*）』（一七九三）は、功利主義を唱えると同時に、本来自由で平等である人間に対して政府が与える有害な影響を批判し、無政府主義を唱えたことでも知られる。また現代のフェミニズムの源流の一人として数えられるメアリ・ウォルストンクラフトと結婚し、その間に娘メアリをもうけた（母親は産後間もなくして死亡）。娘のメアリは後に詩人のシェリーと結婚し、有名な『フランケンシュタイン』（一八一八）を書くことになる。

ゴドウィンは『政治的正義』の中で道徳を次のように説明している。

道徳とは、最大の全体善の考慮によって決定される、行為の体系のことである。最高の道徳的是認を受ける資格があるのは（…）善意の見解によって支配され、公共の功利性に役立つ行動を行なう人である。（…）政治権力が正当に強制する権限のある唯一の規制は、公共の功利性に最も適したような規制である。（Godwin 1842: 57）

また、快苦と幸・不幸が道徳的探求の究極の主題だと述べており、ゴドウィンは道徳について典型的な功利主義的理解をしていると思われる（*ibid*.: 95）。ただし、ゴドウィンは、次に述べる少なくとも二点において、かなり過激な立場をとっている。第一に、われわれは常に全体の幸福のために行為すべきだと主張している。

> 道徳とは、われわれの力が及ぶ限りにおいて、あらゆる機会に、すべての知力および感覚を持つ存在のよき生と幸福に貢献することを教える体系に他ならない。しかるに、われわれの行為は、つねに何らかの仕方でそのような幸福に影響を与える。（…）幸福の積極的生産に費やすことのできない時間は、その準備のために費やすことができよう。（…）そこでもしわれわれの行為のすべてが道徳の領域に含まれるのであれば、行為の選択においてわれわれはいかなる権利も持たないということになろう。（*ibid*.: 75）

このように、ゴドウィンによれば、自分のものや時間を自分の好きにしてよい権利など存在せず、われわれは常に全力で最大多数の最大幸福のために行為すべきである。おそらくゴドウィン流の功利主義者は、「小説を読んだり、オーボエを吹いたり、テニスのバックハンドを上達させたりしている暇はない」だろう[6]。

第二にゴドウィンは、家族など身近な人に対する特別な義務を全く認めない。功利主義者のピーター・シンガーもよく引用する有名な例（Singer 2002: 155–6/196–8）で、火事の建物から一人しか助け出せない場合に、自分の父か兄弟であるウェイター（第一版では、自分の母親であるウェイトレス）か、名著『テレマコスの冒険』を書く前のフェネロン大司教のいずれかしか助けられない場合にどうするか、という問題状況がある。今日的な例で言えば、ハリー・ポッターを書く前に喫茶店で物語の構想を練っているJ・K・ローリングか、自分の兄弟である喫茶店のウェイターのどちらを助けるか、というような状況である。ゴドウィンは、個人間の不偏性（impartiality）の原則を重視し、正義の原理とは「人を偏りみない(7)（no respecter of persons）」ことであると述べ、ウェイターあるいはウェイトレスがたとえ自分の家族であったとしても、公共の功利性の観点から迷わずにフェネロンを助けるべきだという（Godwin 1842: 59–60）。

このようにゴドウィンは、ベンタムやペイリーに比べて、功利主義の持つ特徴を先鋭化させて主張したと言える。シュニーウィンドによれば、歴史的に見て、ゴドウィンの急進的な功利主義解釈が一八世紀末以降の功利主義理解——すなわち「抽象的合理性の怪物であり、基本的に利己的であり、家族や友人や国家や法律や伝統の重要性を否定し、謙虚な心というキリスト教の美徳の代わりに計算高い心という美徳をすえ、人間を快楽を紡ぎだす機械に還元してしまう」（Schneewind 1977: 139）という理解——に大きな影響を与えたとされる。つまり、功利主義批判者にとっての功利主義者像は、ベンタムやペイリーではなく、ゴドウィンによるところが大きいということである。

3　功利主義に対する批判

シジウィック（第四章で扱う）以前の功利主義と直観主義の対立に関して、シュニーウィンドは、J・S・ミルが独自の思想家として積極的に活躍しだす一八三〇年代の前後で区別している。そこで、次章に入る前に、J・S・ミル以前の功利主義批判について、シュニーウィンドの著作に従って簡単にまとめておくことにしよう。

まず、ペイリーの神学的功利主義に向けられた批判としては、たとえ神が最大多数の最大幸福を望んでいたとしても、全知全能の神とは違い、われわれには全体の善の促進の仕方がわからないため、むしろ道徳感覚に頼るべきであるというものがある。比喩を使えば、ロンドンにある聖パウロ教会の設計者は全体を美しくなるように設計したが、それを完成させるために働く大工は、設計者の指示に従うべきであり、どうすれば全体が美しい設計になるか、自分で決めて行為すべきではない。それと同様に、一般の功利性を考えるのは神だけの仕事であり、人間は内なる神の声である良心の命令に従うべきである、というのがその骨子である。つまり、批判者たちは功利主義者が神と同じように行為できると考えている点を傲慢だと批判しているのだ（Schneewind 1977: 141–2; cf. Broad 1930: 81）。

また、リード以降のスコットランド学派の功利主義批判では、今の功利計算の不可能性の話に加えて、道徳を神の意志に基礎付けると、道徳が恣意的になってしまうという主意主義の問題が指摘されている。また、神の道徳的特徴は善意だけではなく、正義と誠実の徳も合わせ持つとされ、第一原理する立場に対する、直観主義からの強い批判が表れていると言えよう（Schneewind 1977: 142–3）。の複数性を認める主張がなされている。ここには、すべてを一つの原理（功利原理）に還元しようとする立場に対する、直観主義からの強い批判が表れていると言えよう（Schneewind 1977: 142–3）。

ゴドウィンに対する批判はもっと激しかった。そのほとんどが中傷だが、まともな批判のうちの一つとしては、ペイリーと違い規則を軽視するゴドウィン主義者は、いつ何どき常識道徳に反した行動をするか予想がつかないという意味で、まったく信頼のおけない人間になるに違いないというものがある。功利主義者は不道徳であるというこの批判は、功利計算の不可能性とともに、われわれは功利原理に従って生きることはできないとする批判の一つである[8]（*ibid*.: 146）。

最後にベンタムであるが、ベンタムはこの時期、ほとんど名指しでは批判されなかったとされる。その例外として、文筆家のハズリット（William Hazlitt, 一七七八〜一八三〇）による批判がある。たとえばハズリットは、ベンタムの功利主義は不道徳な帰結をもたらすと批判し、医学生の解剖実験用に人を殺すことや、紅茶やコーヒーを作るために奴隷制を是認することが許されることになると論じた。ただ、ハズリットの批判には誤解も多く、功利主義者は功利性の追求のために快楽の追求を犠牲にする道徳の清教徒だと述べたりもしている。シュニーウィンドは、ハズリットのこのような批判を、ベンタムが当時よく理解されていなかった証拠だろうと述べている（*ibid*.: 149）。

一八三〇年代に入ると、ペイリーのお膝元であったケンブリッジ大学でもペイリー批判が強まり、ペイリーの功利主義は不道徳で、キリスト教倫理と両立しないため、教えるべきではないという批判がなされるようになる。その後も、ペイリーへの批判と擁護は続いたが、一八三〇年代中盤以降、ペイリーは功利主義の中心人物ではなくなっていった。ペイリーの神学的著作も同様である。これは、シュニーウィンドによれば、英国で次第に宗教に対する懐疑が強まってきて、とりわけペイリーが持つデザイン論的な宗教的前提が疎まれるようになったためである（*ibid*.: 150–1）。これ以降は、宗教的前提を持たないJ・S・ミルやベンタムの功利主義が主流になっていく。

功利主義と直観主義の争いは、このような形でその火ぶたが切って落とされた。ベンタムのように直観主義を主観主義に他ならないと批判するのは、直観主義を単純化しすぎだと一見思うかもしれない。だが、次章で見るJ・S・ミルや直観主義者ヒューウェルの著作を通じて、これこそが「直観主義と功利主義の論争の中心になるものとして認められるようになる」（Schneewind 1977: 134）ものであった。

最後に、この章を締めくくるに当たり、ベンタム研究者（ロンドン大学ユニバーシティ・コレッジのベンタム・プロジェクト所長）のフィリップ・スコフィールド（Philip Schofield）の言葉を少し長めに引いておこう。

ベンタムにとっては、直観主義は功利原理の主要なライバルの一つである。（…）この〔直観主義の〕原理の支持者は、正と不正の問題は自らの良心や感情に訴えることによって決定されるべきだと述べる。ベンタムが批判した思想家たちの現代版は、ロールズやドゥウォーキンのような哲学者である。彼らは、われわれの直観を構造化し、直観同士に不一致が生じた場合にはそれを正すために用いられる、より一般的な道徳原理を導入することで修正してはいるものの、究極的には、正・

不正の基準として直観に訴えている。対照的に、功利原理は、「外的」な基準であり、現行の直観そのものにはいかなる重みづけも与えない（…）。むしろ、その役割は、これらの直観を検証し批判することであり、直観が欠けているところでは適切な選択肢を提示すること――すなわち、最大多数の最大幸福を促進するために必要な事柄を決定すること――である。功利原理とわれわれの直観が衝突する場合には、功利原理が修正されるべきなのではなく、直観が退けられるべきなのである。功利原理は徹底した批判的な道徳的見地を提供する。もしその結論を気に入らないのであれば、共感と反感の原理の支持者の見地を採用しているのである。ロールズやドゥウォーキンらのような平等主義者は、その理論を直観に基礎づけ、ベンタムのような功利主義者は、その理論を快苦という感覚に基礎づける。選択肢はこのように分かれている。(Schofield 2009: 68–9)

スコフィールドの説明は若干単純化しすぎの嫌いもあるが、彼が的確に理解している通り、功利主義と直観主義の争いは現在まで連綿と続くものである。本書では、論争が現在に至るまでの過程をもう少し詳しく見ていきたいと考えている。そこで次章では、J・S・ミルの直観主義批判を中心に検討することにしよう。

第三章　第二世代の功利主義

前章では、ベンタムやペイリーら功利主義者たちが直観主義との対比の中で自らの立場を明らかにしていったという話をした。本章では、ベンタムの弟子筋、いわば第二世代の功利主義者に当たるジョン・オースティン、ミル父子による功利主義の展開と、同時代の直観主義者たちとの対立の構図について見ていく。

1　スコットランド学派とケンブリッジ・モラリストの直観主義

まず、当時の直観主義陣営の動きについて言えば、スコットランド学派とケンブリッジ・モラリストの二大潮流があった。再びシュニーウィンドの記述を主に参照しながら説明しよう。

スコットランド学派（The Scottish School）は、第一章でも少し見たトマス・リードに端を発する。

リードの弟子筋と言えるのは、ジェームズ・ビーティ（James Beattie）、デュガルト・スチュワート（Dugald Stewart）、ダニエル・デュワー（Rev. Daniel Dewar）、ジョン・アバクロンビー（John Abercrombie）、トマス・チャーマーズ（Thomas Chalmers）、ウィリアム・ハミルトン（Sir William Hamilton）、トマス・ブラウン（Thomas Brown）、アレグザンダー・スミス（Alexander Smith）などである。彼らは、リードの哲学をそれほど発展させることはなかったが、(1) リードの文章を一九世紀の読者にわかるように修正し、その考えを普及させた。そのため、スコットランド学派は、正統派の哲学として一八世紀末から一八三〇年代ごろの社会で広く受け入れられた。

スコットランド学派の思想家たちは、ホッブズ主義に対抗して、人間の動機の複数性を認め、動物的な動機だけでなく、理性的な動機の存在も認めた。それに加えて、道徳原理は観察を通じて帰納的に知られるという経験論に対抗して、善意・正義・誠実などの直観的に自明な公理（axioms）が不可欠だと主張した。彼らは、あらゆる文明の成人がそのような道徳原理の正しさに同意し、またそれらを一つの原理に還元できないことを認めるだろうと述べ、（一元論的な）功利主義を退けた。さらに彼らはリードの宗教的な前提も共有し、良心が人間に本性的に存在するという事実を認め、神が良心をわれわれのガイドとなるよう設計したのだと考えた。最後に、自愛の思慮が道徳的な意味で徳と呼べるかどうかという点についてはそれぞれ見解を異にしていたものの、神の摂理の下では自己利益の命令と良心の命令が常に一致するということについては同意していた（Schneewind 1977: 75–6）。

スコットランド学派から少し遅れて登場するのが、ケンブリッジ・モラリストと呼ばれる人々である。前章で述べたように、一八三〇年ごろまではペイリーの道徳哲学がケンブリッジ大学で教えられていたが、一八三二年にセジウィックという学者が、ペイリーの道徳哲学とその基礎にあるロックの認識論は健全な宗教教育にとって有害であると批判して注目を集めた[(2)]。これ以降、ケンブリッジでは、トマス・ローソン・バークス（Thomas Rawson Birks）、ジュリアス・ヘア（Julias Hare）、ウィリアム・ヒューウェル（William Whewell）、F・D・モーリス（F. D. Maurice）、ジョン・グロート（John Grote）などが経験論と功利主義を批判することになる。一八三〇年代以降のリード流の直観主義の発展は、そのほぼすべてがケンブリッジで行なわれたとされる（*ibid.*: 88–90）。

スコットランド学派はドイツの哲学者カントのことをまったく知らなかったが、ケンブリッジ・モラリストたちはリードだけでなく、カントからの影響も受けていた（*ibid.*: 63–4）。この背景として、コールリッジの存在を無視することはできない[(3)]。コールリッジはカントやシェリングなどのドイツ哲学に親しんでおり、良心を理性と結びつけて考え、われわれは直観能力と自由意志の能力を持つがゆえに道徳判断ができるとした。また、「善は、ある種を説明する言葉として不要であろうか。仮にそうだとすれば、道徳哲学は自然学の下位分類に過ぎないことになる。もしそうでないとすれば、ペイリーと彼の先駆者および彼の弟子たちの書物は誤っており、最も有害であることになる」（Coleridge 1835: 155）と述べ、善の独自性（*sui generis*）を主張し、善を自然的な快楽や欲求と結びつける立場を批判した。さらに、ペイリーのような功利主義者が行為の帰結を重視することを批判し、動機が重要であり、自愛の思慮から行なう行為と、良心の命令から行なう行為は、行為が同じでも価値が違うと考えた（Schneewind 1977: 94）。

ケンブリッジの神学者や道徳哲学者の大半は、このようなコールリッジの考えに影響を受け、良心は内なる神の声であり、それは功利主義的なものではないと主張した。もっとも、彼らは英国国教会の中でも広教会（Broad Church）という自由主義的な考えを持つ人々であり、科学や学問の進歩を歓迎していた（*ibid.*: 97）。たとえば、リード以降の一九世紀の直観主義者で最も重要な人物と言われるヒューウェルは、『道徳哲学史』（Whewell 1852）の中で、道徳哲学の歴史を宗教と世俗の争い、すなわち善い力と悪い力の争いとして描いた。その中で彼は、人間の下等な欲求に訴えるホッブズ主義や功利主義を低級道徳（low morality）と呼び、良心や理性という人間の神性に訴える直観主義を高級道徳（high morality）と呼んだ。彼は次のように述べて両者を対比している。

> 道徳の体系、すなわち、人間行為の規則を導出する様態には、二種類ある。一つは、何らかの外部の対象（外部とは、その対象を追求する精神から見て外部ということである）を追求することが人間行為の法則であると見る立場であり、たとえば、古代あるいは現代において、快楽や功利性、あるいは最大多数の最大幸福を人間行為の真の目的と主張した立場がそれである。もう一つは、良心や道徳器官、義務、正直、および欲求に対する理性の優越性といった内的な原理あるいは関係によって人間行為を統制する立場である。これら二つの種類の体系はそれぞれ依存的（*dependent*）および自立的（*independent*）道徳と呼ぶことができる。（Whewell 1852: 1–2）

BOX　ヒューウェル

ヒューウェル（William Whewell, 一七九四～一八六六）は、ケンブリッジ大学のトリニティ・コレッジで学んでトリニティ・コレッジで鉱石学や哲学などを教えた。いわゆる万能人で、牧師でもあり詩人でもあり（ゲーテの翻訳をしている）、また科学者でもあった。今日では特に科学哲学の文脈でよく知られており、「サイエンティスト」という言葉を作った人でもある。ヒューウェルは、科学、道徳、宗教を整合的な一つの体系にまとめようとした。道徳哲学における主著は *Elements of Morality, including Polity*（一八四五）および *Lectures on the History of Moral Philosophy in England*（一八五二）。

ヒューウェル

ヒューウェルによれば、行為の正しさを快楽や帰結の善し悪しによって説明する道徳理論は「依存的」であり、理性あるいは良心という人間の内在的な能力のみを用いて道徳体系を構築する理論は「自立的」である。ヒューウェルは後者の自立的な道徳を支持しているが、彼によれば、低級道徳であるはずの功利主義が近代科学の知見やロックの経験論を取り入れて首尾一貫した体系を築きつつあるのに対し、高級道徳は古い宗教的世界観に固執しているために十分な体系を築けていない。そこで、近代科学と整合的な高級道徳の体系を作る「ニュートン」（つまりヒューウェル自身）が必要だと論じた。そこでヒューウェルは、「第一原理は証明できず、直観するだけ」というリード流の直観主義と、常識道徳を基礎付ける道徳原理を理性的なものとして正当化するカント的な理性主義を組み合わせて、直観主義の体系を作ろうとしたのである[4](Schneewind 1977: 105–8)。

功利主義と直観主義の対立は、このような形で顕在化していった。J・S・ミルを中心とする新しい世代の功利主義者たちは、こうした状況において、直観主義と対決しながら自分たちの立場を明確にする必要に迫られていたと言える。

2　ジョン・オースティン

ジョン・オースティンはベンタムの弟子の一人として知られているが、彼がベンタムと大きく異なる点は、ペイリーらの神学的功利主義と呼ばれる立場と同様、功利主義の中心に神を置いたことである。つまり、オースティンも神を功利主義者だと想定していたのである。

BOX　オースティン

ジョン・オースティン(John Austin, 一七九〇〜一八五九)は、ベンタムの弟子の一人。法廷弁護士をやっていたが成功せず、一八二

オースティン

六年にロンドン大学（現ユニバーシティ・コレッジ・ロンドン）ができたときに、ケンブリッジ大学やオックスフォード大学に先駆けて作られた法理学講座の教授（the Chair of Jurisprudence and the Law of Nations）になった。彼の講義にはJ・S・ミルも聴講に来ていたが、難しい原稿を朗読するだけの講義は不評だったらしく、二年目以降は学生が激減し、数年後にはその講義をやめてしまった（彼自身も一八三五年にはこの職を辞している）。この講義の元となった彼の主著『法理学の領域画定（*The Province of Jurisprudence Determined*）』（一八三二）も、オースティンが期待していたほど評価されず、彼は失意のうちに死んでいったとされる。ただ、彼の妻のサラ・オースティンがよくできた人で、高名な法学者である穂積陳重（「民法出でて忠孝亡ぶ」の穂積八束の兄）の『法窓夜話』にもあるように、彼女が夫の遺稿を整理し出版したおかげで、オースティンは後世に残る思想家になったとされる。

なお、『法理学の領域画定』は、実は法哲学の書であると同時に道徳哲学の書でもあり、功利主義の発展を知る上では重要な基本文献である。

第二章でも少し述べたように、ベンタムによれば、人々は功利原理が正しいことを指示しているという理由のみに基づいてその行為をなすというよりは、むしろ主権者やまわりの人々に強制されて初めて正しい行為をなす。とすると、たとえば主権者やまわりの人々が功利主義に反することを支持していたら、功利主義的に正しい行為をする動機はないことになる。すなわち、ベンタム流のサンクション論だと、ホッブズ主義と同様、功利主義道徳に従う内在的な動機はないことになるのである。このことをオースティンの言葉で言い換えると、現にある法である「実定法」や現にある道徳である「実定道徳（positive morality）」の命令が、「あるべき道徳」である功利原理の命令と異なる場合、後者に従う動機をわれわれは持たないことになる。そこで、「実定法や実定道徳と功利原理の命令が異なる場合に、功利原理に従う理由はあるか」という問題が生じる。また、ベンタムは、ホッブズ主義ほどあからさまに利己主義的ではないが、人間に善意を認めつつも、基本的には人間を他人の利益よりも自分の利益を優先する存在だと考えていた（Bentham 1822: 232ff.）。そうすると、上の問題とは別に、「自分の利益と功利原理の命令が異なる場合に、功利原理に従う理由はあるか」という問題も生じてくる。

これらの問題に関して、オースティンは、ペイリーと同様に、被造物の最大幸福を命じる功利原理は神の意志を示すものであると考えた。そして、ベンタムにおいてはほとんど役割を与えられていなかった宗教的サンクションを強調し、われわれは神の命令（および、その指標である功利原理）に従うべき動機が十分にあると述べた（Austin 1832: ch. 2）。

その一方で、オースティンは、常に全体の幸福のことを考えて最大幸福に役立つ行為をすべきだというゴドウィン流の考え方を批判して、「健全で正統な功利主義者は、《彼氏が彼女にキスするさいには公共の福祉について考えていなければならない》などと主張したことも考えたこともない」と述べた（Austin 1832: 97; cf. Schneewind 1977: 154）。つまり、行為が正しくあるために動機は必ずしも善意である必要はない——幸福な恋愛におけるキスがそうであるように、多くの行為は社会全体の幸福の増大につながるが、社会の幸福を最大化するという動機を伴う必要は必ずしもない——と考えた。

オースティンはまた、ペイリーと同様に、行為が正しいかそうでないかという傾向性を知るには、個々の行為の結果ではなく、同種の行為が一般的になされた場合の結果を考える必要があると述べ、一般規則の重要性を強調した。(5) つまり、功利原理は個々の行為を導く一般規則に適用されるというのである。これによって、功利計算をしている間に行為の機会を逃してしまうのではないか、という批判もかわすことができる。ただし政府に抵抗すべきかどうかを考える場合など、例外的なケースでは、功利原理に直接訴えることも考えられるとした（Austin 1832: 53–4）。

さらにオースティンは、功利原理に対立する考え方として、神の命令の内容を道徳感覚によって知るという考え方（直観主義）を登場させ、長々と検討した上で（*ibid*.: ch. 4）、ペイリーと同様、そのような義務を知るための器官が存在する証拠はないという批判をしている。さらに、道徳感覚や良心という言葉について、次のように述べている。

道徳感覚、生得的な実践的原理、良心について言えば、それらは単に、無知か邪悪な利害関心を隠すための都合のよい隠れ蓑にすぎない。それらが述べているのは、自分が反対する法律を憎んでいるがその理由は述べられないということであるか、その法律を憎んでいるが憎しみの理由を明言するのは差し支えがあるということのいずれかである。もしわたしが公然と、わたしはその法律を憎んでいる、それゆえ、その法律は拘束力を持たず不服従がなされるべきであると言っても、誰もわたしの言うことを聞かないだろう。しかし、わたしの憎しみのことを、わたしの良心あるいはわたしの道徳感覚と呼ぶことで、わたしは同じ議論を別のもっと説得力のある形で主張することになる。

わたしは自分の嫌悪に対して理由を与えているように見える。しかし実際には、わたしがやっているのは、自分の嫌悪に響きのよい音を与え、もっともらしい名前をつけたにすぎないのだ。（Austin 1832: 159）

これに続けてオースティンは、道徳感覚という考えは、内容空疎であるだけでなく、それを根拠にした現行法の批判が社会不安の際に行なわれると市民を扇動するための危険なスローガンになりかねないとして、現行法の評価はあくまで法律の帰結を評価する功利原理によってなされるべきだ、と主張している。これはベンタムが『統治論断片』や『序説』で行なった自然権や自然法、道徳感覚の批判と軌を一にするものである。

このように、オースティンは神の存在を仮定することによって、功利主義をもっともらしく説明しようとした。たしかに、このような功利主義的な神がいれば、われわれは道徳的行為を行なう十分な理由を持つであろう。しかし、道徳に関して神に依存することについては、前章のペイリー批判のところで見たように、様々な難点が指摘されていた。また、仮にこのような功利主義的な神がいたとしても、ホッブズ主義に対して向けられていた批判——人間の利己性の仮定と、道徳の人為性の問題——は残ってしまうことになる。すなわち、人間はもっぱら（来世の幸福という）利己的な動機から道徳的行為を行なうことになり、また道徳は神に依存するという意味で自立的でなくなってしまう。そこで次に、ベンタムが抱えていた上記の問題を、神を持ち出さずに解決しようとしたミル父子の試みを見てみよう。

3　ジェームズ・ミル

BOX　ジェームズ・ミル

ジェームズ・ミル（James Mill, 一七七三〜一八三六。以下、父ミル）もベンタムの弟子の一人で、息子のJ・S・ミル（以下、子ミル）に英才教育を施したことで有名である。彼はスコットランドの生まれで、エディンバラ大学卒業後、しばらく牧師をやったが生計を立てられず、ロンドンにやってくる。そこで文筆活動をはじめるが、やはり生計を立てられず、一八〇八年に知りあったベンタムに助けてもらう（ベンタムは事務弁護士だった父親の遺産を譲り受けていたため、悠々自適だった）。一八一七年に主著『英国領インド史』を出版し、さらに東インド会社に勤めることになり、ようやく経済的に自立する。ベンタムの功利主義を奉じる哲学的急進派と呼ばれる集団の一人として活躍するとともに、子ミルにスパルタ教育を施したことで知られる。ハートリの影響を強く受け、一八二九年に出版した『人間精神の現象の分析（*Analysis of the phenomena of the human mind*）』も今回の文脈では重要である。

ジェームズ・ミル

レッキーが述べているように、父ミルがハートリ（David Hartley, 一七〇五〜五七）の観念連合説を再発見したことは、功利主義に重要な変化をもたらした（Lecky 1869: 10）。第一章において述べたように、ロックはわれわれが持つ複合観念は単純観念の組合せからできていると考えた。さらにロックは、習慣の力によって、本来は無関係の観念同士が分かちがたく結びつき、一方が想起されると他方も想起されるという現象を、「観念連合（association of ideas）」という言葉を用いて説明した。たとえば、聞きなれた曲のイントロを耳にすると、その後を聞かなくても頭の中で最後までその曲が自然に演奏されてしまうとか、ハトを見ると平和を想起したり、トラを見ると野球のチームを思い出したりするというのがそれである。

ハートリは主著 *Observations on Man*（一七四九）において、このロック流の考えを用いて、共感や道徳感覚による快苦が、もともとは単純な感覚による快苦から形成され、しかも複合的になることによって元の快苦とは質的に異なるものになると主張した。たとえば道徳感覚がもたらす快楽について言えば、子どもたちは最初、「勇敢なのは立派なことだ」とか「親切なのはよいことだ」といった徳に関する称賛の言葉を聞き、それらの徳に対して快い連想を抱くようになる。次に、自分や他人が有徳な行為をした場合に得られる満足感が連想によって徳と結び付けられる。これらに社交や善意の快というのも加わり、さらに有徳な行為がなされたときにもたらされるある種の美的な満足感や、宗教的な感情も加わって、ついには道徳感覚がもたらす複合的な快楽が完成する。同様な仕方で、悪徳に関しても、様々な苦痛が混ざり合って罪悪感という複合的な苦痛が作り出される（Hartley 1749: 123–6; cf. Sidgwick 1886: 220）。

こうした考えは今日であれば道徳に関する発達心理学とでも言うべきものであるが、父ミルがこれに注目して『人間精神の現象の分析』で詳細に論じたことで、観念連合説は功利主義の自家薬籠中の理論となったのである。観念連合説は、二つの意味で功利主義にとって有利な理論であった。道徳感覚学派のハチソンにせよ、理性的直観主義者のプライスにせよ、道徳観念は感覚あるいは知性によって直観される単純観念であると考えていたのに対して、この説によれば、道徳感情や直観を、何か神秘的で独特（*sui generis*）な単純観念ではなく、教育や習慣によってわれわれが成長する過程で身に付けた複合観念と見ることができる。そして、道徳感情や直観について、単純な感覚の快苦から段階的に発展してきたものであるという発生論的な説明（genetic account）を与えることができる（Schneewind 1977: 143）。これによって、経験論の枠組みの中で道徳観念の存在を無理なく——すなわち、神秘的な単純観念や特殊な認識能力を想定することなく——説明できることになった。これが一点目である。

もう一つは、功利原理に従うのに十分な動機付けがないという難点についてであるが、この説によればその動機を教育や習慣の力によって十分に作ることができることになる。この点について、山下重一が適切にも以下のように述べている。

> 道徳的感情に関するミルのこのような〔観念連合に関する〕見解は、立法によって私的利益と公的利益との調和を図ろうとするベンサムの理論を、個人の内的要素の観念連合による操作によって補強しようとする試みであった。社会的に有益な行為に対する自発的な動機が存在していない場合は、

制度的には法的制裁、個人のレベルでは道徳的感情によって動機の形成が行なわれなければならないが、そのために利用されるのが称讃と非難という道徳的制裁である。（…）彼の道徳的感情に関する基本的主張は、人々は観念連合の作用によって有徳な行為を行なうという動機を獲得し、かつ他人の有徳な行動を称讃する動機を持つに至るということ〔であった〕。（山下 1997: 229–30）

ベンタムは道徳原理に関する一元性を主張したが、こうして、父ミルは動機に関する一元論的説明を与えたと言える（Schneewind 1977: 144）。もちろん、道徳感覚から神秘性を奪うこのような説明は、直観主義者からすれば納得の行くものではないと思われるが、「実定法や実定道徳と功利原理の命令が異なる場合に、功利原理に従う理由はあるか」という問題に対してこのように答えることで、父ミルは功利主義を補強したのである。

4　ジョン・スチュアート・ミル

BOX　ジョン・スチュアート・ミル

ジョン・スチュアート・ミル（John Stuart Mill, 一八〇六～七三）は、一八〇六年にロンドンに生まれ、父ミルから英才教育を受けた。父ミルの教育は徹底しており、子ミルは三歳からギリシア語と数学、八歳からラテン語を学び、一二歳の頃には論理学、哲学、経済学を研究していた。「ロックは『教育論』の冒頭で『これはわれわれが出会うすべての人々について言えることだが、性格が善いか悪いかとか役に立つ人間かどうかなど、彼らの性格の九割方は教育によるものである』と述べた。ジェームズ・ミルは、『少なくとも次のことは確実である。すなわち、ある階級の人々と、別の階級の人々の間に存在するか、存在しうる違いはすべて、十割教育によるものである』と述べた」（Letwin 1998: 210）と言われるぐらいだから、教える方も教わる方も大変だったと思われる。その後、子ミルは父親の徹底した理性的教育の反動でいわゆる「精神の危機」に襲われたり、他人の妻であったハリエット・テイラーと結婚したり（彼女が夫と死別した後のことであるが）、下院議員になったりと波乱の生涯を送る一方で、『自由論』（一八五九）や『代議制統治論』（一八六一）、『功利主義論』（一八六三）などの名著を次々と公刊した。子ミルの生涯についてさらに詳しくは彼の『自伝』（Mill, J. S. 1873）および小泉（1997）を参照。

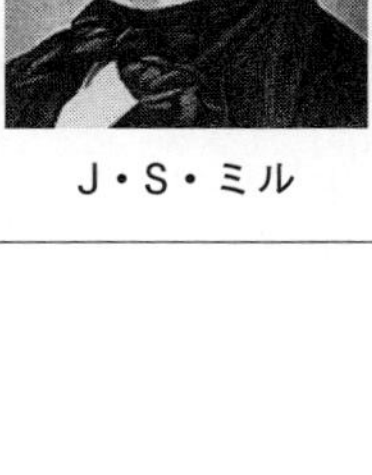
J・S・ミル

子ミルも父ミルと同様、ベンタム流の功利主義の動機の理論を修正・補強することで、功利主義理論の補強を行なおうとした。(6) 彼は、ベンタムの死後、いくつかの論文でベンタムを批判しているが、そこでの大きな論点の一つは、ベンタムの人間理解がホッブズ主義同様、利己主義的であることだった。ちょうどバトラーがホッブズ主義を批判したのと同様に、子ミルはベンタムについて次のように述べている。

人々の行為は常に自分の利益に従っているという哲学的公理を定めることによってベンタム氏がしたことといえば、単に、すべての人は自分が一番やりたいと思ったことをするという非常に無意味な命題に飾り付けをしただけである（…）。彼はこの主張によって、人類には普遍的な利己性が見られると言うつもりだったわけではない。というのは、彼は共感の動機を〔自己〕利益の一つと考えていたからである（…）。彼は自分に関する利益と、社会的な利益の二つの利益を区別していたが、通常の言葉遣いでは、利己性という名前は前者だけに限定されるものである。（…）人間本性についてこのような見解を広めたことにより、またこの見解と完全に一致した思考や表現の全般的調子により、ベンタム氏の著作はこれまでに非常に深刻な害悪をもたらしたし、また現在ももたらしている。（Mill, J. S. 1833: 440–1）

また、ベンタムは『動機の一覧表（*A Table of the Springs of Action*）』の中で「共感」を動機の一つに数え入れているが、良心や義務感を共感と同じものと考えて一覧から省いていた。そのことについて、子ミルはハートリを引き合いに出して次のように批判している。

彼〔ベンタム〕の動機の一覧表には、共感は入っているが、良心や義務感は省略されている。彼の著作を読んだ人は、単にある行為が正しいから行なったとか、単にそれが不正だから差し控えたという人がかつて一人でも存在したことがあるとは夢にも思わないであろう。この点において、ベンタム氏はハートリとは大きく異なっている。ハートリは、道徳感覚は完全に観念連合の結果だと考えてはいるものの、だからといってそれを自らの体系から排除することはせずに、「道徳感覚」の感情を、快苦（…）の一つとして数え入れているのである。ベンタム氏自身の頭の中は「最大幸福原理」に深く染まっていたために、この動機は共感の動機と混ざり過ぎていて区別できなかったものと思われる。（*ibid*.: 439）

このように子ミルは、共感や善意とは別個の動機として、義務感や道徳感覚の存在を認めている。子ミルの言う通り、「共感能力の弱い人であっても、正義の強い感情を持つことがよくある。また、非常に善意の感情にあふれた人であっても、道徳的義務をほとんど意識しない人もいる」（*ibid*.）というのは確かで、共感や善意と、正義感や義務感は必ずしも同じものではないだろう。とはいえ子ミルは、徳や正義などの道徳観念を神秘的なものとは見なさず、父ミルと同様に観念連合を用いて説明し、功利主義と齟齬をきたす観念ではないことを強調している（『功利主義論』第三章から第五章）。たとえば、「有徳であることは、それが誰かの利益になろうとなるまいと、それ自体のために望まれるべきものだ」という意見、つまり徳は内在的価値を持つという意見に対して、子ミルは、それは幸福を究極目的と考える功利主義者からしても正しい主張だと認める。喩えは悪いが（とはいえ実際に子ミルが挙げている例である）、金銭は本来価値あるものを手に入れるための手段でしかないのに、守銭奴が典型であるように、それ自体が目的となる場合もある。また、初めは周囲の人に良く見られたいとか異性にもてたいなどの理由でボランティア活動を始めたとしても、そのうちそれ自体が自分の生きがいになる場合もある。子ミルによれば、それと同じように、有徳であることが初めは幸福になるための手段であっても、やがてそれ自体が個人の幸福概念の主な成分になりうるのである（『功利主義論』第四章）。

子ミルはこのような人間心理の理解を、ケンブリッジ・モラリストのような直観主義者の人間理解と意識的に対比して考えていた。たとえば、セジウィック批判の議論（Mill, J. S. 1835）の中で、彼は、道徳判断や道徳感情という「現象」の起源を説明する二つの理論を対比的に描いている。一方は、「正・不正の区別は究極的で〔それ以上〕説明不可能な事実」であり、「この区別は、色の区別を知覚するのと同様、特別な器官によって知覚される」という説であり、子ミルはこれを道徳感覚論や道徳本能論と呼んでいる。他方は、「功利性の理論」あるいは「道徳の功利性理論」と呼ばれる。この理論によれば、正・不正の観念やそれに伴う感情は究極の事実ではなくさらに単純な観念や感情へと還元可能であり、道徳的・不道徳な行為の区別は行為そのものに存する特別で解析不能（inscrutable）な性質――特別な器官によって認識されるような性質――ではなく、他の複合観念や感情と同様、知性や感覚によって認識できる行為の通常の性質に由来するとされる（*ibid.*: 122–3）。子ミルは後者の立場を採り、道徳感覚や正義感覚も功利主義的に説明可能であり、必要であれば教育の力によって功利主義に役立つような動機へと修正できると考えた。

良心や義務感が仮にこのように観念連合で作られたとすると、それらは「人為的」なものになってしまうという批判もあるだろう。しかし子ミルによれば、たしかに道徳感情は生得的ではなく心理的発達の過程で得られた後天的なものであるが、それはあくまで人間に自然に備わる動機だと考えていた。そのことを示す子ミルの言葉を引こう。

たとえ道徳感情が、わたしの信じるように、先天的なものではなく後天的に獲得されるものであっても、そのためにこの感情が自然さを失うわけではない。しゃべったり、理屈を言ったり、都市を建設したり、土地を耕したりするのは後天的能力だが、人間にとってはどれも自然なことである。事実、道徳感情は、人間が生まれながら持っている本性の一部ではない。人間全部に、はっきり認められる程度には存在していないからである。(Mill, J. S. 1863: 31–2/492)

こうして、父ミルや子ミルによって、良心や義務感といった現象も功利主義の立場から説明されることになった(7)。

他方、子ミルによる直観主義に関する言及は、たとえば『功利主義論』の第一章でなされている。そこでは「直観学派（intuitive school of ethics）」と「帰納学派（inductive school of ethics）」という対比が登場する。この対比はレッキーの *History of European Morals* (Lecky 1869) の中でも使われているものであり、帰納学派というのが功利主義のことである。ベンタム以降に意識されていた功利主義と直観主義の対立が、この時期までには明確な形を取って表れていると言ってよいだろう。もっとも、『功利主義論』では功利主義の擁護が主となっており、直観主義に対する批判はそれほど見られない。(8) 代わりに、子ミルは『自伝』の中で、彼が直観主義に対して行なってきた批判を以下のようにまとめている。

> 精神の外にある真実が、観察や経験の力を借りることなく直観あるいは意識によって認識できるという考えは、現在、誤った諸学説やよからぬ諸制度の大きな知的な支えになっていると私には思われる。こういう理論の力を借りて、起源もはっきり思い出せないような根深い信念や強烈な感情の一つ一つが、道理によっておのれの正当さを立証する義務をまぬがれることができ、おのれの正当さの証人はおのれ自身だけで十二分だとばかりに傲然とおさまりかえっているのだ。(Mill, J. S. 1873: 172/197)

ベンタムによる直観主義批判にも通じる、なかなか手厳しい批判である。また、別の箇所では次のように述べている。

> 哲学のこの二つの学派、直観派と経験ないし観念連合派との相違は、単なる抽象的思弁の問題ではない。それには無数の実際的な結果がともなうし、この進歩の時代における実際的意見のすべての大きな対立点の根本に、この問題が横たわっているのである。実際的改革論者は、強力でしかも広く共有されている感情によって支持されている事柄を変革することを要求し、既成の事実が持つ外見上の必然性や絶対性に絶えず疑問を発せずにはいられない。また、そういう強力な感情がどこか

ら発しているか、それらの既成事実がどうして必然的絶対的と見えるようになるか、等を明らかにすることが往々にしてそういう人たちの議論の不可欠の一部ともなるわけである。したがってそういう人たちと、一方、感情や精神的諸事実を周囲の環境や観念連合から説明することに反対して、それらを人間性にそなわった究極的要素として扱おうとする一派、言い換えれば自分の気に入った原理を直観的真実として高く掲げることに専念し、直観を自然の声、神の声と考え、人間の理性よりももっと高い権威の力を借りてものを言う一派との間には、当然の対立がある。(*ibid*.: 160/236–7)

これらの子ミルの批判的発言の直接の論敵はウィリアム・ヒューエルやウィリアム・ハミルトンなどの同時代の直観主義者たちである。残念ながら本書ではこれらの思想家との論争を十分に検討することはできないが[9]、大きな対立軸が形成されてきたことは以上の記述から理解されたと思う。ベンタム以降、功利主義者たちは、良心や義務感といった道徳感情の起源を自然主義的に（つまり非神秘的な仕方で）説明する一方で、直観主義に対しては、それが理論の形式を取ってはいるものの内実を持っておらず、「独断主義」を正当化する口実になっているという批判を行なった。直観主義は独善的な主観主義に陥らざるを得ないとする批判は、毒舌というか単なる悪口に過ぎないと感じた読者もいるかもしれない。だが、この時期の功利主義者たちは、直観主義をこのように理解した上で、意識的にそれとは異なる理論を作り上げたことは理解されるだろう。

まとめに代えて、本章をミシガン大学の倫理学・政治哲学研究者であるエリザベス・アンダーソン

(Elizabeth S. Anderson) の次の引用で締めくくっておこう。直観主義に対するより公平な検討と評価は、第Ⅱ部で検討するシジウィックによってなされるだろう。

直観主義は政治的保守主義の逃げ場である。宗教的寛容や離婚法の自由化など、社会変革を訴える功利主義的な議論に対して、保守主義者は、自分たちが抱く道徳的嫌悪の感情を引き合いに出し、自分たちの感情は、道徳的真理のアプリオリな知覚を反映しているのだと主張した。ベンタムもJ・S・ミルも、道徳的議論の仮装をまとったこのような偏見のオンパレードを許さなかった。彼らの一致した意見によると、道徳的主張が正当化されるのは経験に訴えることのできる基準のみによってであり、内面の確信のアプリオリな基準とされるものに訴えることによってではなかった。(Anderson 1997: 126)

Ⅱ　理論的展開

第四章　シジウィックとムーア──調停と破壊(1)

第I部では、ホッブズ主義に対する批判という形で直観主義が理論化され、さらに直観主義への対抗理論として功利主義が形成されてきたことを述べた。第I部の後半では、主として功利主義側のストーリーを見てきたが、実際には、前章の最初にも述べたように、一八世紀末から一八三〇年代にかけて道徳理論として優勢だったのは、リードを代表とするスコットランド学派の直観主義であった。またその後も、カントの影響を受けたコールリッジに端を発するケンブリッジ・モラリストの直観主義がロックの経験論やペイリーの功利主義を批判して影響力があった。

子ミル自身も、『功利主義論』を書いていた一八六一年ごろに、功利主義は英国ではマイナーな立場だと述べている (Schneewind 1977: 174)。その傍証として、シュニーウィンドは、一八五〇年代には、ヒューム、ハチソン、ベンタム、父ミル、ジョン・オースティンの本はみな絶版状態だったことを指摘している (*ibid*.: 175 note 20)。

直観主義に比べて功利主義がマイナーだった理由は、それが常識道徳（オースティンの言う実定道徳）の改善に熱中するあまり、常識道徳を軽視していたからだとされる。「直観主義者が真剣な哲学的議論をできたのは、常識道徳を真面目に受け取る心積もりのある論敵とだけであった。J・S・ミルより前の功利主義者たちは、明らかにこの条件を満たさなかった」(*ibid*.: 187)。子ミルは常識道徳の改善という欲求を先達たちに劣らず持っていたが、戦略的な配慮からあまりそのことを強調しなかった。これによって子ミル以降、功利主義に対する評価は大きく変化したとされる (*ibid*.: 180)。つまり、子ミルが功利主義は必ずしも常識道徳の敵ではないと強調したことにより、常識的な人にも受けが良くなってようやく、功利主義が直観主義と共通の土俵に立って争う準備ができたのである。

第II部では、主に二〇世紀の功利主義と直観主義の争いを見る。本章では、一九世紀末から出発し、シジウィックがどのように功利主義と直観主義の対立を理解したのか、またどのように両者を調停したのかを検討したい。本章で見るように、シジウィックが一定の調停案を出すことで、対立はひとまず収まったかに見えたが、二〇世紀に入ってムーアが登場すると再び両者の諍いが始まる。一九世紀までの論争の焼き直しも多かったが、議論は洗練され精緻化されてもいる。第五章では、プリチャード、ロスなどによる直観主義理論の論点と功利主義批判の要点をまとめる。ここでは、いわば功利主義の中から新たに直観主義理論が生み出された事情を説明するつもりである。また、「義務論」という語の発生についても見ることにする。第六章では、直観主義による功利主義批判を受けて規則功利主義や二層功利主義が登場するまでの流れを概観するとともに、今日の倫理学の方法論の一つである「思考実験」における直観の役割について検討する。第七章では、ロールズの『正義論』における反省的均衡をめぐる論争を中心に、倫理理論の構築において直観が果たす役割についてなされた議論を整理する。とくにヘアやシンガーといった功利主義者によるロールズ批判を見る。また、倫理理論の構築に関する基礎付け主義と整合説における直観の位置付けについても検討する。

1　調停者としてのシジウィック

シジウィックは、古典功利主義者の最後の人物であると同時に、二〇世紀の倫理学の標準的な枠組みを最初に作りだした人物でもある。シュニーウィンドは次のように述べている。

道徳哲学は、理論化される以前のわれわれの道徳的確信を合理的に再構成するだけでなく、そうした確信を批判したり修正したりする方法をも提供することが期待される。道徳哲学の目的と限界をこのように理解する仕方は、少なくとも英国においては、一九世紀の直観主義者と功利主義者の論争から発展した。両学派を調停しようとしたシジウィックの『倫理学の方法』が登場して初めて、倫理学の現代的な扱いのすべての特徴が十分にかつ意識的に一冊の本にまとめられた。シジウィックは古典功利主義者の最後の人物と述べられることがよくあるが、最初の現代的道徳家とみなすことも正鵠を射ているだろう。(Schneewind 1977: 122)

シジウィックと次節で出てくるムーアとのつながりを強調するために、本書ではあえて第I部の終わりではなく、第II部の始まりにシジウィックに登場してもらうことにした。

BOX　シジウィック

シジウィック（Henry Sidgwick, 一八三八～一九〇〇）は、ヴィクトリア女王が王位について約一年後の一八三八年五月三一日に生まれ、彼女が死ぬ約半年前の一九〇〇年八月二八日に死んだという意味で、文字通りヴィクトリア朝時代の思想家である。シジウィックはケンブリッジ大学を優秀な成績で卒業して、一八五九年にトリニティ・コレッジのフェローになったあと、一生をケンブリッジ大学の教師として過ごした。最初は古典を教えていたが、やがて哲学を教えるようになり、一八八三年にナイトブリッジ道徳哲学教授になった（この教授職は由緒あるもので、シジウィックの少し前にはヒューウェルが務めており、またずっとあとにはB・ウィリアムズが務めるものである。それに対応するのがオックスフォードのホワイト道徳哲学教授だが、ウィリアムズはこちらでも教授になっている）。

シジウィック

シジウィックは詩歌やシェークスピア劇についても造詣が深く、またドイツに留学したりしてドイツの学問にも詳しかった。ベンタムは小さいころお化けが怖かったと書いているが、反対にシジウィックは小さいころからまぼろしや幽霊や予兆などの現象の話や報告が好きで、彼の後半生の没頭事になる。一八八二年に心霊現象研究協会（Society for Psychical Research）の初代会長になった。

彼の主著は『倫理学の方法』（初版一八七四）である。一八七八年には『倫理学史』をエンサイクロペディア・ブリタニカ（第九版）にて公表し、一八八六年に一冊の本にしている。前者は、現代の道徳哲学の基礎を作ったと誉れ高い本である（現在、邦訳が進行中）。後者の『倫理学史』は、現在でも使用に耐えるものである（Schneewind 1977: 413）。

第七章で取り上げる『正義論』で有名なロールズも、シジウィックを高く評価している（『倫理学の方法』のロールズの序文を参照）。また、ブリンク（David O. Brink, カリフォルニア大学サンディエゴ校の哲学教授）は、「今日の英米道徳哲学を支配している分析的倫理理論の初期の影響力ある代表者としてシジウィックを扱うことは、おそらく不合理ではないだろう」と述べている（Brink 2003: cv）。一般人にはあまり知られていないが、哲学者の中では評価の高い、いわゆる「哲学者のための哲学者（philosophers' philosopher）」の一人である。(2)

シジウィックの思想的発展

シジウィックの主著『倫理学の方法』は、シジウィックの存命中に第五版まで版を重ね、彼の死後、一九〇七年に第七版まで出された。一九〇一年の第六版の前書き（Preface）には、倫理学に関するシジウィックの思想的遍歴について、彼自身の書いた小文が付されている。彼の思想の概略がよくわかると思うので、『倫理学の方法』の内容に入る前に、少し長いがその概要を見てみよう（Sidgwick 1907: xvii–xxiii）。

シジウィックが『倫理学の方法』を書くに至るまでには、過去の哲学との四つの出会いがあった。

シジウィックが最初に出会ったのは、子ミルの功利主義だった。これによって彼は、それまで従うべく教えられてきた不合理で疑わしい道徳規則、いわゆる常識道徳の呪縛から抜け出ることができた。とくに、彼が学生のときに学んだヒューウェルの倫理学によって、常識道徳に対する反感が強まり、直観主義者の教えていることは厳密さに欠けるという印象を抱いていた。

シジウィックは、子ミルの見解の中でも、事実として各人は自分自身の幸福を追求するという心理的快楽説と、各人は全体の幸福を追求すべきであるという倫理的快楽説の二つの要素に魅力を感じ、最初はその両者（自分の「利益」と全体の幸福を追求する「義務」）の間に矛盾を感じることはなかった。だがやがて、この両者の間に起こりうる衝突は、哲学的に考察しなければならない問題であると考えるようになった。

各人にとって自分の「利益」が最も重要だとすると、その追求は全体の幸福を追求する「義務」とどの程度調和するのか。この問題にまず答えるべく、シジウィックは『倫理学の方法』の第二部で利己主義を扱っている（この本は四部構成となっている。第一部は倫理学の概念等を説明する概説である。第二部の利己主義の後、第三部で直観主義、第四部で功利主義と続く）。その結論は、自分の幸福と全体の幸福との衝突は、少なくとも現世では完全に解決することができないという、彼にとって非常に悩ましいものであった。シジウィックは、全体の善のために自分の幸福を犠牲にするのが正しいことがなんとかして「わかる（see）」必要があると考えた。これにより、功利主義にも、根本的な倫理的直観が必要だと考えるようになった。

このような直観の哲学的基礎を求めていたときに、シジウィックが第二に出会ったのが、カントの倫理学である。シジウィックはカントを読み直したさい、「普遍的な法となることを意志できるような原則や格律に従って行為せよ」というカントの定言命法が、聖書の黄金律（自分が他人にしてもらいたいことを他人になせ）が持つ真理を理性に訴える仕方で説いていることに気付いたのである。自分にとって正しいことは、類似した状況に置かれた人すべてにとっても正しいはずだ、という（シジウィックが理解したところの）カントの格律は、正しく、また実践的にも意味がある、と彼には思われた。だが、これだけではまだ義務を自己利益よりも優先する理由にはならない。というのも、自己保存が第一の自然法であり社会道徳の唯一合理的な基礎だと考えるようなホッブズ的な合理的利己主義者は、「自己利益と全体の幸福が衝突する際には自己利益を優先すべきだ」という格律が普遍的な法になることを意志することができるために、カントの原則を受け入れてもまだ利己主義者でありうるからである。シジウィックが好んで使う「宇宙の視点」(from the point of view of the universe) からすれば、全体の幸福が増えるように行為することが合理的だが、あくまで個人的視点に留まるかぎりは、自分の幸福を促進することの方が合理的でありうるように思われるのである。

シジウィックがこの問題に悩んでいるときに、第三に出会ったのがバトラーの思想である。バトラーは一般に良心の権威を主張する人として理解されているが、シジウィックはむしろ、バトラーが自愛と良心との関係を直視していた点を評価している。バトラーは、人間本性における上位の原則として、自愛と良心という二つの原則が並存していること——支配的な器官の二元性 (Dualism of Governing Faculty) ——を認めており、シジウィックはその権威は理性に由来すると考え、「実践理性の二元性 (Dualism of the Practical Reason)」と呼ぶのがふさわしいと考えた。彼がもう一点バトラーから学んだのは、心理的快楽説が間違っており、行為者自身の快楽を目的にしているわけではない行為（私心のない行為）が存在するということであった。[3] さらに、バトラーが功利主義的な考え方を批判しているのに影響を受けて、シジウィックもある点では直観主義者になった。というのは、全体の幸福を目標にせよという第一原理は、根本的な道徳的直観に基づくと言わざるを得ないからである。

こうしてシジウィックは、功利主義の第一原理と、カントの定言命法とを受け入れた直観主義者になった。彼は、さらに多くの直観を受け入れる直観主義者になるべきではないのか、と考えはしたものの、普通の人々の良心さえあれば十分だというバトラーの見解には同意しなかった。というのも、人々は言葉の上で意見が一致しているように見えるだけで、実際には不一致があるとシジウィックには思われたからである。だとすれば、受け入れてよい直観と、そうでない直観はどのように区別できるのだろうか。

このように悩んでいたころに、最後に出会ったのがアリストテレスの思想である。シジウィックは、アリストテレスを読み直したさい、『ニコマコス倫理学』の方法論に感銘を受けた。そこでは、アリストテレス本人や他の人々に共有されているギリシアの常識道徳が、注意深い比較を通じて、一貫性を持った形で提示されていた。これを自分の時代の常識道徳についてやればよいのではないか、とシジウィックは考えた。これが『倫理学の方法』の第三部の内容となった。

しかし、この作業を通じて明らかになったのは、常識道徳の諸々の規則と、カントの定言命法や功利主義の基本原理との間には、根本的な違いがあるということだった。シジウィックにとっては、功利主義の基本原理は普遍的な法として意志することが明らかに可能な唯一の原理だった。「ここに至って、わたしは再び功利主義者になった。しかしその土台は、直観主義的なものであった」と彼は述べている（Sidgwick 1907: xxii）。

以上が、晩年のシジウィック自身による、『倫理学の方法』に至るまでの思想的遍歴の説明である。彼の『倫理学の方法』について、本書の関心から特に注目すべきなのは、利己的快楽説（利己主義）と普遍的快楽説（功利主義）を明確に区別したことと、直観主義の分析によって、功利主義に直観主義的な要素の必要性を見て、また直観主義にも功利主義的要素の必要性を見たところである。本書の関心に引き付けて言えば、シジウィックは、一方で、悪名高いホッブズ主義と功利主義を明確に区別するというミル父子がやろうとしていた仕事を引き継ぎ、ホッブズ主義という悪友とはすっぱり縁を切ろうとする。そして他方で、「功利主義者と直観主義者について通常言われている対立を超越すること」（Sidgwick 1907: xiii）を試みたと言える。これらの点について以下で詳しく見ていくことにしよう。

利己主義と直観主義

利己主義について、シジウィックの議論で重要な点が二つある。一つは、功利主義と利己主義を明確に分けたことである。レッキーやヒューウェルらは功利主義とホッブズ主義を区別しておらず、両者は直観主義に対置される一つの潮流（「低級道徳」）と見られていた。子ミルも『功利主義論』で功利主義が利己主義ではないことを苦心して主張していたが、シジウィックは「倫理学の方法」を、直観主義と功利主義の二つではなく、利己的快楽説（エピクロス主義）、普遍的快楽説（功利主義）、直観主義の三つに分けたのであった[4]（『倫理学の方法』第一部第六章）。

もう一つは、人間本性に関する記述理論である心理的快楽説と、規範理論である利己的快楽説とを明確に分けたことである。心理的快楽説については、本書第一章で見たバトラーの批判を基本的に受け継ぎ、第一部第四章で体系的に論駁している。利己的快楽説については、これまた自愛と良心についてのバトラーの議論を援用し、自愛と良心の原理の調停不可能性の問題について論じている。これは、上でも見た「実践理性の二元性」の問題である（*ibid*.: xii–xiii, xxi）。シジウィックは、この問題に関して、功利主義と利己主義のどちらが優位であるかという問題は解決されえず、宗教的サンクションがなければ、倫理における根源的な矛盾は回避できないと述べている[5]（結論章）。

シジウィックがこのように功利主義と利己主義、また心理的快楽説と利己的快楽説を明確に分けたために、その後の（少なくとも）専門的な議論では、規範理論としての功利主義は、心理的快楽説や利己的快楽説と区別して議論されるようになった——つまり、ベンタム主義とホッブズ主義は明確に分けて論じられることになった。

直観主義に関しても、二つの点が重要である。一つは、直観の種類を分類し、功利主義の土台に直観主義的基礎付けを与えたことである。もう一つは、常識道徳を体系化するための（狭い意味の）直観主義は倫理学の方法としては不十分であり、功利主義の助けが必要であるとして、両者の融和を図った点である。

シジウィックは、「ある種の行為の正しさは、それがもたらす帰結を考慮することなしに知ることができる」という立場を直観主義と呼んでいるが、(レッキーや子ミルが使うような)直観学派対帰納学派(Intuitive and Inductive)という対比は曖昧であるとして、何を直観するかで、直観主義を三つに分けている(第一部第八章)。

第一に、「知覚的直観主義」(perceptional intuitionism)は、個々の行為の正・不正を直観的に把握するという考え方であり、しばしば「良心」という言葉がこの文脈で用いられる。しかし、人々が行なう個別の直観的判断は、しばしば一貫性がなく、また人々が同一の事柄に対して相反する直観的判断を行なうことがままある。さらに、「良心によって当該行為の正・不正を知った」と述べている場合でも、実際には次に述べる一般的な規則から演繹的に導かれた結論をそのように述べることも多いとシジウィックは述べる。

第二に、善意、正義、約束などの常識道徳における一般的規則を公理として直観的に把握するという考え方が「教義的直観主義(dogmatic intuitionism)」である。通常、功利主義と対比される直観主義は、これに当たる。

最後に、教義的直観主義のように常識道徳を公理として仮定することはせず、常識道徳の背後にある哲学的基礎を見つけようとする場合の直観主義を、シジウィックは「哲学的直観主義(philosophical intuitionism)」と呼ぶ。その実例としては、次の三つが挙げられている。一つは、形式的な意味での「正義」(等しいものは等しく、異なるものは異なった仕方で扱え)、もう一つは「合理的自愛」(人は全体としての自分の善を目指すべきである)、最後は、「合理的善意」(「宇宙の視点」からすれば、ある人の善は別の人の善と同じだけの重要性しかない。したがって、理性的存在者としての個人は、一部の善だけではなく、全体の善を目指すべきである）である（第三部第一三章第三節）。

なお、最初の個々の行為についての直観や、二つ目の常識的な規則についての直観に比べて、最後の哲学的基礎についての直観は、われわれが通常「直観的に知る」と言う場合の直接性（直ちにわかる）が欠けているように思われるが、プラトンのイデアと同様に、それ以上証明の仕様がない仕方でその正しさが疑いなくわかるという意味で、直観的に知られるものであるとされている。

功利主義と直観主義

このように直観主義を区別することの一つの意義は、功利主義の基礎付け（証明）の問題に一つの答えを提供できるということにある。ベンタムは、幾何学の公理と同様、第一原理は証明できないという立場から、功利主義の積極的証明を提示しなかった（『序説』第一章）。その代わりに、功利原理の対立候補である禁欲原理や共感と反感の原理は、実践的には使い物にならないか有害であるという形で、間接的に功利原理の正しさを示そうとした（同、第二章）。同様に、子ミルも『功利主義論』で、第一原理である功利原理は推論によっては証明できないとした（第一章、第四章）。

すでに見たように、シジウィックはこの点を功利主義の決定的な問題だと考えていた。とくに、自己利益を犠牲にしてでも全体の利益を優先させるべきだと言えるためには、そのことを支持する根本的な倫理的直観が必要であると考えた。つまり、功利主義には哲学的直観によって知られる「合理的善意の原理」（理性的存在者としての個人は、一部の善だけではなく、全体の善を目指すべきである）が必要だと考えたのである（『倫理学の方法』第三部第一三章第五節）。「こうしてわたしは自分自身が、ある程度直観主義者になったことを、自認するに至った。というのは、一般幸福を目指すという至高の規則は、それが拘束力を持つと言えるためには、根本的な道徳的直観に基づく必要があると認めるようになったからだ」(Sidgwick 1907: xxi)。このようにして、シジウィックは功利主義の基礎に直観を据えたのである。(6)

その一方でシジウィックは、(功利主義と対比される倫理学の一方法としての) 教義的直観主義は、倫理学の方法としては不十分であると主張した。善意、正義、約束、誠実など、常識道徳が支持する様々な道徳概念は、一見すると自明な (*prima facie*) 道徳規則を提示しているように思われる。だが、科学的な公理が満たすと考えられる四つのテスト (明白で正確な言葉で述べられている、注意深く反省しても本当に自明である、他の真理と衝突しない、「専門家の意見の一致」が十分に得られている、の四つ) をクリアできるほどの自明性は持たない。たとえば、親が自分の子どもに対して持つ義務は、一見すると自明であると思われるが、仮に自分が自分の子どもと無人島に漂着したとして、そこに見捨てられた孤児がいたとしたら、自分の子どもに対する義務よりも孤児に対する義務の方が小さいと言えるかは必ずしも自明ではなく、曖昧なところが出てくるだろう (第三部第一一章第四節)。約束を守れという規則や、正直であれという規則についても、その例外がどうしても生じてきてしまい、どこまで厳密に適用されるかが問題になる。最大の問題は、それぞれの原則が衝突したときに、常識道徳のみではその衝突を解消することができないため、直観主義は十分に実践的な行為指針を示せないことである (第三部第一一章)。

とはいえ、シジウィックは常識道徳を完全に退けるわけではない。「常識道徳は、普通の状況においては普通の人々に実践的指針を与えることが全く十分にできるかもしれない。だが、それを直観主義倫理の体系へと高める試みは、常識道徳が不可避的に持つ不完全さを顕わにし、しかもそれらを取り除く役目は果たさないのである」(*ibid*.: 361)。つまり、上で見たように、常識道徳を体系化した教義的直観主義は不完全であるため、功利主義の助けが必要である。功利主義は、常識道徳を一般には受け入れつつ、純粋に経験的な快楽説の方法（快楽計算）を用いて細かいところを修正する（第四部第五章）。

このようにして、シジウィックは直観主義と功利主義の双方に理と非を認め、両者を調停する立場を採ったと言える。繰り返しになるが、功利主義の基礎付けには功利原理の正しさを示す直観が必要であるとする一方で、倫理学の方法としての直観主義は十分な行為指針を示せないがゆえに功利主義の手助けが必要であるとし、常識道徳をサポートするような功利主義をシジウィックは構想したのである(7)。功利主義と利己主義の優劣は結局付けられなかったものの、両者を明確に区別した点も、直観主義と功利主義の立場の違いを明らかにするのに役立ったと言える。こうして、功利主義と直観主義の抗争は、ひとまずシジウィックの手によって調停されたように見えた。

2　破壊者としてのムーア

シジウィックは今日でこそ哲学者の間で非常に高い評価を得ているが、当時はそれほど人気がなかったようである。後にケンブリッジ大学でシジウィックと同じ教授職に就いたブロードは、「『倫理学の方法』は全体的に見て、これまでに書かれた道徳理論の論考の中でも最高のものであり、英国の哲学書の古典の一冊と言えるだろう」と述べているが、本書があまりに退屈なために、十分な影響力を持つことができなかったと付け加えている（Broad 1930: 144）。これから述べるG・E・ムーアも、シジウィックの『倫理学の方法』を読んで大きな影響を受けたが、シジウィックの授業は完成した原稿を読み上げるだけで、退屈だと思ったそうである（Schilpp 1968: 16-7）。ムーアと同時代のバートランド・ラッセルも同じような評価を述べている（8）（Russell 1956: 63）。

ヴィクトリア朝の終わりごろ（一九世紀末）には、ヘーゲルを中心とするドイツ観念論に影響を受けたオックスフォード大学のグリーン（T. H. Green，一八三六〜八二）やブラッドリー（F. H. Bradley，一八四六〜一九二四）の思想が流行していた。詳細は省くが、彼らもヒューウェルらの直観主義者と同様に、功利主義が道徳を幸福や快楽の問題に還元してしまうことを批判するとともに、社会制度や規則には理性あるいは神的な精神が体現されているとして、常識道徳の改善よりもその解明こそが道徳哲学の役割だと主張していた（9）。ただ、彼らの手によって道徳哲学は形而上学の一部となり、「もはや経験論的でも、わかりやすくも、平凡でもなかった。ヘーゲル主義が正統派であった」（Warnock 1978: 1）と評されたように、道徳哲学は一種の閉塞状態にあったと言える。だが、二〇世紀に入り、シジウィックの死後まもなくヴィクトリア朝が終わりを告げるとともに、新しい倫理学が生まれてきた。その嚆矢となるのがムーアである。

BOX　ムーア

ムーア（George Edward Moore, 一八七三〜一九五八）は、一八九二年にケンブリッジ大のトリニティ・コレッジに入学して古典を学んだ。古典の教師になるつもりが、ムーアを天才と考えていた友人のラッセル（Bertrand Russell, 一八七二〜一九七〇）に説得されて、哲学をやるようになった。三〇歳のときに最初の著作である『倫理学原理（*Principia Ethica*）』（一九〇三）を出版した。一八九八年から一九〇四年まではトリニティのフェローだった。ムーアはお金に困っていなかったので、その後ケンブリッジ大学の講師（university lecturer）になったのは一九一一年だった。一九二五年にケンブリッジ大学の哲学教授になり、一九三九年に退職した。米国のさまざまな大学でも講義を行なった。他に『倫理学』（一九一二）や論文集・講義録などを出版したが、本だけでなく、教育によっても当時の哲学研究者たちに大きな影響を与えたとされる[10]（cf. Ayer 1982: 40–2）。

ムーア*

*Photo: AISA/AFLO

ムーアという男

ムーアは、今日の現代倫理学へと至る「分析的転回（analytic turn）」を行なった人物と評価される。グリーンを初めとする当時の道徳哲学は「事物の本性はそれ以外のものとの関係によって決まる」という考え方を基礎にして、体系的（systematic）ないし総合的（synthetic）な理論を志向する傾向にあった。それに対し、ムーアは「あらゆるものはそれそのものであり、別の何かではない（Everything is what it is, and not another thing.)」というバトラーの言葉をモットーにし、道徳哲学における意見の不一致を取り除くためには、道徳哲学の根本的な問いやそこに含まれる諸概念を分析することが最も重要な課題だと考えた。つまり、総合よりも分析がまず必要だと考えたのである。ダーウォル（Stephen Darwall, ミシガン大学哲学教授）の次に引用する言葉にあるように、この「分析的転回」が現代の倫理学に決定的な影響を与えることになった。

> G・E・ムーア以上に二〇世紀前半の英米道徳哲学に大きな影響を与えた人物はいない。（…）ムーアの方法は理解されるまでにしばらく時間がかかったが、いったん理解されると、倫理学に革命を起こし、分析的倫理学は二〇世紀半ばまで英米道徳哲学における主要なアプローチになった。（…）ムーア以後、倫理の基本概念の分析が、メタ倫理学と呼ばれる、道徳哲学に特徴的な領域と見なされるようになり、二〇世紀の大半において主要な研究領域となった。（Darwall 1989: 366–8; cf. Darwall 2006: 18–20）

また、ムーアの衝撃は哲学者だけでなく、当時の知識人にも広く及んだと言われる。とくに、ブルームズベリ・グループ（Bloomsbury Group）はムーアから大きな影響を受けたことで知られている。[11]ブルームズベリ・グループとは、ロンドンの中心地の一つであり、大英博物館やロンドン大学ユニバーシティ・コレッジのあるブルームズベリに二〇世紀初頭から第一次世界大戦終了ぐらいまで集まっていた若き知的エリートの文化集団である。多くはケンブリッジ大学を卒業した人々で、代表的人物には、作家のE・M・フォスターやヴァージニア・ウルフ、美術評論家のクライブ・ベルやロジャー・フライ、そして経済学者のJ・M・ケインズなどがいた。当時のムーアがどのように受け止められたかを知るには、ケインズが「若き日の信条」というエッセイで当時を回顧している叙述が大変参考になるので、長くなるが引用しておこう。(12)

私がケンブリッジ大学に入学したのは、一九〇二年のミカエルマス学期（一〇月から始まる第一学期）であり、この第一学年の終わりには、ムーアの『倫理学原理』が出版されている。現在の若い世代がこの本を読んでいるということは、耳にしたことがない。だが、もちろん、この書物がわれわれに与えた影響と、出版の前後に行なわれた議論は、他の何よりも重要なものであり、おそらくいまだにそうである。（Keynes 1949: 85/12–3）

われわれがムーアから手に入れたものは、彼がわれわれの前に差し出したものの全体ではなかった。彼は片足を新天地の敷居の上にのせてはいたが、もう一方の足は、シジウィックやベンサム流の計算、すなわち正しい行動に関する一般法則のなかに突っ込んでいた。『倫理学原理』のなかには、われわれの関心をいささかも惹かない一章があった。われわれは、いわば、ムーアの宗教を受け入れたが、彼の道徳を捨てたのである。（*ibid.*: 85–6/14–5）

われわれは、どのようにして、いかなる心の状態が善であるかを知ったのであろうか。われわれにとって、それは、直接的な内観（direct inspection）の問題であり、それについて議論しても無意味であり、議論することができない、直接的で分析不可能な直観（direct unanalysable intuition）の問題であった。では、その場合、意見の相違が見られたら、誰が正しいのであろうか。（…）ちょうど、ポート・ワインの良否が判断できる人とそうでない人がいるように、ある一部の人々だけが、より鋭敏な判断力を持っている（…）。実際上、議論で勝利を収めるのは、明晰で疑問の余地を残さない確信を、最も上手に表現しえた人物、難攻不落の語り口を最大限に利用した人物であった。当時、ムーアは、他人の意見に対して、絶望的な深い疑いをもって応じるという方法を駆使した。ムーアはいろいろ意見を聞くと、精神状態がおかしくなるといった表情で、口をポカンと開け、髪が乱れんばかりに頭を強く振りながら「きみは、ほんとうにそう考えているのか」と反論したのである。いやはや、彼か相手か、どちらかが気が違っているにちがいないと言わぬばかりに、彼は相手をにらみつけながら論じるのであった。これでは応戦できるはずはなかった。(*ibid*.: 87/17–8)

われわれが受け入れなかったのは、ムーアの著作の第五章「行動に関する倫理学」のある部分、すなわち、その時々の善を、将来の全過程を通して因果関係を辿ってみて、可能な限りの最高の値に近づけしめるよう行動する義務を取り扱った部分のみでなく、個人の、一般的規範に従う義務を論じている部分もまた、受け入れなかった。われわれは、一般的規範に従う個人的義務を全く否定し、個々の場合について、それぞれの理非曲直によって判断を下す権利と、そのことに成功するだけの英知と経験と自制とを備えていると主張した。(*ibid*.: 94/31)

ムーアの思想は次項で説明するが、少なくともブルームズベリ・グループの人々の目には、ムーアはこのように極端に直観主義的な立場（シジウィックの言葉で言えば、個々のケースについて判断する知覚的直観主義の立場）をとっていると映っていたようである。

ムーアの二つの問い

ムーアの基本的な考え方をここで簡単に見てみよう。ムーアは、『倫理学原理』の初版序文において、これまでの倫理学の議論において明確に分けられてこなかった善さと正しさの問題を区別して論じるべきだと主張した。すなわち、「〔何か別のものの手段として価値があるのではなく〕それ自体に価値があるために存在すべき事物は何か」という善についての問いと、「どのような行為をなすべきか」という正についての問いを区別すべきだと述べた。[13]この二つの問いについて、ムーアはどのように論じたのだろうか。

まず、善さについてのムーアの主張を見よう。ムーアは、ちょうどソクラテスが、「徳とは何か」という問いによって、敬虔とか正義といった個々の徳ではなくて、徳そのものの定義を求めたように、「善さとは何か」という問いによって、個々の善いものではなく、善さそのものの定義を明らかにしようとした（第一章）。

ムーアは、バトラーの「あらゆるものはそれそのものであり、別の何かではない」という言葉を引用して、善さを快さなどの別の性質と同一視する形で定義する試みはすべて誤りだと主張した。というのは、他の性質を用いた善さの定義がどんなものであれ、「だが、それは本当に善いと言えるのか」とさらに問うことができるからである。この議論は、「開かれた問い論法（open question argument）」として知られているものである。たとえば、「『善い』とは『快い』という意味である」という定義に対して、「だが、快さは本当に善いと言えるのか」と問うことができる。もし善さを快さによって定義する試みが正しいとすれば、この問いは「快さは本当に快いのか」と尋ねているようなものであるから、すでに結論が出ている（問いとして閉じている）ことになる。しかし、その問いに意味がある（問いとして開かれている）ように見える以上、この定義は成功していない、とムーアは考えたのである。

ムーアは、以上のように論じて、善さを定義しようとする試み、とりわけ快さなどの自然的性質と同一視する試みを、「自然主義的誤謬（naturalistic fallacy）」として退けた。[14] その上で、彼はこう述べる。

> もしわたしが「善さとは何か」と尋ねられたら、わたしの答えは、善さとは善さであり、それでおしまいである。あるいは、「善さはどうやって定義できるのか」と尋ねられたら、わたしの答えは、それは定義できない。それ以上言うことはない、というものになる。（Moore 1903: 58/109–10）

善さという性質は定義できないというムーアの主張の背景には、複合観念は単純観念へと分析できるが、単純観念をそれ以上分析することはできないというロック的な考え方がある。すなわち、善さという性質は、例えば黄色さと同様に単純観念であり、それ以上の分析は不可能であるため、より基礎的な観念を用いて定義することはできないというわけである。ただし、このように善さは定義できないものの、この善さという性質を備えた事物を見れば、この性質を認識することができるとムーアは考えた。彼によれば、われわれはある事物がそれ自体として善い（内在的に価値がある）ことを証明することはできず、ただそうであることを知るだけである。これがブルームズベリ・グループが重視した直観主義的な部分である。ムーアが『倫理学原理』の最終章（第六章）で、善いものとして具体的に挙げているのは、美的な経験（aesthetic enjoyments）や個人的愛情（personal affection）であり、悪いものの具体例は、邪悪なものや醜いものを愛したり称讃したりすることや、善いものや美しいものを憎んだり軽蔑したりすること、また強烈な苦痛を意識することである。

次に、正しさについてのムーアの考えを見よう。正しさあるいは義務についてのムーアの見解は単純明快で、正しい行為とは、その状況で最大の善さを生みだす行為だと定義される（第五章）。具体的には、行為の帰結を考慮する、つまり功利主義的（帰結主義的）に考えることで正しい行為が同定される。ムーアの考えでは、善さとは反対に、正しさについては原理的に証明が可能である。この点に関して、直観主義者は「正しさ」と「有用さ」は異なると主張し、道徳規則の正しさは自明であり証明することはできないと主張しているが、それは間違いだとムーアは述べている（第五章八九〜九〇節）。なぜならムーアによれば、道徳規則の自明性と言われているものは、人間の心理として自明と思われるということに過ぎず、「人を殺してはならない」などの道徳規則の正しさは、行為の帰結によって確かめられる性質のものだからである。ただ、実際のところは、個々の行為に関する帰結の計算は難しいため、一般に有用性が示された常識道徳に従うべきであり、規則の有用性が明らかでないときに限り自分で計算すべきであると述べている。ムーアのこの部分は、子ミルやシジウィックの功利主義をなぞったもののように見える。[15]

ムーアの善と正に関する以上のような立場は、全体的には理想的功利主義（ideal utilitarianism）と呼ばれる。[16]理想的というのは、上で述べたように、快楽ではなく、美的経験や友情や愛情といったものに価値を置くからである。功利主義であるのは、善の最大化という帰結主義を採るからである。しかし、G・J・ウォーノック（Geoffrey James Warnock, 一九二三〜九五、オックスフォード大学の哲学者）も述べているように、後者の正の理論（帰結主義）についてはケインズらブルームズベリ・グループが無視した部分であった（Warnock 1967: 8）。また、清水幾太郎が「二〇歳のケインズにとっては、第六章のムアが新しい二〇世紀へ踏み込んでいるのに反して、第五章のムアは、一九世紀のヴィクトリア時代に生きている」と述べたように（清水 1972: 29）、後の倫理学の発展においても、前者の善の理論（とくに自然主義批判）のみが注目され、後者の子ミルやシジウィック的な部分はほとんど注目されてこなかった。ムーアが功利主義の敵なのか味方なのか評価が分かれるゆえんである。

ムーアは功利主義者か直観主義者か

このようなムーアの主張を、功利主義 対 直観主義という本書のテーマの中で位置付けるのはなかなか難しい。というのは、ムーアは彼以前の子ミルを代表とする功利主義やブラッドリーらの観念論的な倫理学を批判したものの、自分がどういう立場にあるのかは明確に述べていなかったからである。

また、今日の倫理学書も、ムーアが二〇世紀のメタ倫理学の出発点になったという話はしても、一九世紀以前の思想とムーア以降の二〇世紀の思想がどう結びついているのかについて、うまく説明したものはあまりないと思われる。

とりわけ、ムーアは直観主義者かという問いにどう答えるべきかは容易ではない。この問いを提出したG・J・ウォーノックは、ムーアが次章で見るプリチャードやロスと同様に道徳の基本的真理は証明しえず「直観によって」のみわかると主張していることから、彼を直観主義者だと判断している(Warnock 1967: 4–5)。ところが、ムーア自身は、自分が直観主義者に入れられることに否定的である(Moore 1903: 35–6)。実際のところ、ムーアは「正の理論」に関しては直観主義を採っておらず(シジウィックの言葉で言えば、ムーアは自明な道徳規則を主張する教義的直観主義者ではない)、また、「善の理論」に関しては善さの証明は不可能だと述べるだけでその認識の方法についてはとくに何も語っていないのである。

ムーアの理論は、功利主義と直観主義を調停しようとしたシジウィックのそれと似ているが、ムーア自身にはそのような認識はなかったように思われる。彼が『倫理学原理』を書いたときにどのぐらい過去の思想家たちの理論を理解していたかは不明だが、自然主義を批判するムーアの議論が、道徳的善や義務は単純観念か複合観念か、また道徳的善と自然的善(快や幸福)は同じものか否かという一八世紀の道徳思想家たちの議論と非常に似ていることは容易に見てとれる。たとえばハドソンが指摘しているように、ムーアの「自然主義的誤謬」とほぼ同じ内容の自然主義批判が、直観主義者のリチャード・プライスによってなされていた(Hudson 1967: ch. 3)。だが、D・D・ラフィエル(D. D.

Raphael, 一九一六〜）がムーア自身から聞いたところによれば、ムーアはプライスを読んでいなかった（Raphael 1947: 1 note）。また、ムーアは、シジウィックがシジウィック自身の直観主義と通常の直観主義とを区別できていなかったと『倫理学原理』の序文で述べているが、前節で見たように、シジウィックは哲学的直観主義と教義的直観主義を区別しており、ムーアの指摘は正しくない。実際、シジウィックは哲学的直観主義と教義的直観主義という若干わかりにくい区別をして、功利主義に直観主義的な基礎付けを与えたのに対して、ムーアは善と正という、より明快な区別を導入した上で、やはり功利主義に直観主義的な基礎付けを与えたと理解することができる。つまり、シジウィックの区別とムーアの区別はまったく同じものではないものの、二人の距離はそれほど遠くないと考えられるのである。(17)

だが、ムーアがシジウィックと大きく異なるのは、「自然主義的誤謬」という命名によって、道徳を自然主義・経験論的に見る立場を到底支持できない誤謬であるかのように描写し、快楽説を基礎にしていたベンタム、ミル父子、シジウィックらの功利主義陣営に大打撃を与えたことであり、そしてそれによって道徳の独自性（*sui generis*）を主張してきた直観主義陣営を大きく勢いづかせたことである。とくに自然主義的誤謬の代表例として子ミルの功利主義の証明の議論を槍玉に上げ、子ミルが途方もない根本的誤りをしているようにムーアが論じたことは、功利主義にとって大きなダメージだったと言える(18)（Hudson 1980: 81–2）。すでに見たように、ベンタムはそれまでの道徳理論を十把ひとからげに「共感と反感の原理」に分類し、後に直観主義と呼ばれることになる立場を激しく批判したが、ベンタムが一八世紀末に直観主義に対して行なったのとほぼ同じことを、ムーアは二〇世紀初頭に功利主義に対して行なったのである。

自然主義的誤謬についてのムーアの議論を詳細に論じることはしないが、すでにミシガン大学の道徳哲学教授であったフランケナ（W. K. Frankena, 一九〇八～九四）の批判などによって、支持することが困難な主張だと考えられるようになっている（Frankena 1939; cf. Hall 1949）[19]。しかし、そのようにムーアの自然主義的誤謬の議論それ自体が「誤謬」であることが明らかにされるまでの間に、次章で見るプリチャードやロスらによる直観主義が大きな流れとなった。この意味で、『倫理学原理』におけるムーアの議論は、シジウィックが苦心して作り上げた功利主義と直観主義の理論的な共存関係を破壊し、両者の抗争を再開させる契機となったと言えるだろう。したがって、功利主義対直観主義の論争におけるムーアの位置付けについては、「ムーアは規範倫理学においては理想的功利主義の一種を主張したが、彼の基本的な分析的アプローチは、プリチャード、キャリット、ブロード、ロスのような、義務論的確信を持ったそれ以降の哲学者たちに強い影響を与えた」というラウデンの評価が妥当なところだと思われる（Louden 1996: 585）。

第五章　直観主義の逆襲——プリチャードとロス

前章で見たように、シジウィックは功利主義の基礎には哲学的直観が必要だと考え、ムーアも最善の結果をもたらす行為が正しいとしながらも、善の知識は直観によってのみ得られると主張した。本章で検討する直観主義者たちは、善は定義できないとしたムーアの考えを拡張し、善さだけでなく、正しさ（義務）も定義できず直観されるのみであると主張し、二〇世紀の直観主義の土台を築いた。

筆者は第Ⅱ部の冒頭で、二〇世紀の直観主義について「いわば功利主義の中から新たに生み出された」と述べたが、それは二〇世紀の直観主義者たちがリードやヒューウェルにはほとんど言及することなく、もっぱらムーアからインスピレーションを得ていたように思われるからである[1]。この意味で、ムーアおよび彼に先立つシジウィックは、二〇世紀初頭の直観主義の興隆をもたらした影の立役者であったとも言える。

この当時の直観主義者には、オックスフォード大学のプリチャード（H. A. Prichard）、キャリット

(E. F. Carritt)、ロス(W. D. Ross)、ケンブリッジ大学のブロード(C. D. Broad)らがいるが、ここでは有名なプリチャードとロスを中心に直観主義の特徴を検討することにしよう。

1　プリチャードの説明拒否

プリチャードの有名な論文「道徳哲学は間違いに基づくか」は、プリチャードの講義に出席していたアームソンの表現を借りれば、「直観主義のマニフェスト」である(Urmson 1974: 112)。プリチャードによれば、多くの道徳哲学者は次の二つの問いに答えようとしてきた。一つは、「われわれが通常義務と思っているものは、本当に義務なのか」という問いであり、もう一つは、「なぜ義務をなさないといけないのか」という問いである。そして彼は、この二つの問いに答えようとすること自体がそもそも間違っていると主張する。(2)

BOX　プリチャード

プリチャード*

プリチャード(Harold Arthur Prichard, 一八七一〜一九四七)は、オックスフォード大学のクリフトン・コレッジとニュー・コレッジで数学を勉強し、その後、哲学と古代史を勉強した。一八九八年にトリニティ・コレッジのフェローになった。教育に熱心すぎたせいで、体調を崩して一九二四年にフェローをやめたが、四年後にホワイト道徳哲学教授に選ばれ、一九三七年に引退するまで続けた。師匠のクック・ウィルソン（Cook Wilson）と同様、自分の見解を本にするのを好まず、存命中に出した本は*Kant's Theory of Knowledge*（一九〇九）一冊だけだった。死後、ロスの手によって*Moral Obligation*（一九四九）が出版された。その中に、一九一二年に哲学誌*Mind*で発表された有名な"Does Moral Philosophy Rest On A Mistake?"が収録されている。

*Photo by Marjorie M. Prichard

プリチャードによれば、知識を本当に持っているかどうかを自問するのが不適切なのと同様に、道徳的義務が本当にあるのかと尋ねることは不適切である。彼は、人が確実に知っていることについてはそもそも疑いが生じるはずがなく、逆に自分が本当に知っているかどうかについて疑いが生じるということは、確実な知識を持っていない証拠だと言う。いかにも古代ギリシア哲学のパラドクスのような話だが、彼は同じことが道徳的義務についても当てはまると考えた。ある状況に置かれたとき、その状況の詳細についてよく反省するなら、人はある仕方で行為する義務があることに気付くはずであり、気付かない人にいくら説明しても仕方がないので、それ以上語るべきことはないとしたのである。彼は次のように述べている。

一般的に言えば、もしわれわれが、Aという行為を状況Bにおいてなすべき義務が本当にあるかどうかを疑うのであれば、その解決法は、なんらかの一般的思考を行なうのではなく、状況Bという個別の事例をじっくりと考えて、その状況でAを行なう義務があることを直接的に知ることである。(Pritchard 1949: 16–7)

またプリチャードは、道徳的義務が本当に存在するのかという問いと同様、正しい行為をなぜなすべきなのかと問うことも誤りだとする。ムーアが善について述べたのと同じ調子で、プリチャードは、正しい行為をなすべきなのは、それが正しいからだと主張する。彼によれば、ある行為が義務であるのは、それが善を生み出すからとか、幸福に資するからだという功利主義者の説明は、われわれの常識的な考え方とはかけ離れている。プリチャードによれば、義務である行為は、善を生み出すがゆえに義務であるわけではなく、それゆえに行なうべき行為であるのでもない。ある行為がある状況において義務であるかどうかは証明することはできないが、十分に注意深く検討すれば直接的に「見る」ことができるのである。

マイケル・ジャクソンのHuman Natureという歌に、「皆に『どうして〔恋に落ちるの〕？』と聞かれたら、『だって人間の本性だから』と答えなよ」という一節がある。この答えは何か言っているようで何も言っていない内容空疎な答えだと思われるが、恋愛について理由は必要ないという考えからすれば、それで構わないということになるだろう。道徳的義務についてのプリチャードの答えは、一見して同じぐらい内容空疎である。「皆に『どうして〔義務を果たさないといけないの〕？』と聞かれたら、『義務を果たすべきことは自明であり、そういう質問をする人にそれ以上説明することはできない』と答えなよ」という言葉にまとめられるであろうプリチャードの主張は、「なぜ正しい行為をすべきなのか」という問いについて答えが必要だと考える人（たとえばベンタム）にとっては、かなり過激だと言える。

以上をまとめると、ムーアは行為の正しさを、善さの概念を用いて説明（分析）できると考えたのに対して、プリチャードは正しさは善さと同様に分析不可能であり、直観によって自明であると考えた。プリチャードは、善さについてのムーアの議論を正しさについても当てはめることで、非帰結主義の理論を打ち出したのである。

2　ロスの一見自明な義務

BOX　ロス

ロス*

ロス（Sir William David Ross, 一八七七〜一九七一）は、スコットランド生まれ。エディンバラ大学で古典学を学んだあと、オックスフォード大学ベイリオル・コレッジで博士号をとり、オリエル・コレッジで職を得た。第一次世界大戦では軍需省（Ministry of munitions）で働き、そのときの功績によりナイト爵が贈られた（「サー」が付くのはそのためである）。一九二三年から二八年までオックスフォード大学のホワイト道徳哲学教授で、一九二九年から四七年までオリエル・コレッジの学長、一九四一年から四四年までオックスフォード大学の学長などを務めた。主著は*The Right and The Good*（一九三〇）。アリストテレス研究者としても有名である。
*Photo by Bassano

ロスの議論はその多くをプリチャードに負っているが、プリチャードほど過激ではなく、むしろ穏当で常識的である。たとえば、ロスはプリチャードと同様、善さと快さは同じものではないと述べたムーアの議論を土台にして、直観主義の正の理論を次のように主張する。

〔ムーアが善について〔なしたのと〕同じ主張が、「正しいということは、その状況において生み出しうる最大の善を生み出す行為である」という〔ムーアの〕言明についても言えないだろうか。たとえこれが「正しい行為」についての真なる言明であるとしても、われわれが正しさによって意味することでないのは、考えてみれば明らかではないだろうか。たとえば、普通の人が、約束を果たすのは正しいと言うときには、彼はその行為の全体の帰結を考えているのではまったくなく、そのようなことは彼はほとんどあるいはまったく知らないし、問題にもしていないのである。(Ross 1930: 8–9)

また、次の引用にあるように行為の正しさ〔義務〕は過去の行為との関係で決まるのであり、功利主義の考え方のように将来の帰結を考えて決まるのではない、と主張する。

普通の人が約束を守らねばならないと考えてそれを果たすとき、彼がその全体の帰結を考えていないことは明らかであり、その帰結が最善のものでありそうだという意見を持っているということはさらにない。実際のところ、彼は将来のことよりも、過去のことを考えている。彼がある仕方で行為するのが正しいと考えるのは、彼がそうすると過去に約束したという事実によってであり、通常はそれ以外ではない。彼の行為が可能な限り最善の帰結を生み出すということは、彼がその行為を正しいと呼ぶ理由ではない。(*ibid*.: 17)

つまり、普通の人の道徳的思考は、約束をしたという過去の事実をもっぱら考慮しているのであり、将来の帰結を考慮せよとする功利主義者の発想とは似ても似つかないものだというのである。

さらに、ロスは、プリチャードと同様に、約束を守る、借りを返すなどのいくつかの種類の行為が義務であることは自明であると述べる。しかし、彼は、特定の状況で二つの義務が衝突する場合などを考えると、どの行為をなすべきかは、プリチャードが考えたようには自明ではないと考える。ロスは個々の行為ではなく、むしろ行為の一般的な種類のみが「一見自明な義務 (*prima facie* duties)」として直観できるとした(3)。一見自明な義務とは、他の義務と衝突したり、他の義務が優先したりしないかぎりは、果たすべき義務のことである。ロスはこのような一見自明な義務として、約束を守る義務、償いをする義務、恩に報いる義務、功績に応じた分配を行なう正義の義務、善行の義務、自己改善の義務、他人に危害を加えない義務などを挙げた (*ibid*.: 21)。一言で言えば、プリチャードが、シジウィックの言う個々の行為の正しさを直観する知覚的直観主義の立場に近いのに対し、ロスは、義務の一般的規則の正しさを直観する教義的直観主義の立場に近いと言える。

たとえば、あるとき友人がわたしの家にかけこんできて、かくまってくれと頼んで奥の部屋に入ったあと、人殺しが友人を追いかけてきて、友人が家の中に逃げ込まなかったかと尋ねた場合、わたしはこの人殺しに嘘をつくべきか、という問題を考えてみよう。(4) これは、嘘をつくべきでないという義務と、友人を助けるべきであるという義務の衝突が生じている状況と考えられる。この場合、プリチャードなら、その状況をつぶさに検討すれば、何をすべきかは自ずとわかるはずだと主張するだろう。しかし、ロスは、約束を守るという義務や、困った人を助けるという義務は、みな一見自明な義務であり、そうした複数の一見自明な義務のうち、どれがその状況における「実際の義務」(actual duty, *duty sans phrase*) であるのかは自明ではなく、熟慮して決めるしかないという (*ibid*.: 19)。

このように、ロスは、義務の一般的原理が確実に知ることができるとする一方で、ある状況で二つ以上の一見自明な義務が対立している場合にどちらが「実際の義務」であるのかについては、確実に知ることはできないと考えた。つまり、プリチャードは、何が本当の義務であるかについてわれわれは確実な知識を持ちうると考えたが、ロスの考えでは、われわれは臆見 (probable opinion) しか持ちえないのである。われわれは、そういう意味では、常に道徳的リスクを背負っている。正しい行為をすることができるのは、幸運によるところも大きいのである (*ibid*.: 30–1)。

以上がロスの直観主義の概要であるが、第九章で見るように、彼の思想は、今日に至るまで生命倫理学の領域などで大きな影響力を持っている。

3　功利主義と直観主義——中間のまとめ

ロスの直観主義は、これまでの直観主義と大きく異なるわけではないと思われる。だが、シジウィックとムーアによって功利主義の理論的構造がより明らかにされたため、それと対立する理論として自覚的に直観主義を述べることにより、その骨子が明確になったと言えるだろう。その意味では、ここにきて、ようやく功利主義と直観主義という二大理論が、理路整然として対峙するようになったのである。

現代の標準的な功利主義の特徴付けは、善を幸福と関係付けて理解する厚生主義（welfarism）、行為の正しさをその帰結（結果）で評価する帰結主義（consequentialism）、帰結を評価する際に個々人の幸福を総和して判断する総和最大化（sum-ranking）の三つによるものと思われる（Sen and Williams 1982: 3-4）。本書ではこの区別を参考にしつつも、主に直観主義との対比を念頭において、ベンタムやミル父子らの功利主義の特徴として次の四つを挙げておこう。

一．道徳に関する自然主義。善さや正しさや道徳的義務などを独特（*sui generis*）なものとは考えない。
二．帰結主義。善を最大化する行為が正しい。
三．一元論。第一原理としては功利原理しか認めない。

四．常識道徳に相対的重要性しか与えず、それを改善することを重視する。

一つめの特徴は善を快楽や幸福によって理解し、良心を観念連合によって説明するといったように、特別な能力や存在を仮定しないということである。ムーアのところで見たように、これは必ずしもすべての功利主義者に共有されるわけではないが、大きな流れであるように思われる。また、四つめについても、功利主義者の中でもいくらかの温度差があり、第六章で再びその点に触れることになるが、基本的には、功利主義によって常識道徳が基礎付けられるのであり、その逆ではない、という考えが功利主義者に共通する特徴だと言える。二と三の特徴は、大なり小なり、功利主義の根幹として今日まで続くものである。

直観主義の特徴に関して言えば、現代の直観主義研究者であるストラットン＝レイクは、ロスの主要なテーゼとして、道徳の形而上学として道徳的実在論、規範理論としての方法論的直観主義、道徳的認識論としての認識論的直観主義の三つを挙げている[5]（Stratton-Lake 2002b: x–xiii)。本書ではこの区別を参考にして、次の四つの特徴を挙げておく。

一．道徳に関する非自然主義。善さや正しさや道徳的義務は世界の側に実在する客観的かつ独特（*sui generis*）な性質であり、われわれはそれを独特な仕方で直接的に知ることができる（直観できる）。

二．非帰結主義。正しい行為（義務）は、その帰結の考慮のみによって決まるものではない。

三．多元論。第一原理は複数あり、その衝突を解決するための明示的な優先原理はない。

四．常識道徳への依拠。道徳理論の正しさは、抽象的な原則によってではなく、道徳についてのわれわれの常識的見解に照らして判断される。

一から四は、これまでに見てきた直観主義者たちが共有する特徴だと考えられる。これ以降の本書の内容を先取りして言えば、一つめの道徳に関する非自然主義は、メタ倫理学における直観主義および道徳実在論の一種として今日に至るものである（これについては本書では詳しく扱わないが、次節と、第六章を参照）。二つめの非帰結主義という特徴は、次節で詳しく説明するように「義務論」と名前を変えて現在の倫理学に流れ込んでいる。三つめの多元論という特徴は、とくにロールズが用いる場合の「直観主義」の意味として、今日まで残っているものである（第七章を参照）。このように、ロスにおいて明確になった直観主義の特徴は、以後、それぞれが独立して、異なる文脈で用いられるようになっていく。今日、「直観主義」という言葉で何を指しているのかが直ちにわからないのは、こうした事情によるものと思われる。

しかし、最後の常識道徳への依拠という特徴については、一から三のどの特徴を重視する直観主義においても多かれ少なかれ共有されており、それゆえ功利主義との論争点になるものとして、ここで十分に強調しておきたい。シジウィックによれば、この特徴はとくにリードらのスコットランド学派以降に顕著になる。その理由について、彼は『倫理学の方法』において、以下のように説明している (Sidgwick 1907: 103–4 note)。

シジウィックによれば、直観主義者には二種類あり、常識道徳を整理して説明するだけの思想家たちと、道徳的直観の内容を哲学的に扱うことを目指した思想家たちとに分かれる。一見不思議に思われるかもしれないが、哲学的な思想家たちの方が、時代的には先である。その理由は、直観主義者たちが何に対抗して自説を主張していたかということに関係しているとされる。

本書第一章で見たように、ホッブズ主義は、常識道徳を大筋で受け入れた上で、それを利己主義と人為性によって基礎付けようとした。それに対しホッブズ主義を批判する思想家たちは、単に常識道徳の内容を詳説するだけではなく、ホッブズ主義よりも確実な土台によって常識道徳を基礎付けようとした。たとえばクラークは、常識道徳の基礎にある諸原理を自明な公理として主張した。しかし、道徳を科学的真理と同列に論じることの困難さが明らかになるにつれ、このような立場は不人気になり、代わりにハチソンのような、われわれの道徳意識の感情的側面を重視する立場が優勢になった。ところが、倫理の議論が心理（感情）の分析に取って代わられると、今度は義務の客観性が怪しくなってきた。ヒュームが登場して義務の客観性に対する懐疑論を展開するようになると、再び道徳意識の認知的側面を強調する必要性が出てきた。それを行なったのがリードらのスコットランド学派である。ただ、この学派は以前の直観主義者のように、通常の経験によって認識することが困難である深遠な原理を主張するのではなく、ヒュームのような経験論者と同じ方法論を用いて、われわれの経験にとって明らかな常識道徳を説明し、その正しさを再確認するという方法を選んだ。以上のようにシジウィックは説明している。

直観主義が持つ常識道徳への依拠という特徴を別の表現で言い換えるなら、理論化される前の

(pretheoretical) われわれの思考が、理論に優先する地位を持つということである。たとえば、ロスは次のように述べている。

> 道徳的問題について「われわれは実際にどう思っているか (what we really think)」というのを利用して、ある理論を退ける仕方を、間違っているとする考え方もある。われわれの現在の道徳的意識を解釈するだけに満足すべきではなく、理論に照らして現存の道徳的意識を批判することを目指すべきである、と。(…) 実際のところ、道徳的問題について「われわれはこう思う」と述べるものには、われわれが**思う**のではなく**知っている**ことがかなり入っており、これこそが、道徳理論の正しさを検証する基準になるのであり、それが理論によって検証されるのではない、と主張したい。(…) 感覚経験に訴えることができる自然科学と異なり、正しさや善さに関する事実について、それについてよく考える以上に直接アクセスする方法はない。思慮深くよく教育された人々の道徳的確信は、感覚知覚が自然科学のデータであるのと同様、倫理学のデータである。感覚知覚の一部が錯覚として退けられなければならないのと同様、道徳的確信の一部もそうである。しかし、一部の感覚知覚が退けられるのは、他のより正確な感覚知覚と衝突するときに限るのと同様、道徳的確信が退けられるのも、反省のテストによりよく持ちこたえた信念と衝突するときに限る。(…) 最善の人々の道徳的意識が下す判決は、理論家が理論を作る際の土台である。(Ross 1930: 39–41, cf. Prichard 1949: 4. 強調は引用者)

ロスのこの考え方は、第Ⅲ部における二〇世紀後半以降の功利主義との争いの中で、何度も姿を現すことになるだろう。

常識道徳の重要性をめぐる功利主義と直観主義の対立は、「現にある道徳」を功利主義者のように「実定道徳」と呼ぶか、あるいは直観主義者のように「常識道徳」と呼ぶか、その呼び方にも表れている。シジウィックは、「実定道徳」と「常識道徳」のそれぞれの名称に込められた意味が異なることを早くから指摘している。

〔人々によって正しいと考えられている一般的な道徳規則の集合について、それが〕個人の属する共同体の世論によって当人に課される倫理体系として考えられたときには、われわれはそれを共同体の実定道徳と呼ぶ。しかし、人類の――あるいは少なくとも、道徳に対して真面目な関心を持ち十分な程度知的な啓発を受けている部類に入る人類の――合意（*consensus*）によって、道徳的真理の体系と見なすことが保証されるときには、それはより重要な意味をこめて常識道徳と呼ばれる。

(Sidgwick 1907: 215)

つまり、「実定道徳」という言葉を用いる人々にとっては、人々が現に従っている道徳は、実定法（現にある法）と同様、ある種の強制力（サンクション）を用いて人々に課せられたものであり、それ以上でもそれ以下でもない(6)。それに対し、「常識道徳」という言葉を用いる人にとっては、現にある道徳は、いわば人類の知恵の結晶として特別な価値を持つものである。第Ⅲ部の功利主義と直観主義の論争では、「実定道徳」や「常識道徳」あるいは「共通道徳（common morality）」という言葉がキーワードとしてしばしば現れることになるが、読者は上のシジウィックの説明を念頭において読み進めてもらいたい。

ここまで、シジウィック、ムーア、プリチャードとロスという流れの中で、功利主義との対比において直観主義が理論的に洗練されていく様子を見てきた。通常の倫理学の教科書では、ここからエアやスティーブンソンらの情動説の解説に行くところだが、本書は別のルートを辿って、二〇世紀後半における功利主義と直観主義の争いを見届けることにする。しかしその前に、二〇世紀前半と後半の議論のつなぎ（Interlude）として、「義務論」という概念がどのようにして現れてきたかを見ることにしよう。

4　「直観主義」から「義務論」へ

今日、直観主義という言葉はメタ倫理学で主に用いられ[7]、規範倫理学ではもっぱら「功利主義対義務論」という形で、「義務論」という言葉が用いられている。しかし、これまで見てきたように、シジウィックやムーア、さらにロスに至るまで、「義務論」という言葉は用いられてこなかった[8]。本節では、主にロバート・ラウデンの論文（Louden 1996）に依拠して、この言葉の変容がいつごろ起きたのかについて見ることにしよう[9]。ラウデンはこの論文で、'deontology' という言葉の歴史を調べ、誰がいつこの言葉を使い出したのか、そしてどのようにこの言葉の意味が変化していき、今日の主要な規範理論の一つを指す名称となるに至ったのかについて謎解きをしている。

まず、deontologyという語は語源的にはギリシア語の*deon, deont-*（拘束力があるもの、必要な、正しい、適切な）とlogia（論述）を組み合わせて作られた新造語（neologism）である（Louden 1996: 572-3）。権威ある*Oxford English Dictionary*（OED）によれば、この語を作ったのは誰あろうジェレミー・ベンタムである。[10] もっとも、ベンタムは現在のような功利主義との対比で使われる意味でこの語を用いたのではなく、「社会道徳（public morality）」と対比される「個人道徳（private morality）」という意味や、個人道徳や国内法や国際法なども含む広い意味での「倫理学」という意味、さらには語源通りに「義務の科学（The science of duty）」という意味で用いている。次の引用は、ベンタムがこの語を「義務の科学」として用いた例である。

最も広い意味では、Deontologyは、各々の状況において正しく、なされるに相応しいことを行なうことを目的とするアートとサイエンス（技術と科学）の一部門のことを指す。(Bentham 1834: 249)

ラウデンによれば、とくにこの最後の意味（「義務の科学」）が、その後約一〇〇年間deontologyの意味として用いられたという[11]（Louden 1996: 575）。

ベンタム以降、ジョン・オースティンや、ジョン・グロート、さらには英国自由党の党首だったグラッドストーン（W. E. Gladstone, 一八〇九～九八）なども、「義務の科学」という意味でこの語を用いた。といっても、オースティンを除けば、彼らは必ずしもベンタムがこの語を造ったことを意識して用いていたわけではなかったらしい（*ibid*.: 576–8）。

このように、二〇世紀の初頭までは、deontology という語は、特定の規範理論的立場を指すのではなく、「義務の科学」という意味で用いられていた。すでに紹介したレッキーやシジウィックが活躍した当時、功利主義と対比された理論は、直観主義であった。レッキーの説明によると、直観主義は、「われわれの本性上、正しさの概念は義務の感情を伴う。また、ある行為がわれわれの義務だと述べることは、それ自体で、またあらゆる帰結とは独立に、それを実践するための理解可能で十分な理由になる。そして、われわれはわれわれの義務の第一原理を直観から得る」（*ibid*.: 579; Lecky 1869: 1–3）と主張する立場である。

ラウデンによれば、レッキーのこの説明には、義務は直観によって認識されるという認識論的な要素と、義務的な行為はその帰結にかかわらずなされるべきものであるという規範理論的な要素の二つが含まれており、一八～一九世紀の直観主義者たちは両者を明確に区別していなかった。しかし、本書第四章で見たように、シジウィックが功利主義にも哲学的直観が必要であることを認めたため、直観主義が持つ認識論的な要素と規範理論的要素が切り離されることになった（Louden 1996: 580–1）。ラウデンは、シジウィックによる直観主義の狭い意味と広い意味の区別——前者がレッキーの説明にあるような直観主義であり、後者がシジウィックのいう哲学的直観主義のことである——が、規範理論としての義務論と認識論としての直観主義とを分けることになったという理解を示している（*ibid*.:

581 note 26)。

一九世紀末にはドイツの哲学者が多くの倫理学の教科書を書いており、そのうちの代表的なものが英国で翻訳された。その中で、道徳的義務に関する帰結主義的理論を指すために「目的論的」（英訳では teleological）という言葉が最初に用いられたのは、ベルリン大学哲学教授のフリードリッヒ・パウルゼン（Friedrich Paulsen, 一八四六〜一九〇六）の書いたドイツの倫理学の教科書 *System der Ethik*（一八八九）だったという[12]。目的論的理論とは、「行為やその属性が目的（telos）に対して持つ関係によって善悪の区別を規定する理論」とされ、功利主義のような目的論的道徳哲学は、「行為やその属性が行為者の生の形式やその環境に対して本性的に持つ結果によって善悪の区別を規定するもの」とされる。それに対して、直観主義あるいは形式主義的倫理学（英訳では intuitive or formalistic ethics）は、そのような目的との関係ではなく、行為の絶対的な性質によって規定され、良心や実践理性などの人間に特有な能力によって直接に知覚されるとする。ラウデンは、上記の形式主義的倫理の定義が、まだ認識論的な直観主義を含むものであることを指摘している（*ibid.*: 583-4）。

二〇世紀に入ると、ムーア流の分析哲学的な倫理学の影響で、より正確な問いや区別を立てようとする試みが盛んになる。その中で、現代的な義務論の用法が現れるが、誰が最初にこの意味で「義務論」という言葉を用いたのかについては、議論が分かれる。

ＵＣＬＡの法学・哲学教授のバーバラ・ハーマン（Barbara Herman）は、ミューアヘッド[13]の *Rule and End in Morals*（一九三二）に登場する、すべての倫理理論を目的論と義務論の二種類に分ける用法（Muirhead 1932: 6）が最初だと言う（Herman 1993: 208）。その証拠としてハーマンは、プリチャードが一九三七年に公表した論文においてミューアヘッドのこの部分に言及していることを挙げている（Prichard 1949: 116）。

しかし、ラウデンはこの説に懐疑的であり、最初にこの言葉を使ったのはブロードだろうと述べている。ブロードは*Five Types of Ethical Theory*（一九三〇）の中で、シジウィックが功利主義にも広い意味での直観（哲学的直観）が用いられていることを認めているにもかかわらず、功利主義や利己的快楽説に対比される「倫理学の方法」として「直観主義」という言葉が使われていることを問題視し、次のように述べている。

> わたしなら、倫理理論をまず二つの種類に分け、それらを義務論と目的論と名付ける。（…）義務論は次の形式の倫理的命題があることを支持する。「かくかくしかじかの種類の行為は、その帰結のいかんにかかわらず、かくかくしかじかの状況において常に正しい（あるいは不正である）」。（…）目的論は、内在的に善いまたは悪い帰結を促進する傾向によって、行為の正・不正が常に決定されることを支持する。（Broad 1930: 206–7）

ラウデンによれば、ロスや（第九章に出てくる）ビーチャム（T. L. Beauchamp）も、ブロード説を支持している[14]（Louden 1996: 586–7 note 45）。

ラウデンは、ブロードがこのように「直観主義」ではなく「義務論」という言葉を用いた理由について、「直観主義」が持つ認識論的要素を規範理論（非帰結主義）の部分から切り離すためだろうと推測している（*ibid*.: 587–8）。このように「義務論」を狭く理解することで、たとえば「行為を正しいものにする性質は何か」とか、「行為の正しさをどのように知るのか」とか、「なぜ道徳的制約に従わなければならないのか」といった問いが締め出され、分析哲学の時代にふさわしい、より正確な問題設定ができるようになったとラウデンは評価している（*ibid*.: 588）。

ただし、こうした問いに対する答えを実際の義務論者たちが持っていなかったわけではない。たとえばカントはなぜ道徳的行為をなすべきかについて、理性的存在者に対する尊敬を示すためにわれわれはそうしなければならないと答えた。また、行為を正しいものにする性質について、自分の格律が普遍的法則となることを意志できるかどうかという形式的特徴を指摘した（*ibid*.: 591）。近年、義務論という概念は多義的で使えないという批判や、義務論と目的論という区別が有用でないという批判が多くあるが、ブロードがすでに述べていたように（Broad 1930: 207–8）、義務論と目的論は一種の理念形であり、純粋な義務論というのは通常は存在しないし、元々意味を絞るために作られた「義務論」という語に多くの意味を読みこむのは間違いである、とラウデンは締めくくっている(15)（Louden 1996: 592）。

というわけで、現在の「義務論」の用法はブロードに端を発する、一九三〇年前後に現れたものだと考えられる。ラウデンは「義務論」という言葉の登場によって、「直観主義」が持っていた認識論的な含意が切り離され、より正確な用語法になったことを評価している。たしかに、シジウィックにせよ、ムーアにせよ、それ以前に議論になっていた「道徳器官」の問題については立ち入らないと断ってから議論を始めているので（Sidgwick 1907: vii; Moore 1903: 36）、この問題への連想を避けるためには、「直観主義」に代わる新しい言葉を造って然るべきだったのかもしれない。ただその半面、「義務論」という言葉が登場したことによって一九世紀以前の議論と二〇世紀以降の議論の連続性が失われたという側面があることも見逃してはならないだろう。本書の冒頭でも述べたように、本書が直観や直観主義という言葉を一つの軸にして倫理思想史の流れを見ようとするのは、そのような問題意識に基づいている。

また、残念ながらラウデンは「義務論」という言葉ができて以降の「直観主義」という語の命運については論じていない。[16] ストラットン＝レイクによれば、一九五〇年代から六〇年代には直観主義は完全に支持不能な理論として退けられたとされる（Stratton-Lake 2002a: 1）。直観主義者のロスやキャリットらが活躍した三〇年代以降、何が起きたのかというと、三六年にエア（A. J. Ayer, 一九一〇〜八九）の『言語・真理・論理』が、また三七年にはスティーブンソン（Charles Stevenson, 一九〇八〜七九）の「倫理的用語の情動的意味（The Emotive Meaning of Ethical Terms）」（Stevenson 1937）という論文が出たのを皮切りに、情動説や指令説などの非認知説（non-cognitivism）が隆盛になったのであった。[17] 哲学的にも再び経験論が支配的になる中で、「非自然的な道徳的性質が存在する」という道徳的実在論と「道徳判断は非自然的な性質について言及している」という認知説（cognitivism）を採っていた直観主義は、完全に時代遅れのものとみなされるようになった（Darwall 1989: 386）。そのような雰囲気の中で、G・J・ウォーノックは一九六七年に「歴史を振り返ってみると、（ムーアやプリチャード、ロスの）直観主義は非常に奇妙な現象——非常に鋭い洞察を含んでいると同時に、まったく何も明らかにしない著作群――だったように思われる。そのため、それをどうやって説明したらよいのか、その始まりが何だったのかを説明するのに困るのである」と述べたわけである (Warnock 1967: 16)。

直観主義が再びその姿を表すのは、一九七〇年代に認知説や道徳的実在論が復活してくるのと同時に、直観を用いた反省的均衡という方法論をロールズが『正義論』で採用したことが注目を浴びてからである (Stratton-Lake 2002a: 2, 6)。そこで、次章および第七章では、二〇世紀後半における功利主義と直観主義の理論的展開について見ることにしよう。

第六章　功利主義の新たな展開——規則功利主義と二層功利主義

ロスが『正と善』を出した一九三〇年以降は、功利主義にとっても直観主義にとっても苦難の時代が続いた。エアのような論理実証主義の立場——観察によって真偽を検証しえない命題は、無意味であるとする立場——が大きな影響力を持ったこともあり、規範倫理学を含めた規範理論は影を潜めることになった。そのため、一九〇〇年から一九四五年までの倫理学の歴史を概説したマイケル・スティングル（カナダのレスブリッジ大学の哲学研究者）も述べているように、「二〇世紀前半の道徳哲学の主要な焦点は、道徳語（moral terms）の意味に関するメタ倫理学的な問いにあった」と言える（Stingl 1997: 152）。つまり、「貧困をなくすべきだ」とか「格差は不正である」といった実質的な主張をするのではなく、そうした主張に用いられる「すべきだ」とか「不正だ」という言葉はどういう意味を持つのかに関する言語分析に専念したということである。実際、判で押したようにムーアから始まる二〇世紀の倫理学について書かれたテキストでは、直観主義→情動説→指令説というメタ倫理学の展開は説明されているものの、その間、規範理論としての功利主義や直観主義（義務論）がどういう流れを辿ったのかを述べているものはほとんどない。

さきほど、「規範倫理学を含めた規範理論」と述べたが、倫理学の近接領域である政治哲学の分野でも、事情は同様であった。ケンブリッジ大学の思想史家ラズリット（Peter Laslett, 一九一五～二〇〇一）は、一九五七年に編集した本の序文の中で、「少なくとも現時点では、政治哲学は死んでいる（for the moment, anyway, political philosophy is dead.）」と述べた（Laslett 1957: vii）。倫理学や政治哲学を含めた規範理論がこの「冬の時代」（*ibid.*: ix）を経て復活するのは、一九七一年のジョン・ロールズの『正義論』によるところが大きいというのが通説である。(1) もっとも、それまでまったく動きがなかったわけではない。本章では、メタ倫理学の解説は最低限にして、(2) 二〇世紀前半から中盤にかけての功利主義の歴史を再構成してみたい。

1　ハロッドによる「革新」

すでに見たように、プリチャードやロスは、ムーアの正の理論——すなわち正しい行為とは善を最大化するものであるとする功利主義——を次のように批判していた。

通常の人が、約束を果たすのは正しいと言うときには、彼はその行為の全体の帰結を考えているのではまったくない。そのようなことは彼はほとんどあるいはまったく知らないし、問題にもしてい

ない。(Ross 1930: 9; cf. Prichard 1949: 4)

これは、われわれの直観あるいは常識道徳に訴えるという、おなじみのやり方である。ロスによれば、約束を守ることは義務であり、それによって生み出される善の総量の大きさとは無関係だと誰もが考えている。たとえばわたしが、妻の誕生日に時計を買うことを約束しており、そのことを考えながら駅の改札を出ると、駅前で被災者支援のための募金活動をしている人々を見かけ、妻に時計を買うためのお金を寄付した方がよいのではないかという考えが頭をよぎったとしよう。ここで、わたしが妻に時計を買うという約束を守ると一〇〇〇の善が妻に対して生み出され、一方、約束を守らずに駅前で募金活動をしている人にそのお金を寄付すると一〇〇一の善がどこかで困っている人に対して生み出されるとしよう。また、あいにくわたしには十分にお金がないため、妻に時計を買うか、そのお金を寄付するかのいずれかの選択肢しかないとする。この場合、わたしはどうすべきだろうか。ロスに言わせると、功利主義者なら妻に対する約束を守らないことを支持するが、普通の人は少なくともこの程度の差ではそのようには考えないだろう。そこから「結局のところ、約束は約束であり、功利主義理論が示唆するような軽さで扱ってよいものではない」とロスは結論する(Ross 1930: 34–5)。つまりロスは、功利主義理論がわれわれの直観や常識道徳に合致していないからダメだというのである。(3)

ロスのこの著作は一九三〇年に出されたものであるが、その六年後の一九三六年、「功利主義がその最も衰退期にあったであろう頃」(Quinton 1989: 108)に、ロスと同じオックスフォード大学にいた経済学者ハロッド(Roy. F. Harrod, 一九〇〇〜七八)が功利主義理論に関して重要な仕事をした。

ハロッドは、のちに「規則功利主義（rule-utilitarianism）」と呼ばれることになる立場の基礎となる考え方を導入したのである（4）（Harrod 1936）。彼は、「道徳は、行為が、一般的な法となりうる格律に基づくことを要求する」というカントの考えを功利主義が取り入れることにより、「通常の道徳意識」が支持する義務を功利主義でも説明できると主張した（Harrod 1936: 147）。

先ほどの、妻に約束した通り時計を買って帰るべきか、駅前で募金活動をしている団体にそのお金を寄付すべきかという状況についてもう一度考えよう。粗野な功利主義者（crude Utilitarian）であれば、たとえそれによって、約束を破ったわたしの信用が少し失われ、またそのことを通じて「約束を守るべきだ」という規則に関する妻やわたしの信念がいくらか弱まるとしても、約束を守る場合に比べて寄付をした方が幸福の総量が大きくなるのであれば、そのような状況では常に——そうした状況が一〇〇回あれば一〇〇回——約束を破るべきだと言うと考えられる。しかし、ハロッドによると、実際にはそのような単純計算は成り立たず、ある期間内に同様の状況で一〇〇回約束を破った場合に失われる信頼は、その一回ごとに失われる信頼の総和よりもはるかに大きく、「約束をする」という社会的に有用な決まりごとがまったく成り立たなくなるほどのものになるという（少なくとも、そのようなことを数回したら、妻は二度とわたしの約束を信用してくれなくなるだろう）。そこで、このような事例においては、粗野な功利主義ではなく、カントの原理——「この行為が重要な点で類似したすべての状況で行なわれたら、社会がその目的を達成するための確立された方法は破綻を招くだろうか」という問い——を用いた一般化（generalization）のテストを行なうべきである。そうすれば、上述のような理由から嘘をつくべきでないことが導かれるとハロッドは主張する（Harrod 1936: 148–

9)。もちろん、このようなテストを使っても、嘘をつくことが功利主義によって正当化される場合もあるが、粗野な功利主義が認めるよりもはるかに厳格な義務をハロッド流の功利主義は支持するはずである。同様に、ゴドウィンが述べた「緊急事態においては、自分の身内よりも社会的に重要な人物を救うべきだ」という直観に反した主張（本書第二章参照）に関しても、そのような状況においてはむしろ身内を優先することが原則となっている社会の方が、人々の信頼関係が強くなって望ましいとされるかもしれない。ハロッドがカントの原理と呼んだこの「一般化」の方法論によって、「通常の道徳意識」によって支持される義務を功利主義では説明できないという批判に対して、かなりの程度まで反論することができるだろう。こうして、ハロッドにより、「規則功利主義」――これは一九五九年にブラントが命名した（Brandt 1959: 396）――の基礎が築かれたのである。

規則功利主義について詳しく述べる前に、ここでハロッドの論文に関して二点述べておきたい。第一に、ハロッドの「革新」は、あくまでかっこ付きの「革新」である。ハロッド自身が、自分はこれまで一部の優れた思想家たちが気付いていたことをより正確に論じただけだと述べているように、その議論は必ずしも新しい話ではない。功利主義における規則の重要性についてはすでに本書でも何度か触れたが、ペイリーやオースティンや子ミルらは、大なり小なり規則功利主義的な発想を有している（子ミルについて最初にそのことを指摘したのはアームソンの一九五三年の論文である）。[5] とりわけ規則功利主義が明確に定式化されてからは、過去の功利主義者について論じる場合も、そのような視点から見直されることが多くなった。[6]

第二に、ちょうどリードの著作で「常識（common sense）」という言葉が多用されたように、ハロッドの論文では「共通の道徳意識（common moral consciousness）」というフレーズが頻繁に登場する。ハロッドは、論文の最初で自分が用いる方法論について述べている。彼はそこで、アリストテレスを引き合いに出し、「憶見（*doxai*）の本質を明確な言葉で再解釈しようと試みることと、恣意的な体系を一から（*de novo*）構築することの間には、非常に大きな差がある」（Harrod 1936: 138）と述べた。ハロッドは、道徳的問いに対する既存の多くの意見、すなわち「共通の道徳意識」を説明することこそが道徳哲学の果たすべき役割であり、抽象的な思想体系を作るだけでは不十分だと考えたのである。以下で見るように、この常識道徳に対する距離の違いが、規則功利主義と行為功利主義の一つの対立軸をなすことになる。

2　規則功利主義と行為功利主義

ジェフリー・スカール（Geoffrey Scarre, 英国ダラム大学の道徳哲学研究者）は、ハロッドの論文が、それまで失われていた功利主義に対する関心を直ちに再生する影響を持ったと述べているが（Scarre 1996: 123）、筆者の知る限り、おそらく話はそこまで単純ではない。功利主義に関して次に重要な論文が出るのは一九五〇年代に入ってからで、上で述べたアームソンの論文（Urmson 1953）である。すでに前章で述べたように、ハロッドの論文が出たのと同じ一九三六年にはエアの著作が、またその翌年にはスティーブンソンの出世論文が出て、道徳判断は話者の態度を表明しているという情動説が支配的になった。情動説は、直観主義も功利主義も「道徳判断は何かを記述している」という誤った理解をしている点で等しく有罪であると批判した。とくに功利主義はロス流の直観主義に批判されたダメージも受けており、まさに弱り目に祟り目だったわけである。[7]

規則功利主義はロス流直観主義が行なった功利主義批判への応答であったが、その論争の中から、規則功利主義と対立する行為功利主義という立場も生み出された。ここでは規則功利主義と行為功利主義の議論の展開を、このテーマに関する一九五〇年代から六〇年代の代表的な論文を集めたベイルズの *Contemporary Utilitarianism* (Bayles 1968) を参考にまとめておこう。[8]

ベイルズはこの本の序文で、行為功利主義と規則功利主義について次のように述べている。行為功利主義 (act-utilitarianism) とは、ある特定の状況において行ないうる複数の行為の中で、最も功利性の高い行為をなすべきだとする立場である。行為功利主義の主な特徴は、「特定の状況における特定の行為」についての功利性を考慮することにある。それに対して、規則功利主義 (rule-utilitarianism) は、「ある一定の状況においては常にある種の行為をせよ」と命ずる規則のうちで最も功利性の高い規則を採用し従うべきだとする立場である。個々の行為の正・不正は、この規則に従っているかどうかで判断される (*ibid.*: 7)。ベイルズの本を読むと、功利主義者と直観主義者の批判と応答の中で規則功利主義と行為功利主義の立場が確立されていく様子がよくわかっておもしろいのだが、紙幅の都合上、とくに重要なブラントの論文とスマートの論文のみを紹介しよう。以下で見るように、ブラントが規則功利主義、スマートが行為功利主義を擁護する論陣を張っている。

BOX　ブラントとスマート

ブラント（Richard Brandt, 一九一〇〜九七）は米国オハイオ州生まれ。ケンブリッジ大学トリニティ・コレッジやチュービンゲン大学、イエール大学などで勉強したあと、有名なリベラルアーツ大学であるスワスモア・カレッジ（Swarthmore College）で一九六四年まで教える。その後ミシガン大学教授。代表的な規則功利主義の擁護者であり、主な著書に *Ethical Theory*（一九五九）, *The Theory of the Right and the Good*（一九七九）などがある。

スマート（J. J. C. Smart, 一九二〇〜二〇一二）はオーストラリアのモナシュ大学の名誉教授。一九二〇年に英国ケンブリッジに生まれ、グラスゴー大学やオックスフォード大学で教育を受けた。一九五〇年にメルボルンのアデレード大学の職を得て移住。行為功利主義の主要な論者と目されており、本書で紹介する論文のほか、B・ウィリアムズと共著の *Utilitarianism For and Against* (Smart and Williams 1973) がよく知られている。

スマート*

*Reproduction by courtesy of J. J. C. Smart

まずブラントの議論を見てみよう。先にも触れたように、ブラントは一九五九年の *Ethical Theory* という著作で規則功利主義と行為功利主義という用語を最初に使用した人物である。この著作でブラントは、功利原理によって支持される規則と個々の事例の関係について、立法と司法のアナロジーを用いて次のように述べている。

この理論〔規則功利主義〕と、個々の事例への法律の適用とのアナロジーを考えてみるとわかりやすいだろう。法律は一般的であり、また立法者によって制定され、その際には間違いなく功利主義的考慮が働いている。しかし、裁判官が法律を適用する場合、彼は自分の仕事は〔まるで裁判官が従うべき原則は行為功利主義であるかのように〕個々の事例を功利性に訴えて解決するものとは理解していない。彼らは自分の仕事を個々の事例に関して一般的な法律の指図に従うことだと考えている。ところで、道徳というのは法律の非公式な類似物（informal analogue）であり、規則功利主義者が述べているのは、われわれは個々の事例に関して一般的な指令に従って決めるべきであり、ある一般的な指令が採用されるべきかどうかは、大雑把に言えば、その規則が一般に順守された場合の功利性によるということである。（Brandt 1959: 397）

このように規則功利主義は、スマートが簡潔に述べているように、「行為は規則によって、規則は帰結によって」（Smart 1956: 345）という思考法を用いて道徳判断を行なう。

さて、ブラントによれば、規則功利主義は、ハロッドのところですでに見たように、従来の功利主義が持つ「受け入れがたい含意」を避けている点で優れていると考えられる。しかし、「みなが実際に同じ行為をしたらどうなるか」を問題にするハロッドのような規則功利主義の定式化〔ブラントの言葉では、「ある行為が正しいのは、皆が従えば最善の帰結をもたらすような一連の道徳規則に従っている場合であり、その場合に限る」。Brandt 1963: 120）では、規則功利主義による理想的な道徳規則の体系は、行為功利主義を採用した場合と同じ結果になってしまうとブラントは言う。というのは、皆が従えば最善の帰結をもたらすような道徳規則とは、「あなたにできる行為の中で、少なくとも他のどの行為とも同じくらい善い帰結をもたらす行為をしなさい」（つまり、功利原理に従って行為しなさい）というものであり、これは行為功利主義者も受け入れるものだからである。先に第1節の冒頭で挙げた妻に対する約束を守るかどうかについても、約束を破った場合の帰結についてよく考えれば、結局ハロッド流の規則功利主義と行為功利主義は同じ結論（この場合には約束を破るべきでない）に至るとブラントは述べる[9]（Brandt 1963）。

そこでブラントは規則功利主義の定式を修正して、「ある行為が正しいのは、すべての人々によって道徳的に拘束力があると認められた場合に善を最大化するような一連の規則に合致している場合であり、その場合に限る」と述べている（Brandt 1963: 139. 記述を簡単にしてある。強調は引用者）。この定式化がなぜ優れているのかを簡単に説明しよう。実際に皆が従ったとしたら最善の帰結をもたらす規則を採用するならば、「自分の生活レベルがギリギリになるまで寄付をしなさい」という規則も正当化可能になる（これは、行為功利主義者も支持すると考えられるものである）。しかし、これでは要求が高すぎて、実際には従えないだろう[10]。一方、ブラントの定式化の場合、人々が道徳的に拘束力があると認める規則とは、普通の人に学ぶことができ、他の普通の人々も従う限りで自分も守るような規則のことである。彼の考えでは、「最善の道徳規則体系（moral code）は、人々の現実の姿を受け入れるものでなければならない。すなわち、完全な知恵と完全な良心を持つ人々によって採用されるような道徳規則体系よりも、柔軟性を欠き、効率性の低いものでなければならない」(Brandt 1963: 125)。そこで、彼の定式化に従えば、一般人にも従えるほどほどの規則（たとえば「生活に余裕のある場合に、無理のない程度に寄付をしなさい」）がわれわれが従うべき規則として採用されるのであり、これは行為功利主義者が支持する内容とは異なると考えられるのである。

このような形でブラントは、功利主義に則った理想的な道徳規則体系を作ることができると考えた。この体系では、規則間の衝突が生じた場合に備えて、それを調停するような高次の規則を作ることも考慮されている。ベイルズは、ブラントの論文について「現在のところ、規則功利主義の最も包括的な定式化と擁護を行なっている」(Bayles 1968: 10) と述べている。

続いてスマートの議論を見てみよう。スマートは、まず、行為功利主義と規則功利主義を区別する。[11]次に、このいずれを採用するかに関しては、ハロッドのように「共通の道徳意識」に訴えることや、「人々が通常、道徳についてどう話しているかを検討する」ことによって決めることはしないと宣言する。なぜなら、「新聞の投書欄を読めばすぐわかる」ように、「通常の人々が混乱していることは十分にありうる」ことであり、「哲学者は問題をより合理的な仕方で検討すべき」だからだと言う (Smart 1956: 346)。つまり、人々の意見はあまり当てにできないと言うのである。

とはいえ、スマートによれば、行為功利主義者は常識道徳を全く無視するわけではなく、経験則 (rule of thumb) として常識道徳の規則に従う。経験則とは、過去の経験の積み重ねによって作られた大雑把な規則のことであり、通常はそれに従っておけば間違いないような規則のことである。[12]したがって、常識道徳の規則が経験則であるとは、それらの規則に従ってさえいれば、行為の帰結について功利計算をしなくても、それをしたのと同じ結論が多くの場合に得られるということである。功利主義者がこうした経験則を採用すべき理由は少なくとも二つある。一つは、たとえば溺れている人を助けるべきかどうかについて道徳的決断を迫られる場合など、往々にして功利計算をしている時間がないことがあるためである。もう一つは、自分の利害が関わっている状況に直面しながら功利計算をすると、自分に都合のよい結論を引き出してしまう恐れがあるためである。こうした時間不足とバイアスの問題が存在するため、常識道徳に従った方がより功利主義に適った判断ができる場合も多いだろう。しかし、こうした規則はあくまで経験則に過ぎず、例外的な状況においては功利計算に訴えるべきである。

たとえば、行為功利主義が常識道徳と異なる判断を導く例として、次のようなものがある。

わたしと友人が遭難して無人島にたどり着いた。友人がわたしに自分の全財産を競馬クラブに寄付してほしいと言い残して死んだ。わたしはそうすると約束した。その後わたしは助けられたが、病院に寄付した方がより多くの善を生み出すと考えたのでそうした。(*ibid.*: 350)

この事例に関して、行為功利主義の立場を採るスマートは、他の人はこの二人が交わした約束について知らないし、本人は良心の呵責を少しばかり覚えるかもしれないが、それでも全体の利益を考えれば病院に寄付すべきだと述べる。つまり、常識道徳に反する結論をスマートは明確に支持するのである。この点でスマートは第二章で見たゴドウィンの立場に近い。

一方、規則功利主義では、道徳規則は経験則以上の役割や重要性を持つものであり、個々の行為ではなく、規則が功利計算の対象となる。そして、個々の行為の正しさは特定の規則に合致するかどうかによって評価されなければならないとされる（*ibid*.: 344–5)。スマートは、一見すると規則功利主義は直観主義者と功利主義者の論争を解決するように思われるとしつつも、次のように批判している。すなわち、規則はあくまで行為について考慮する際の参考資料でしかなく、上で述べた時間不足とバイアスの問題が生じない事例においては、個々の行為の正・不正は帰結によって決められるべきであり、それを禁じるというのは、迷信深い規則崇拝（rule-worship）である、と。スマートは、規則功利主義は「現代の無批判な二〇世紀の英国人の多くが道徳について持つ見解をよく説明できているかもしれないが、道徳について最も合理的に考える方法の説明としては明らかにおかしい」と主張している（*ibid*.: 348)。このように、スマートは道徳についての常識的結論を否定することで行為功利主義の正しさを擁護し、また、常識道徳を取り込もうとする規則功利主義については規則崇拝であるとして厳しく批判したのである。

ここまでの話をまとめよう。功利主義と直観主義の論争において、直観に反する結論を導くと考えられる功利主義は行為功利主義と位置付けられ、それに代わる洗練された理論として規則功利主義が発展してきた。行為功利主義でも規則が無視されるわけではないが、あくまで経験則として考慮されるのみであり、二次的な重要性しか与えられていない。それに対し、規則功利主義では、より常識道徳に即した形で規則の重要性が認められ、いわば規則を中心に功利主義が再構成されることになる。

規則功利主義については、ブラントの論文で見たように、規則功利主義が行為功利主義と「同じことになってしまう（collapse）」可能性や、スマートの論文で見たように、規則を大事にするあまりに善の最大化という功利主義の根本精神が失われてしまう可能性が指摘されていた。[13] 規則功利主義が整合的な倫理理論として成立するかどうかというのは一つの争点となっているが、この論争によってわれわれの道徳的思考における規則の役割や重要性がより明確になったことは大いに評価されるべきであろう。[14]

本書の関心で一番問題にしたいのは、米国の哲学者フレイ（R. G. Frey）が適切に指摘しているように、行為功利主義よりも規則功利主義の方が「道徳的直観をよりよく説明できる」という前提のもとにこうした論争が行われてきたという点である（Frey 2000: 168）。すでにブラントとスマートの論文にも見え隠れしていたが、スプリッグが明示的に論じたように（Sprigge 1965）、「われわれの通常の道徳意識に反する」という主張に対しては、実は二つの答え方がある。一つは、理論を修正して、功利主義が通常の道徳と衝突しないことを示すことである（規則功利主義の答え方）。もう一つは、「だったら、通常の道徳が問題である」（*ibid*.: 270）と開きなおることである（行為功利主義の答え方）。はたして、人々が持つ直観をよりよく説明できることは、道徳理論の妥当性にとってどれだけ重要なことなのだろうか。功利主義や直観主義といった道徳理論の妥当性のテストとして、直観（常識道徳）が用いられることの是非については、本章第4節以降でさらに検討することにしよう。

3　ヘアの二層功利主義

上記の規則功利主義と行為功利主義の議論を踏まえた功利主義の重要な発展として、最後にヘアの二層功利主義について見ることにしよう。

BOX　ヘア

ヘア*

ヘア（R. M. Hare, 一九一九〜二〇〇二）はオックスフォード大学のベイリオル・コレッジで古典学を学んだ。オックスフォード大学のホワイト道徳哲学教授であり、（功利主義に批判的な）バーナード・ウィリアムズや（功利主義者の）ピーター・シンガーなどを指導した人物である。シンガポール陥落の際に日本軍に捕えられ一九四二年から終戦まで捕虜として過ごしたことも知られている。主著は『道徳的に考えること（*Moral Thinking*）』（一九八一）だと言えるが、「五〇年代、六〇年代にメタ倫理学の指令説で一世を風靡した」（Arrington 1997: 173）と言われるように、『道徳の言語（*The Language of Morals*）』（一九五二）、『自由と理性（*Freedom and Reason*）』（一九六三）など他にも重要な著作がある。なお、ヘアの人と思想については、シンガーによる追悼文（Singer 2002）が大変わかりやすく、しかも心を動かされるものである。

＊Photo by Ellin Hare

ヘアはメタ倫理学的には非認知説（道徳判断は世界の側に存在するものの性質を記述しているのではないとする立場）を採る。そして、「～すべし」「～は正しい」といった道徳判断は一種の命令であるとした（指令説）。同時に、道徳判断を単なる命令ではなく、一定の合理性に従うものと理解した。すなわち、道徳判断を支持する理由を述べるときには、「同様の状況であれば同様のことが正しい」という一貫性が暗に含まれていると考えたのである。そしてヘアは、道徳語の意味からして、道徳的理由は普遍化可能なものである（特定の個人への言及が含まれない）と主張する（普遍化可能性）。つまり、太郎が花子に借りた本を返さなければならないのは、借りた相手が花子（という特定の個人）であるからではなく、借りたものは借りた人に返すべきだからという、相手が花子でなくても同様に当てはまる普遍化可能な理由からなのである（Hudson 1988: 10–12）。

「普遍的指令説」と呼ばれるこのようなメタ倫理学的な立場に立つヘアは、「何をなすべきか」という規範倫理学については功利主義を支持する。普遍的指令説の立場からすると、ある状況において何をなすべきかを考える際には、類似したすべての状況において、自分がその状況のどの立場（本を借りる側、返す側など）に置かれることになっても、それに従って行為する覚悟がなければならない。すなわち、普遍化可能性の視点からは、各人の立場に立って考えることと、それぞれの利益について等しく考慮することが要求され、指令性の視点からは、各人の立場で、当人の欲求に照らして道徳判断が受け入れられるかどうかを考えることが要求される。こうした想像上の立場交換を通じて、各人の欲求（選好）が集計されるが、ヘアはこのような道徳の言語の論理に基づいて人々が実践しているのは、功利主義の思考に他ならないと考えた（Hudson 1988: 13）。このようにして、ヘアはメタ倫理学理論としての普遍的指令説と、規範倫理学理論としての功利主義を接続したのである。

ヘアはさらに、功利主義を洗練させて、道徳的思考についての二層理論（two-level theory）を提示した（Hare 1981）。二層理論というのは行為功利主義と規則功利主義の議論を踏まえた、いわば二階建ての思考方式であり、一階の「直観レベル」では、嘘をつくべきでない、借りたものを返すべきだといった一見自明な道徳規則が支持される。直観レベルの思考は日常的な事例に用いられ、一見自明な道徳規則を個々の状況に適用する思考が行なわれる。そして、これらの諸規則が衝突するような困難な事例が生じた場合には、二階の「批判レベル」における思考が要請され、今述べたような功利主義的な思考が行なわれる。ヘアによれば、直観主義の最も基本的な問題点は、道徳的思考に一階のレベルの思考しか認めず、道徳規則間の衝突を解決するすべを持たないことであるが、ヘアの二層理論はこの問題を解決するものである（Hare 1981: 2. 5）。

先に引用したブラントの立法者と裁判官のアナロジーを借りて二層理論を説明するなら、日常的には裁判官のレベルで道徳規則を個々の事例に適用して直観主義的に道徳判断を行なうが、二つ以上の規則が衝突したり、新しい状況に当てはまる規則がなかったりする場合は、立法者のレベルで功利主義的に思考するということになる。(15) これはスマートの行為功利主義と似ているようにも見えるが、ヘアの言う直観レベルにおける道徳規則は単なる経験則ではなく、（ブラントの議論にあったように）

人々にきちんと守られるべき道徳規則として受け入れられた場合の功利性を考慮に入れた規則である。ヘアはこのようにして、行為功利主義と規則功利主義の論争に対する一つの有力な解決策を提示した。本章で説明してきたように、この論争の発端は、直観主義が重視する常識道徳をどう功利主義に取り込むかということであった。本書の関心に引き付けてまとめるなら、ヘアは二層理論によって、道徳的思考における功利主義的思考と直観主義的思考の「住み分け」を行なったと言えるだろう。

本書の関心からもう一点述べておくと、シジウィックが「哲学的直観」によって功利主義を基礎付けたのに対して、ヘアは「べし」や「正しい」といった道徳語が持つ論理的性質に関する「言語的直観」を用いて功利主義を導出した。シジウィックの哲学的直観主義が教義的直観主義から区別されていたのと同様、この言語的直観は、道徳についての実質的な直観（ウソをついてはならない、殺人は許されないなど）とは区別されるものである。というのは、実質的な道徳的直観はまさに倫理的議論の対象となるのに対し、言語的直観は議論の際の土台となるもので、通常は議論の前提として一定の共通理解が成り立っているからである（奥野 1999: 8. 1）。たとえばヘアは、「あなたはそうすべきだ。しかし、この状況と全く同一の性質を持った別の状況において、あなたに相当する人物が同じことをすべきでないという場合を想像することができる」という主張は、「べし」という語が持つ普遍化可能性という特徴を学んだ者であれば、言葉の誤用であることがわかるという（Hare 1981: 10/17 強調は引用者。訳文は少し変更した）。ただし、このようにヘアの言語的直観は直観主義者のいう直観とは異なるとはいえ、シジウィックの「哲学的直観」が彼の功利主義の基礎となっているのと同様、ヘアの功利主義理論にも言語的直観という基礎が存在することは留意しておくべきである。

4　思考実験を用いた功利主義批判

本章の最後に、今日の倫理学における功利主義批判の議論がどのように行なわれる傾向があるのか、またそれに対して功利主義者がどのように応答しているのかを確認しておこう。

「直観製造装置」としての具体例

今日の倫理学では、具体例は「直観製造装置」(intuition-pump) として用いられることが多い (Jamieson 1993)。すなわち、具体例について考えることで、われわれが何を正しいと思っているかに関する直観的判断を入手するのである。このさい、思考実験 (thought experiment) と呼ばれる架空の事例が提示されることも多い。「思考実験」については、オックスフォード大学医療倫理学教授のホープ (Tony Hope, 一九五一〜) の説明がわかりやすいので引いておこう。

哲学者はしばしば、想像上の事例を用いて、議論の検証や概念の検討を行なう。こうした事例は「思考実験」と呼ばれ、多くの科学的な実験と同様、理論を検証するためにデザインされている。(Hope 2004: 64/82)

思考実験は、とくに生命倫理学の文脈では、一貫性のテストのために用いられることが多い。一貫性

のテストとは、

> よく似た二つの状況においてあなたが異なる決定をするか、異なる行為をする場合、あなたは、その二つの状況に関して、異なる決定を行なったことを正当化するような、道徳的に重要な違いを指摘できなければならない。さもなければ、あなたは一貫性を欠くことになる。(*ibid.*: 62/81)

というものである（第一〇章のトロリー問題を参照）。しかし、功利主義との関連で言えば、思考実験は功利主義がいかに間違っているかを示すために用いられることがしばしばある。

ここで、功利主義批判に用いられる代表的な事例の一つとして、保安官（シェリフ）の例とその議論を見てみよう。これは、米国南部での黒人のリンチがまだ現実にしばしば起こっていた一九五七年に、マクロスキーというオーストラリアの哲学者が考案した例である。その例では、白人と黒人の人種間の対立が大きい地域で、ある白人女性が強姦されたために黒人に対する反感が高まっているという状況において、保安官が次の二つの選択肢から一方を選ばなければならないはめになる（McCloskey 1957: 468）。一つは、皆が犯人だと疑っている黒人を強姦の容疑で逮捕すること。保安官本人は、この黒人が実は無実であることを知っているが、それを承知で逮捕すれば、白人による黒人に対する暴動とそれによって生じるであろう多くの死を避けられる。もう一つは、時間がかかるが真犯人を探すこと。その結果、黒人に対する暴動が生じ、多数の死者が出ることは避けられない。マクロスキーは、もしこの保安官が功利主義者ならば（とりわけ行為功利主義者ならば）、無実の黒人を逮捕するだろうと述べ、功利主義は直観に反する結論を支持するがゆえに認められないと主張した。

マクロスキーの結論の是非はひとまず置いておくとして、ここではマクロスキーの議論の構造に注目したい。まず、保安官の事例は、無実の人を罰することを功利主義が正当化する事例として用いられている。その上でマクロスキーは、このような功利主義の結論を、われわれの「共通の道徳意識(common moral consciousness)」に照らして不正であると主張する (McCloskey 1965: 252)。言い換えると、この思考実験は以下の三段論法の小前提がもっともらしいことを示すために用いられているのである。

大前提：健全な直観に反する道徳理論は受け入れられない。
小前提：功利主義は、健全な直観に反する道徳理論である。
結論：功利主義は受け入れられない。

マクロスキーはさらに次のように言う。功利主義者は「共通の道徳意識への訴え」を、われわれの感情的反応を無批判に受け入れることに過ぎないとして退ける傾向にあるが、ここでいう「共通の道徳意識」とは、単なる感情的な反応ではなく、「批判的な反省を経た後にわれわれが受け入れる判断」のことである、と (*ibid.*)。したがって、功利主義者は「共通の道徳意識」を、人々が十分に熟慮した上での判断と見なして、もう少し真剣に扱うべきだと言うのである。ここには、直観主義が持つ常識道徳への依拠という特徴が現れていると言える。

このような具体例を用いた功利主義批判に対しては、対応の仕方が大きく分けて二つある。すなわち、⑴小前提（功利主義は、直観に反する道徳理論である）に反論するやり方と、⑵大前提（直観に反する道徳理論は受け入れられない）を問題視するやり方である。

⑴の対応は、功利主義は一見すると常識道徳に反するように見えるが実はそうではない、と述べるものである。これはさらに二つに分かれる。すなわち、具体例に含まれるさまざまな帰結をよく検討すれば、実際には功利主義は常識道徳と同じ結論を導くと主張する戦略（1a）と、「共通の道徳意識」を重視したハロッド以降の、功利主義の新たな定式化（規則功利主義）を行なうという戦略（1b）の二つである。

大前提を問題視する⑵も二つに分かれる。一つは、そもそも常識道徳の方が間違っているという風に応じるという戦略である。これは、スマートの行為功利主義のような、直観と功利主義の結論とが一致しなければ、直観が譲るべきだとする立場である（2a）。もう一つの対応は、より洗練されている。その戦略は、このような事例を用いた批判のあり方そのものを批判するというものである（2b）。（1a）は多かれ少なかれほとんどの功利主義の支持者が使うものであり、（1b）（2a）については行為功利主義と規則功利主義を説明したさいに触れたので、以下では（2b）について詳しく見ることにしよう。[16]

具体例を用いた方法に対する批判

さて、具体例を用いた功利主義批判に対して、その批判のあり方そのものを問題にする場合には、具体例の性質が問われることになる。具体例には、歴史的なもの、小説から取られたもの、SF的なものなど、いろいろな種類があるが、スプリッグはそれらを、実際に起きるような事例と、論理的には可能だが事実に反しているがゆえに起きない事例（空想的なあるいは架空の事例）に大別している（Sprigge 1965: 272. スプリッグはさらに細かい分類も行なっているが、ここでは省略する）。その上で、スプリッグは、架空の事例における「共通の道徳意識」は、現実世界においてわれわれが抱いているものとは異なる道徳感情を適切なものとみなすだろうと述べる。つまり、論理的にはありえても現実とは異なる仮定が置かれているSF的状況では、われわれのものとは異なる直観が「常識」として支持される可能性が高い。だとすれば、功利原理の下す判断と比較すべきなのは、現実世界の直観ではなく、架空の世界の人々が抱くであろう直観であり、功利原理がもたらす判断が「現実の直観に反する」と述べるのは意味がないことになる。したがって、架空の事例において功利原理が導く結論が、現実世界の直観に反することは、功利主義的にはまったく問題ないということになる。

ヘアも同じように具体例の種類について区別を立て、二層理論の立場から、このような「直観に反する事例」に対応する仕方を検討している（Hare 1981: 8. 2）。ヘアが出す事例は次のようなものである。

ある病院に二人の患者がおり、生き延びるために一人は新しい心臓を、他の一人は新しい腎臓を必要としている。たまたま二人の患者と同じ組織型を備えた、誰も知らない一人の浮浪者が寒さを避けて迷い込んできた。医師たちは浮浪者を殺し、その心臓と腎臓を二人の患者に移植して、一人の犠牲で二人の生命を救うべきか。(*ibid.*)

批判者によれば、この問いに対して功利主義者はそうすべきだと言わざるを得ないが、それによって、功利主義は「殺人は不正である」という直観に反する結論を出すがゆえに間違っているという主張がなされることになる。

これに対してヘアは次のように論じた。まず、「直観に反する」という批判が直観レベルの話なのか批判レベルの話なのかで、応答は異なる。仮にそれが直観レベルでの議論であれば、われわれの直観は、日常的な道徳的問題を解決するようにチューニングされているので、空想的事例ではなく、実際に起こりうる事例のみが検討されるべきである。また、直観レベルでは、殺人は不正であるという原則通りに、件の移植は不正だと述べることは、功利主義的に見ても問題はなく、功利主義的に殺人が正当化される事例は、通常の事態では生じないとヘアは主張する。これは（1a）の戦略であるが、先の移植の例をとってみても、「誰も知らない一人の浮浪者」と仮定されているが、そのことを医師たちが確信できる状況というのは非常にまれである。また、そもそもこれがその場で選択しうる最善の行為であるとか、これ以外に二人の患者を助ける方法が全くないという状況も考えにくい。ヘアは次のように言う。「実生活にあるような状況における直観的思考について語っているのなら、事例は実生活にあるような例でなければならない」(*ibid.*)。マクロスキーの保安官の事例についても、論文が書かれた一九五七年当時には現実にありうる事例として描かれてはいるものの、同じような批判が当てはまるだろう。

仮に、実生活では考えづらくとも、論理的には起こりうる事例だというのであれば、それは通常の事態に対応するようにチューニングされている直観ではもはや対応できないので、批判レベルにおいて検討すべき事例であることになる。批判レベルであれば、どれほど空想的な（ありえない）事例を持ってくることも許される。だが、どのような直観（あるいは一見自明な原則）を持つべきかを検討するのが批判レベルの思考の役割であるため、「直観に反する」という批判はここでは有効でなくなる。さらに、仮にそのように例外的な事例で殺人が正当化されるとしても、通常の事例に対応するよう良い教育を受けた功利主義者は、あまりに道徳感情に反するがゆえに、その正しい行為を行なわないかもしれない。すなわち、功利主義者だからといって、常識道徳に反する行為を冷徹に行なうとは限らないし、そのような行為を平気で行なえる人物――第二章のゴドウィンの例で言えば、火事の際に身内ではなくフェネロン大司教を躊躇なく選ぶような人――が功利主義的に見て望ましいとみなすとは限らない。というのは、ヘアの二層理論に従って良い教育を受けた人なら、「殺人は行わない」「家族を大事にする」といった一見自明な道徳原則は、それに反したことをするのに精神的苦痛を覚えるほど内面化されているはずであり、そういう人が育っていることが社会全体から見て望ましいからである。ヘアはこのような形で、具体例を用いた「直観に反する」というタイプの批判から徹底的に毒を抜き去っている。

「架空の事例を創り出すことは、現実の事例を見つけ出すよりも簡単であるし、よりおもしろい」ために、とりわけ他人の理論を批判するために思考実験が用いられることが多いとラッセル・ハーディンが述べている（Hardin 1988: 23）。たしかに、おもしろい事例を考え出すことが倫理学研究における一つのスキルになっている観がある。[17] しかし、これまでに述べてきたように、「あなたが自分が信じている原則に従って行為するなら、魔王であるわたしは世界を破壊しつくすであろう。さて、あなたは本当に自分の原則を貫き通す気だろうか」(*ibid*.: 24) というタイプの思考実験には、眉に唾を付けて考えてみるべきである。

本章をまとめよう。二〇世紀中盤、直観主義による批判を克服しようとした功利主義者たちは、理想的な功利主義の定式化を求めて活発な論争を行なった。規則功利主義と行為功利主義の論争を経て、一九八〇年代に完成したヘアの立場は、「二〇世紀における功利主義の最も厳密で明快な説明であり、シジウィックの『倫理学の方法』という古典的著作以来の最も重要なものである」(Griffin 1982: 353) とも評されるように、直観主義による批判に応答するとともにメタ倫理学的な問題についても一定の解決を示しており、功利主義の一つの完成型と言える。ヘアの立場に対する批判もあるが、[18] ここではこれ以上立ち入らずに、次章では直観主義者の議論の展開、特にロールズの議論を見ることにしよう。ベイルズの論文集でも取り上げられているが、実はロールズも規則功利主義の論争に参加していた (Rawls 1955)。ヘアが二層理論によって功利主義的思考と直観主義的思考の「住み分け」を行なったのに対し、ロールズは規則功利主義の議論で明らかになった直観と道徳理論の関係に関する考察をさらに洗練させて、「熟慮を経た判断」を効果的に用いた道徳理論を構想し、功利主義を批判するに至ったのである。次章では、こうしたロールズの試みおよびそれに対する功利主義者の反論を見ることにしたい。

第七章　ロールズの方法論的革新

すでに見たように、シジウィックに至るまでの功利主義は、ムーアによって厳しく批判され、さらにムーアの理想的功利主義も、一九三〇年代および四〇年代にロス流の直観主義によって批判された。その結果、ロス流の直観主義が一世を風靡するかに見えたが、その背後では、論理実証主義による（直観主義と功利主義を含む）規範理論全体に対する攻撃が始まっていた。ストラットン＝レイクによれば、一九五〇年代および六〇年代には、直観主義が完全に支持不能な理論として退けられたという。また、フランケナは、一九六三年の著書の中で、直観主義は約二世紀にわたって道徳哲学における標準的見解であったが、世界の側に備わっている独特（*sui generis*）な道徳的性質を直観によって認識するという考え方は「現在の一般的思潮にあっては擁護するのは困難である」（Frankena 1963: 86–7/150）と述べている。すでに何度か引用したが、G・J・ウォーノックも、「振り返ってみると、直観主義は非常に奇妙な現象——非常に鋭いと同時に、まったく何も述べていない著作群——だったように思われる。そのため、それをどうやって説明したらよいのか、その始まりが何だったのかを説明するのに困るのである」（Warnock 1967: 16）と述べた。五〇年代から六〇年代にかけては、前章で見たように功利主義がある種のルネサンスを迎えていたのに対して、直観主義は全く廃れてしまったかのように見えた。

しかし、直観主義は一九七〇年代初頭のロールズの『正義論』以降、新たな装いで復興を遂げる。ストラットン＝レイクは、今日では、直観主義を真剣に考えるべきだという機運が高まっているとし、その理由を「わたしの考えるところでは、これは、大部分、ロールズの反省的均衡という方法の影響によるものである」と述べている[1]（Stratton-lake 2002a: 2）。そこで本章では、ロールズが直観主義をどのように自らの理論に組み込んだのか、そしてまた、功利主義者たちがどのようなロールズ批判を行なったかについて検討することにしよう。

BOX　ロールズ

ロールズ（John Rawls, 一九二一〜二〇〇二）は、米国メリーランド州ボルティモア生まれ。一九四三年にプリンストン大学を卒業。四三年から四五年まで軍隊に入り、ニューギニア、フィリピン、日本で従軍した。四六年にプリンストンに戻り、五〇年に哲学で学位を取る。六二年にハーヴァード大学に哲学教授として呼ばれる前に、プリンストンやコーネル、ＭＩＴなどで教えた。プリンストンにい

ロールズ*

たときに、客員教授だったアームソンと親しくなり、アームソンの勧めでフルブライト奨学生として一九五二年から五三年までオックスフォードに留学した。そこで法哲学者のH・L・A・ハートの講義に出たり、アイザイア・バーリンのセミナーに出たりして、オックスフォードの分析哲学に強い影響を受けた。七一年に主著『正義論（*A Theory of Justice*）』を出したほか、『政治的リベラリズム（*Political Liberalism*）』（一九九三）や『万民の法（*The Law of Peoples*）』（一九九九）などの著作がある。ロールズの伝記については、川本（1997）や、Pogge（2007）に詳しい。

*Photo by Jane Reed

1　ロールズの正義論とその方法

ロールズは『正義論』（Rawls 1971）の第一章で、人々がお互いの利益のために協力するような社会に関して、その基本構造を規定する道徳原理（正義原理）はどのようなものかという問いを立てた。そしてこの道徳原理を見つけるために、ロールズは、ロックやルソーらの社会契約論の議論を背景にして「原初状態」と呼ばれる公正な初期状況を想定し、この状況においてどのような道徳原理が選択されるかという問題設定を行なった。つまり、公正な仕方でルールを決められる状況を設定し、そこで人々によって選ばれると考えられる原理を、われわれが従うべきものとして採用しようというわけである。この、公正な初期状況において道徳原理が選ばれるという考え方が、ロールズが「公正としての正義」と呼ぶ正義の構想である。そしてロールズは、これまでの功利主義と直観主義の論争を踏まえた上で、この原初状態で選ばれるのは、「正義の二原理」と呼ばれる道徳原理だと主張した。[2] 正義の二原理についての詳しい説明と議論は他の本に譲るとして、まずはロールズが功利主義と直観主義についてどう見ていたのかを中心に、彼の思想を概観することにしたい。

ロールズの功利主義批判

まず、功利主義について。ロールズは、功利主義の考え方を「社会制度が正義に適っているのは、それらの制度によって、欲求の満足の総和が最大化される場合である」という風に定式化し、「善を最大化することが正しい」という単純明快な目的論には抗いがたい魅力があると述べている。しかし、功利主義は分配についての配慮が足りないため、多数者によって大きな善が得られるのであれば、少数者の自由や権利を侵害することが正当化されうることも指摘する。ロールズはここでは規則功利主義と行為功利主義の区別を行なっていないが、規則功利主義であっても個人の自由や権利を侵害するような制度を正当化する可能性があると考えているようである。ロールズはこのような結論をもたらす功利主義の病理を、もともと「個人のための選択原理」であったものを社会全体の選択原理に拡張した結果だと見ている。つまり、欲求の満足を最大化するものを正しいとする原理は、個人が自分の欲求の満足を最大化するための原理（バトラーの言う自愛）としては認めることができる。しかし、それを社会の選択原理として用いた場合には、（ヘアがそうしていたように）想像上の立場交換を通じて各人の欲求がすべて融合されて、一つの欲求の体系となり、その最大化を目指すことになる。加藤尚武が「ドンブリ勘定で幸福の総量を決めれば、どんな不公平だってゆるされることになる」（加藤

1997: 65）と述べているように、この考え方では各人の個別性が無視されてしまい、その結果、一部の人々の犠牲の上に全体の善が成立するという事態が生じかねないというわけである。ロールズが「功利主義は各人の区別を真剣に受け止めていない」と評したのは、このことを指している（『正義論』第一章第五節）。

以上のようなロールズの功利主義批判は、ロスらの直観主義者の批判と表現や力点は違うものの、本質的には同じだと思われる。ロス流の直観主義は、第五章第2節で見た約束の例のように、功利主義を直観に反する結論を支持するものとして批判した。ロールズは、個人の選択原理が社会の選択原理になるのを問題視しているが、それは結局、個人の区別が真剣に受け止められないことから少数者の犠牲が生じうるという点を批判しているのである。少数者の犠牲が問題なのは、それが直観的に正しくないと思われるからだとロールズは答えるだろう。だとすれば、つまるところロールズは、功利主義はわれわれの直観に反するという批判をしているのだと言える。実際、ロールズは、自由や権利の要求と、公共の福祉の増大の考慮を区別し、前者を優先すること（正義の優先性）は、多くの哲学者が同意するところであり、また常識の信念（convictions of common sense）によって支持されるところだと述べている（同、第一章第六節）。ただし、ロールズがこれまでの直観主義者と異なるところは、単にわれわれの直観を用いて道徳理論を批判するだけでなく、原初状態において選ばれる原理によってわれわれの直観を正当化しようとしている点である。この点については後に述べよう。

直観主義の問題点

次に、直観主義についてである。ロールズは直観主義を次のように説明している。

直観主義理論は、次の二つの特徴を持っている。第一に、それは、衝突しうる複数の第一原理によって構成されており、それらの原理は、特定の種類の事例においては正反対の指示を出す可能性がある。第二に、それは、それらの原理のどれがより重要であるかを知るための明示的な方法、すなわち優先順位を決める方法（priority rules）を持たない。われわれは、直観によってバランスをとるしかなく、最も正しく見えると思われる仕方で手を打つしかないのだ。（同、第七節）

ここでロールズは、複数の第一原理の存在（多元論 pluralism）と、原理間の衝突を調停する上位の規則がないことの二点を直観主義の特徴とみなしている。そして、善や正の概念の分析不可能性や、道徳原理の自明性といった認識論に関わる事柄については、本質的な特徴ではないと述べている。すなわち、本書第五章の第3節で紹介したウィリアムズの言葉で言えば、ロールズは直観主義の主な特徴をその認識論的側面ではなく方法論的側面に見出している。

少し話は逸れるが、ウィリアムズによれば、一九五〇年代から六〇年代には直観主義といえば認識論的なものを指していたが、七〇年代のロールズの影響によって、今日（一九八八年）では方法論的な直観主義の理解の方が主流になったという（Williams 1995: 182）。直観主義の特徴に関するこのシフトは興味深い。ウィリアムズも言及しているが、アームソンが学生時代にプリチャードの講義やゼミに出ていたとき、直観主義はすでにロールズの言う多元論（方法論的直観主義）として理解されていたと述べている（Urmson 1974: 111）。アームソンによれば、プリチャードが「道徳哲学は間違いに基づくか」という論文を書いたとき、彼が批判していたのは、至高の道徳原理（supreme moral principle）から他のすべての原理が導き出されるという（すなわち、一元論を採用している）功利主義的な思考法だった。第五章で見たように、ムーアは、認識論的な見解をプリチャードやロスとある程度共有していたが、この点をもってムーアが直観主義と呼ばれることはなくて、むしろ直観主義に対する主要な敵対者――つまり功利主義者――と考えられていたという。シジウィックやムーアが功利主義に認識論的な意味での直観主義を取り入れたことが一因となり、また論理実証主義の批判によって認識論的直観主義が不人気になったことが別の一因となり、直観主義は、認識論上の直観主義ではなく、方法論上の直観主義（すなわち多元論）にシフトしたと言えるだろう。

話を元に戻すと、ロールズによれば、第一原理の複数性を認める直観主義は、分配の考慮や欲求充足最大化の考慮など、社会正義を考える上で欠かすことのできない考慮を明らかにしている点で重要であるが、それらの複数の考慮が衝突する際に直観に訴えるしかない点が問題である。これは、個々の事例において複数の道徳規則が衝突する場合、どれを優先すべきかという優先順位の問題（priority problem）である。前章のヘアのところで見たように、一元論を採る功利主義は規則間の衝突を調停するための一つの解決法を示しているが、ロールズは上で見た理由から功利主義を採用しない。ロールズは、直観主義者の間では不可能と考えられていたような、これらの原理を構造化する基準を、功利主義者とは違う形で示すことができると考えた。ロールズの回答は、複数の道徳原理に辞書的な順序（lexical order）を付けるというものである。すなわち、第一原理に絶対的な優先性を与え、第一原理がまず満たされなければ第二原理は考慮すらされないという形で複数の原理間の衝突を解決したのである。ロールズは、正義の二原理だけでなく、このような諸原理間の順序も、原初状態における合理的な選択によって決められるとした[3]（同、第八節）。ロールズはこのような形で、功利主義と直観主義のそれぞれが持つ欠点を克服し、彼の正義の原理とその優先順位を正当化しようとしたのである。

ロールズの方法論

続いてロールズ自身の方法論について検討しよう。『正義論』第一章の功利主義と直観主義の批判の前後で、ロールズは自分の方法論について述べている。すでに述べたように、ロールズは、無知のベールや道徳的平等といった条件を設定することにより、「原初状態」と呼ばれる公正な初期状況を作り出し、そこでどのような道徳原理が選ばれるかを問うた。それに加えて、原初状態において導出される道徳原理が、われわれの「正義について熟慮を経た信念（considered convictions of justice）」に合致するかどうかというテストも行なっている。そして、道徳原理とこの信念が合致しない場合には、原初状態の初期条件を変えるか、あるいは信念の方を修正するかして、最終的にわれわれの信念に合致するような道徳原理を生みだす初期状況を設定することができるとしている。この、道徳原理とわれわれの信念の行きつ戻りつを経て最終的に均衡の取れた状態が、有名な「反省的均衡状態（reflective equilibrium）」である（同、第四節）。つまり、道徳原理も、われわれの信念も、直観主義者たちがかつて主張したような自明性は持っておらず、どちらも「一歩譲る」可能性があるというわけである。ロールズにおいては自明な前提から出発して体系が作られるというのではなく、全体が整合的になることが目指されていると言える。

また、ロールズは、『正義論』第一章の終わりでも、「熟慮を経た判断」を中心に、自分の方法論について述べている。彼によれば、十分な知的能力のある成人ならば、「正義の感覚（sense of justice）」を身に付けており、何が正義に適っているかを判断し、そして何故そう判断したかについて理由を説明することができる。ロールズによれば、このような道徳能力を歪みなく反映したものが「熟慮を経た判断」である。言い換えると、熟慮を経た判断とは、正義の感覚を働かせるのに好都合な条件下でなされた判断である。したがって、日常的な道徳判断は篩《ふるい》にかけられ、ためらいつつなされた判断や自己利益が深く関わっているような判断は排除される。そこで理念的には、原初状態で選ばれる道徳原理は、われわれの熟慮を経た判断と一致し、それゆえに道徳原理はわれわれの正義の感覚を的確に記述していることになる。しかし、上記のような条件下でなされた熟慮を経た判断も、実際には不整合や歪みがある可能性がある。熟慮を経た判断が、正義の感覚の説明として直観的に魅力的な道徳原理と一致しない場合には、理論ではなく、熟慮を経た判断の一部を修正することもありうる。このような形で、道徳原理と熟慮を経た判断が「反省的均衡状態」に至るまで調整が行なわれる（同、第九節）。

このような「熟慮を経た判断」や「反省的均衡状態」をロールズが持ち出した背景には、道徳理論を実質的なものにするには、二〇世紀に入ってから行なわれてきた道徳語の定義や意味の分析（メタ倫理学的研究）では不十分だという認識があった。内実のある道徳理論を展開するには、われわれの道徳判断を理論の中に持ち込まなければならない。つまり、熟慮を経た判断がどうしても必要だというのである。ロールズは、このような方法論はシジウィックに至るほとんどの古典的英国思想家のものと同じだと述べている[4]（同、第九節）。シジウィックで止めるあたりに、ロールズがムーア以降のメタ倫理学的な転回に不満を感じているのかもしれないことを思わせる。いずれにせよ、ロールズは、功利主義と直観主義の争いの歴史を踏まえ、道徳的直観をいかに洗練された形で自分の理論に取り込むかという問題に取り組み、一つの重要な回答を示したのだと言えよう。

2　功利主義者によるロールズ批判(1)——ヘア

功利主義者のヘアは一九七三年の「ロールズの正義論（Rawls' Theory of Justice）（Hare 1973）と一九八一年の『道徳的に考えること』（Hare 1981）で痛烈なロールズ批判を展開している。その要点は、ロールズが「隠れ直観主義者（crypto-intuitionist）」であり、その理論構築においてあまりに直観に頼りすぎているということに尽きる。

一九七三年の論文でヘアは、言葉の定義や意味の分析だけでは道徳理論は作れないというロールズの主張を真っ向から批判している。ヘアは、ロールズはメタ倫理学的な考察が不十分であるために、反省的均衡状態や熟慮を経た判断という不適切な方法論を使用していると言う（Hare 1973: 81）。すでに前章で見たように、ヘアは「べし」や「よい」などの道徳語の論理的な性質の分析を通じて、規範理論である功利主義を導き出す試みをしていた。つまり、道徳理論の構築のためには熟慮を経た判断が必要不可欠だとするロールズの立場とは、方法論の点で全く異なるわけである。

また、ヘアは、ロールズは直観主義者を自称していないが、通常の意味でそう呼ばれてしかるべきだと述べ、「直観主義はほとんど常に、偽装された主観主義の一種である」と指摘している。ここで言う主観主義とは、道徳的な問いに対する自分の答えが正しいかどうかは、その答えが自分や周りの人の考えと一致しているかどうかによって決まるという意味である（*ibid*.: 82–3）。ヘアのこの批判は、ベンタムが直観主義を「共感と反感の原理」として批判したのとほとんど同じである（本書第二章参照）。ヘアは、正義の二原理というロールズの導き出した結論が、今日において多くの支持者を得ているのは、それが単に結論に至るまでに、今日（主にアカデミアで）流通している多くの直観を密輸入しているからに他ならず、これは哲学をするよい方法ではないと述べている[5]（*ibid*.: 84）。

また、一九八一年の『道徳的に考えること』でも基本的に同じ主張が繰り返されており、ロールズのやり方を暗に批判して、ヘアは次のように述べている。

道徳的直観に訴えても、一つの道徳体系を基礎付けることは決してできない。もちろん、現代でも何人かの倫理学者がやっているように、自分たちが最も確実だと考える道徳的見解をすべて集めて、それらすべてを導出できると見なせるような比較的単純な方法や理論装置を見つけることはできよう。（…）このようにして一つの体系をまとめた後、これがわれわれの反省に基づいて正しいと認められなければならない道徳体系なのだと彼らは宣言するのである。しかし、このような方法を取る者は、その正しさの主張に対して、自分がもともとの出発点とした確信以上の権威は全く何も与えていないのである。それらの確信を裏づける根拠や議論も全然示されていない。彼らがたどり着いた「平衡状態(equilibrium)」は、偏見から生み出された力の間での釣り合いにすぎないのかもしれず、どれほどの反省を費やしてもそれを道徳性の堅固な基礎とすることはできない。この方法を使えば、互いに両立し得ない二つの体系をそれぞれに弁護することも可能であろう。その結果示されるのは、それぞれの体系を弁護する人はそれぞれ異なる道徳的環境で育ったということにすぎないのである。(Hare 1981: 12/19–20)

また、別の箇所でも、手厳しく批判を加えている。

直観主義はすでに遠い昔に破産して、いまでは誰も支持しない説ではなかろうか? 残念ながら、これは事実に反する。確かに、「直観主義者」という名前を自認する用意がある哲学者はほとんどいない。しかし、大半の哲学者は、直観主義的な前提をいくつか立てないかぎり全く説得力を持たないような議論を行なう。ロールズ教授(一九七一)がよい例である。(…)ロールズは、直観主義の名は否認しながらも、彼の議論の要となるすべての重要な点で直観に訴えるという手法を取る。(*ibid.*: 75/112)。

このように、ヘアはロールズを隠れ直観主義者の一人と考え、熟慮を経た判断を用いた反省的均衡という方法そのものの有効性を否定している。[6] この場合に言われている直観主義とは、本書第五章で述べた直観主義の四つの特徴のうち、「常識道徳への依拠」を指していると考えてよいだろう。すなわち、ヘアの考えでは、ロールズの反省的均衡の方法は、常識道徳に依拠しすぎており、しかもそれがロールズの考えるところの常識道徳であるために、主観主義的な主張になっているというのである。最終的にヘアは、「彼ら〔直観主義者〕の著作に目を通して、根拠の示されていない実質的な道徳的直観に依存する議論をすべて取り払えば、あとに残るのは単なる著者本人の道徳的見解――著者はその見解にわれわれが同意することを期待する――しかないのである」（*ibid.*: 76/113）と述べて、ロールズらの直観主義者が持つ主観主義的傾向を批判する。この一文も、ベンタムによる直観主義批判を彷彿とさせるものだと言えよう。[7]

3　功利主義者によるロールズ批判(2)――シンガー

続いて、もう一人の功利主義者、ピーター・シンガーによる批判を見ていこう。

BOX　シンガー

シンガー（Peter Singer, 一九四六～）は、オーストラリアのメルボルンに生まれ、メルボルン大学とオックスフォード大学で教育を受けた。メルボルンでは直観主義者のマクロスキーに、オックスフォードでは功利主義者のヘアに指導を受けた。一九七七年からメルボルンのモナシュ大学で教えており、そこでCentre for Human Bioethicsを一九八〇年に設立した。Humanと付いているのは、すでに一九七五年に有名な『動物解放論（*Animal Liberation*）』を出版し、運動家として名を馳せていたため、大学側がシンガーにくぎを刺すためにこの名前にしたという話である。一九七九年の『実践の倫理（*Practical Ethics*）』の他、多数の著作を出しており、その多くが翻訳されている。一九九九年からはプリンストン大学の生命倫理学の教授を務めている。シンガーの人物と思想については、モナシュ大学時代の同僚であったヘルガ・クーゼ（Helga Kuhse）による『人命の脱神聖化（*Unsanctifying Human Life*）』の序文（Kuhse 2002）に詳しい。

*Photo by Denise Applewhite/Princeton University

シンガー*

一九七四年に発表された「シジウィックと反省的均衡（Sidgwick and Reflective Equilibrium）」という論文の冒頭でシンガーは、ロールズが道徳に関する主観主義を採っているという、ヘアと同様の批判をしている（Singer 1974）。ここで主観主義というのは、反省的均衡の方法を用いた場合、「道徳理論が妥当かどうかは、その理論をテストするための熟慮を経た道徳判断が誰のものかによって変わってしまう」ということである。ロールズの方法論では、たとえば、米国のジャックさんと日本のタカシさんとで熟慮を経た判断が異なるとすると、異なった道徳理論が正当なものになる可能性がある（相対主義批判）。仮にすべての人が同内容の熟慮を経た判断を持つとしても、それによって得られるのは単に間主観的（intersubjective）な妥当性だけであり、ロールズが述べるような「客観的な」妥当性ではない（第一節）。

またロールズは、道徳原理と直観との反省的均衡状態をもたらすという自分の方法論について、シジウィックも自分と同じ方法論を採っていると述べているが（『正義論』第一章第九節）、シンガーは、この点についても批判している。ロールズは、シュニーウィンドのシジウィック解釈に拠りながら、功利主義が常識道徳に反していないことを示そうとするシジウィックの試みは、反省的均衡の方法と同じだと主張した。シンガーによればこれは誤読である。たしかにシジウィックは常識道徳を重視しているが、常識道徳と道徳理論が整合的でなければ、道徳理論の方が退けられるべきだという主張はしていない、とシンガーは述べる。たとえば、利己的快楽説（利己主義）は常識道徳に反していると考えられるが、常識道徳に反するという理由からは否定されていない。功利主義が常識道徳に反していないことをシジウィックが示そうとするのは、あくまで直観主義者を説得するための対人論法（*ad hominem*）であり、常識道徳に反するかどうかを理論の妥当性を示す基準にしているわけではない（第二節）。シジウィックが功利主義の妥当性を示す方法は、（本書第四章で見たように）理性的な直観による基本原理の正当性に訴える形をとっており、それが人々の熟慮を経た道徳判断や道徳的コンセンサスに合致するかどうかは問題にしていないのである（第三節）。

最後にシンガーは、熟慮を経た判断を重視するロールズの正義論は、行為を指導する規範理論というよりも記述理論に近く、それが保守的な方向に働く可能性を持つことを指摘している。(8) ロールズは、ちょうど言語において、文法理論（たとえば、チョムスキーの生成文法理論）の目的が、ネイティブ・スピーカーが作る文章と同じ文章を過不足なく作り出せる文法規則を定式化することであるように、道徳理論の目的も、正義の感覚を身に付けた人が行なう判断と同じ判断を過不足なく導き出す道徳原理を定式化することであると述べている（『正義論』第一章第九節）。だが、シンガーにとっては、道徳哲学の主要な仕事は行為を指導するのに役立つ理論を作ることであり、ロールズが言うような「われわれの道徳能力を記述する」試みではない。シンガーによれば、われわれが直観的に行なう道徳判断の多くは、理論構築の際のデータに使えるようなものではなく、「すでに放棄された宗教体系や、性行為や身体機能の歪んだ見解や、今や遠い過去のものである（厳しい）社会経済状況における集団の生存に必要だった習慣」に由来するもので、今日では正当化するのが難しいものも多い。したがって、道徳理論の構築においては、否定できない基本的公理をもとに理論を構築し、特定の道徳判断はあくまで参考程度に留めるという立場を採るべきだと主張する（第四節）。このようにシンガーは、常識道徳に対するロールズの考え方とシジウィックの考え方を対比し、その違いを指摘することで、シジウィックの立場がむしろ自分やヘアのそれに近いと暗に述べていると考えてよいだろう。つまり、ロールズがシジウィックを自らの陣営に引き入れようとしたのに対し、シンガーは彼を取り戻そうとしたのである。

ロールズの方法論に対して同様の批判を行っているブラントの言葉を借りて要約すると、ヘアやシンガーらによるロールズ批判は、「要するに、なぜ直観（…）が何かのテストになると考えられるべきなのか、謎である」（Brandt 1979: 21）ということに尽きるだろう。

4　倫理理論の基礎付け主義と整合説

これまでの論争から浮かび上がってきたのは、倫理学の理論構築には大きく二通りの仕方があるということである。[9] それらは、基礎付け主義（foundationalism）と整合説（coherentism）と呼ばれる。基礎付け主義とは、幾何学のように、それ自体は正当化を必要としない基礎的な信念によって他の信念を演繹的に正当化し、理論体系を作っていく立場である。それに対して、整合説とは、ある信念は整合的な信念の体系に属していることによって正当化されるとする立場である。基礎付け主義が成り立つためには、理論体系の少なくとも一部に自明な信念が存在することが必要だが、整合説ではそのような信念は必要とされず、あくまで他の信念との関係のみが重要である点が大きく異なる。

伝統的には、証明の連鎖はどこかで終わらなければならないという考えから、自明で正当化を必要としない原理（第一原理）を持つ基礎付け主義が支持されてきた。すでに見たように、クラークやプライスらの理性的直観主義のような直観主義だけではなく、第一原理として功利原理を提示する功利主義も基礎付け主義を採っている。[10] 問題は、この「証明を必要としない第一原理」なるもの——いわば倫理理論における不動の動者——がどのように存在し、またどうやって認識されるかである。仮に出発点となる第一原理が分析的な命題だとすると、分析的命題（「独身男性は結婚していない」）は確かに自明な真理だが、そこから何か実質的な道徳理論を作り上げるのは難しい。そこで、第一原理が総合的命題（「人を殺すのは不正である」）だとすると、今度はその命題が本当に自明と言えるかどうかが問題になる。基礎付け主義にはこのようなジレンマがあった。

認識論一般における基礎付け主義は、二〇世紀前半までは支配的だった。しかし、理論構築の基礎（自明で正当化を必要としない信念）と見なされていた感覚による信念（感覚データ）自体が理論に依存しており基礎的とは言えないという批判がなされた後は、あまり支持されなくなった。倫理学においては、何が感覚データに当たるのかさえ明らかでないため、さらに問題は複雑になる。

そのため、今日の倫理学では整合説が主流であるが、中でも最も影響力を持っているのは、すでに見たロールズの反省的均衡の方法である。それに対する批判には、ヘアとシンガーによる批判にもあったように、熟慮を経た信念（すなわち直観）が「証明力（probative force）」を持つことを否定するものと、相対主義に陥ると論難するものの二つがある。前者によれば、仮に熟慮を経た信念がわれわれの「正義の感覚」を歪みなく反映したものだとしても、われわれの正義の感覚が正しい保証はどこにもない。後者によれば、道徳理論が整合的であったとしても、それが必ずしも正しいものとは言えない（たとえばヒトラーやエジプトのファラオが反省的均衡の方法を用いて作り上げた道徳理論は、ひどく不道徳なものになるだろう）。しかし、こうした問題を避けるために、仮に整合的な道徳理論の「正しさ」を評価する基準を導入するなら、その評価基準を含めた理論全体は基礎付け主義によるものか整合説によるものなのかが問われることになり、そうするとまた同じ問題が生じる（この問題は、第九章の生命倫理学の理論において再び取り上げることになる）。

功利主義は基本的に基礎付け主義の立場にとどまり続けている。直観主義は少なくともロスのころから整合説の様相を見せ始め(11)、ロールズにおいて明確に整合説を理論構築の土台に据えたと言える。

いずれの立場も上で見たような理論上の問題を抱えているが、このような展開を経て、功利主義と直観主義の論争は現在へと至ることになる。

ロールズの『正義論』は一九七一年に刊行されて以来、倫理学や政治哲学（政治理論）を再び活性化させるとともに、そのランドスケープを大きく変えた。五〇年代から六〇年代にかけて行為功利主義と規則功利主義の間で議論されていた功利主義は、「功利主義は人格の個別性を尊重しない」というロールズの批判により、大きなダメージを受けた。ロールズのこの批判自体はそれほど新しいものではなかったが、その影響は大きく、とりわけ政治哲学では、功利主義は批判されて退けられるために紹介される過去の理論になったかのようにすら見える[12]。他方、ヘアやシンガーはロールズの方法論における直観主義的傾向を批判したが、それはロールズの理論全体に大きなダメージを与えるまでには至らず、ロールズの正義の二原理、とくに格差原理は政治哲学の大きなテーマになるとともに、第九章で見るように、反省的均衡も倫理学の方法論として今日でも大きな影響力を持っている。

規範倫理学においては、直観主義の認識論的な側面は影を潜め、「直観主義者」と公認されるような思想家はほとんどいなくなった。しかし、常識道徳の位置付けやそれに基づく直観の役割をめぐっては、功利主義と直観主義の争いが続いていると言える。第Ⅲ部では、より具体的・実践的な場面に舞台を移して、両者の対立がどのような形で展開しているかを見ることにしよう。

Ⅲ　現代の論争

第八章　法哲学における論争(1)

本書ではこれまで、功利主義と直観主義の論争について理論的な展開を辿ってきたが、この論争は英米倫理思想史を理解する上で重要であるばかりでなく、現代の実践的な倫理的・法的諸問題に関する論争の基本的構図を理解する上でも不可欠である。このことを実例に即して示すのが第Ⅲ部の目的である。第八章と第九章では、法哲学および生命倫理学の文脈における功利主義と直観主義の争いについて概観する。第一〇章では、連綿と続く功利主義と直観主義の争いに関して、近年の脳科学や心理学がもたらす知見について考察する。

1　ウォルフェンデン報告

英国では一九五七年に、同性愛と売春を刑法で規制すべきかどうかについて検討した「ウォルフェンデン報告（*The Wolfenden Report*）」が出された。当時、英国では同性愛行為は刑法によって禁じられていた。成人同士の私的な同性愛行為の非犯罪化を勧告した同報告書は、大きな社会的反響を呼んだ。いわゆる「ハート・デブリン論争」は、これを契機として生じた、法と道徳の関係をめぐる論争である。その名の通り、この論争は、英国の法哲学者ハートと高名な裁判官デブリンを中心に行なわれた。論争は、簡単に言えば、社会の成員の多くが同性愛を不道徳だと考えている場合に、この事実を理由にして同性愛を法によって禁じることは許されるか、という問いをめぐるものであった。

同性愛の非犯罪化というテーマ自体は、今日においてはいささか古びてしまったように思われる(2)。だが、この論争においては、「他人に危害を加えない限り、個人の自由は制限されるべきではない」とするJ・S・ミルの他者危害原則の他に、法による道徳の強制を認めるリーガル・モラリズムの立場や、本人の利益のために法による強制を認めるパターナリズムの立場が詳細に論じられており、たとえば安楽死や代理出産の規制、あるいはポルノ規制や夫婦別姓の是非など、今日でも論争が続いている問題を考える上で非常に示唆に富む議論がなされている。英国では今日でも法哲学の教科書に必ずといってよいほど取り上げられるものであり、日本でも同様と思われる(3)。

以下で論じるように、ハート・デブリン論争は、功利主義と直観主義の論争という、英米倫理思想史において長く続いている論争の一側面と理解できる。すなわち、法が道徳を強制することは許されるかという問いをめぐる議論の背景には、そもそも法によって強制される道徳はどのような性質のものであり、どのようにして認識されるのか、また、立法にあたって参照されるべき原則はどのような性質のものであるのか、といった問いに関する議論が存在する。したがって、ハート・デブリン論争における立場の違いを、功利主義的なそれと、直観主義的なそれと理解することによって、この論争全体をよりよく理解することができるだろう。そこで以下では、最初にウォルフェンデン報告についてその時代背景を含めて紹介し、次にハート・デブリン論争についての教科書的説明を行なったあと、この論争を功利主義対直観主義という枠組みで理解するとどういうことが明らかになるかを説明したいと思う。

報告書の背景

ウォルフェンデン委員会の名前は、当時はレディング大学の副学長で、後に大英博物館の館長を務めた委員長のジョン・ウォルフェンデン（Sir John Wolfenden，一九〇六〜八五）の名前に由来する。正式名称は「同性愛犯罪と売春に関する委員会（The Committees on Homosexual Offenses and Prostitution）」であり、一九五四年に設置された。その目的は、「(a)同性愛犯罪に関連する法律と実践およびそうした犯罪により裁判所で有罪宣告を受けた人々の扱いと、(b)売春および不道徳な目的の勧誘に関連して、刑法に抵触する犯罪に関する法律と実践」を検討することであった。一三人の委員からなる同委員会は、三年間の検討を経て、一九五七年に一五五頁の報告書を公表した。これがいわゆる「ウォルフェンデン報告」である（以下、「ウォルフェンデン報告」もしくは「報告書」）。報告書は出版後数時間で初版五〇〇〇部が売り切れたと言い、大きな社会的注目を集めていたことがわかる。(4) 以下では、売春について論じた部分に関しては省略し、もっぱら同性愛犯罪に関する部分のみを紹介する。(5)

近代日本においては、明治の一時期を除いて、男性間の同性愛行為が刑事罰の対象になったことはないが、英国では一六世紀から一九世紀の半ばまで、死刑が科せられる最も重い犯罪の一つであった。(6) 一九五〇年代当時でも、男性間の同性愛行為（肛門性交、強制わいせつ、わいせつ行為等）は、五ポンド以上の罰金から終身刑までの刑罰が課される可能性があり、たとえ合意のある成人男性間で秘密裏に行なわれるものであっても犯罪行為とされた（報告書：55）。実際、イングランドとウェールズでは、一九五六年三月末までの三年間に、二一歳以上の成人男性四八〇名が、同意のある成人男性と自宅などの私的な場で行なった同性愛行為で有罪になった。このうち、一二一名は公共の場所（公園、広場、公衆トイレ等）でも行為に及んでいた。また、同じく四八〇名中五九名は、二一歳以下の相手と同性愛行為をしていた。報告書では、警察の調書に基づき、いくつかの事例が紹介されている。その一つを見てみよう。

五三歳のEは、三一歳のFと同性愛行為を犯したとして有罪となった。以下は調書からの引用である。「犯罪が発覚したのは、自分よりもずっと若い男性と過ごすことが多いことで知られていたEが、夜中に、自分が勤めている店に戻ることに警察が気付いたときであった。彼はFと一緒であり、二人はしばしば真夜中を過ぎるまで店から出てこないことがあった。店の外からは十分に中の様子がわからなかったため、警察はFに職務質問を行なった。彼は、二年以上にわたり、Eと同性愛行為を定期的にしていたことを認めた。Eにも職務質問が行われ、Fと同性愛行為をしたことを認めた。」（報告書：81）

同性愛犯罪が当時問題になっていたのは、一つには検挙数が増えていたということがある。一九三一年には同性愛犯罪の認知件数は六二二件であったのに対し、一九四一年には一三二四件、一九五一年には四八七六件、一九五五年には六六四四件であった[7]（報告書：210）。また、同性愛犯罪に関連する「ブラックメール（恐喝）」も問題になっていたようである。たとえば、報告書には以下のような事例が挙げられている。

四九歳のAは、三五歳のBと映画館で出会った。その後、二人はAの自宅に行き、同性愛行為に及んだ。

七年間にわたり、BはAの自宅を定期的に訪れ、二人は毎回同性愛行為をした。

その後、BはAに金を要求し始め、三ヵ月の間にAから四〇ポンドを得た。

最終的にAは警察に訴えた。事実が検察に報告されたところ、検察は、恐喝によって金を要求したことに関してBは訴えられるべきではなく、二人とも同性愛犯罪の容疑で起訴すべきだとした。

それにより、二人は同性愛犯罪で起訴されて有罪となり、懲役九ヵ月の刑罰を言い渡された。

（報告書：70–1）

報告書は、イングランドとウェールズで一九五〇年から五三年の三年間に警察に通報があった七一件の恐喝のうち、三二件が同性愛行為に関連していた事実を指摘し、実際はそれ以上の暗数があることを示唆している（報告書：70）。

報告書の勧告

このような時代状況を背景に、ウォルフェンデン委員会は、同性愛行為を犯罪とみなすべきかどうかについて検討を行なった。まず、報告書は刑法の役割を、公序良俗を維持し、市民を不快または有害なものから守り、人々（とりわけ若者や障害者などの社会的弱者）を搾取や堕落の危険から守る手段を提供すること、と規定した。そのうえで、これらの役割を超えて、市民の私的な生活に介入したり、特定の行動様式を強制しようと試みることは刑法の役割ではないとした。したがって、特定の性行動が罪深いとか、道徳的に不正だとか、良心や宗教的・文化的伝統に反するがゆえに非難に値するといった理由は、刑法によって罰する根拠にはならないとした（報告書：23-4）。

このように刑法の性格について一般的な議論を行なったあと、犯罪とされている男性間の同性愛行為を⑴小児に対してなされる場合、⑵公共の場でなされる場合、⑶成人同士で私的な場でなされる場合に分け、⑴と⑵は上記の刑法の役割からして引き続き規制されるべきであるが、⑶については、非犯罪化されるべきだと勧告した（報告書：43）。報告書は続けて、成人間での同性愛を非犯罪化すると、社会の健康を損なう、家族生活に有害な影響を与える、成人間で同性愛行為をする男性は少年にも手を出すようになる、といった反論を吟味し、それらを根拠薄弱として退けたあと（報告書：43-8）、社会と法律は私的道徳に関して選択と行為の自由を認めるべきだと主張し、次の有名な一節を記している。

社会が法という手段を用いて犯罪（crime）の領域と罪悪（sin）の領域を同一視するという試みが意図的に行なわれるのではないかぎり、簡単で粗野な言い方をすれば、法の知ったことではない私的な道徳と不道徳の領域が残されてなければならないのである。こう言ったからといって、私的な不道徳を許したり、勧めたりするわけではない。反対に、道徳的行為や不道徳な行為の個人的で私的な性質を強調することは、個人が自分自身の行為に対してもつ個人的で私的な責任を強調することであり、このような責任は、成熟した行為者であれば法による刑罰の脅威がなかったとしても自分で果たすことが適切に期待できるものである。（報告書：48）

報告書の理論的検討は次節で行なうことにして、その後の顚末について簡単に記しておこう。すでに述べたように、報告書は大きな社会的関心を持って迎えられた。同性愛行為を非犯罪化すべきだとする報告書の勧告は、英国国教会のカンタベリー大主教、英国医師会、刑法改革に関するハワード連盟等によっても支持されたが、政府は勧告を受け入れなかった。(8) イングランドとウェールズで二一歳以上の男性同士による私的な同性愛行為が非犯罪化されたのは一九六七年のことである（ただし、二人とも軍隊に所属していないことが条件。また、スコットランドで非犯罪化されたのは一九八〇年である）。その後、同性愛行為の同意年齢が、異性間の性行為の同意年齢と同じ一六歳に引き下げられたのは、二〇〇〇年二月のことである。二〇〇四年一一月には、同性愛カップルを法的に承認する同性婚法（civil partnership act）が成立し、二〇〇五年一二月一九日に施行された。ウォルフェンデン報告が

出てからほぼ五〇年後のことである。(9)

2　ハート・デブリン論争

第1節の冒頭ですでに述べたように、ハート・デブリン論争は、ウォルフェンデン報告の公表を契機として生じた、法と道徳の関係をめぐる論争である。この論争については、井上（1962）、矢崎（1962）、加茂（1991）らによって詳しく紹介されているので、ここではそれらの文献およびサイモン・リーの『法と道徳』（Lee 1986）などを参考にして、この論争を素描したい。

BOX　ハートとデブリン

ハーバート・ハート（H. L. A. Hart, 一九〇七〜九二）は、一九〇七年に生まれ、オックスフォード大学のニュー・コレッジで古典を学び、戦前は弁護士として働いた。戦後、オックスフォード大学の哲学教員（チューター）として戻り、当時全盛だった言語哲学の影響を受けた。その後、当時ホワイト道徳哲学教授だったJ・L・オースティンの薦めで法哲学教授に立候補し、一九五二年に教授職に就いた。そのときから始めた学部生向けの講義の内容が、主著『法の概念』（一九六一）として結実する。ハート・デブリン論争の他にも、法実証主義と自然法思想をめぐるハート・フラー論争がよく知られ

ハート*

ている。また、教授職を退いた後は、ベンタム研究に打ち込み、新版のベンタム全集の編集に携わった。[10]

パトリック・デブリン（Patrick Devlin, 一九〇五〜九二）は一九〇五年に生まれ、カトリック教徒として育てられた（ただし、大学時代に信仰を捨て、死ぬ直前に再び信仰を取り戻したという）。ケンブリッジ大学のクライスト・コレッジで法学を学び、一九三〇年代から法曹界に入った。戦後、四二歳の若さで高等裁判所の裁判官となり、一九五七年のボドキン＝アダムズ事件（家庭医による連続安楽死事件）など、有名な事件に関わった。一九六〇年に控訴院裁判官（Lord Justice of Appeal）になり、さらに一九六一年には爵位（Baron）を授けられ、常任上訴院判事（Lord of Appeal in Ordinary）となった。一九六四年に引退した後も、法曹関連の本を多く執筆し活躍した。[11]

ハートもデブリンもウォルフェンデン報告が出た頃は五〇代で、ハートはオックスフォード大学の法哲学教授、デブリンは現役の有名な裁判官であった。以下で見る論争が平行線を辿ることになったのは、この裁判官と法学者という立場の違いによるところも大きいと思われるが、それについては本文でもう一度言及する。

デブリンの議論

デブリンは、同性愛行為の規制を緩和するという方針については、報告書に賛成していた。だが、その方針に関する報告書の理由付けについては、理論的見地からこれを批判した。

報告書によれば、「法の知ったことではない私的な道徳と不道徳の領域」が存在し、合意のある成人間の同性愛行為は、まさにこの領域に含まれるがゆえに、刑法によって規制すべきではないとされた。だが、デブリンは、一九五九年に行なった「道徳と刑法」という講演において、報告書のこの考え方を真っ向から否定した。デブリンによれば、報告書の言う「私的な道徳と不道徳の領域」に対しても、法は「公共道徳（public morality）」を守るために介入することができる。ここで言う公共道徳とは、社会の成員の生活やふるまい方についての、社会全体による集合的な道徳判断のことである。デブリンはこれを「共通道徳（common morality）」とも呼んでおり、その一例として、一夫一婦制を挙げている（Devlin 1965: 7–10）。すなわち、ウォルフェンデン報告が、刑法の基本的な目的は個人を危害から守ることだと考えているのに対し、デブリンは、社会を守ることも刑法の目的に含まれており、公共道徳を守らなければ社会の崩壊につながると主張したのである。その部分を以下の引用で見てみよう。

社会は、外圧によって破壊されるよりも、内部から崩壊することの方が多い。崩壊は共通の道徳が順守されない場合に起こり、道徳的絆の弛緩がしばしば崩壊の第一段階であることを歴史は示している。かくて社会は、道徳律を保持するために、統治機構その他の基本的制度を保全するために取るのと同じ措置を取ることが正当化される。悪徳を抑圧することは、転覆行為を抑圧することと同じくらい、法の仕事なのである。私的な転覆行為の分野を限定することができないのと同じように、私的な道徳の分野を限定することは不可能である。私的道徳について語ったり、法は不道徳そのものに関わるものではないと言ったり、法が悪徳の抑圧に果たす役割に厳しい制約を設けようとしたりすることは、誤っている。謀叛および煽動に備える立法を行なう国家の権能に理論的限界は存在しないのであり、同様に、不道徳に備える立法に対して、いかなる理論的限界も存在するはずはないとわたしは考える。（*ibid.*: 13–4）

このように、デブリンによれば、法は原則として人々の不道徳な行動に干渉する無制約の権限を有している。一言で言えば、法（そして裁判所）は、「道徳の守護者（*custos morum*）」としての役割を持つ（井上 1962: 128）。したがって、報告書のように、犯罪と罪悪の領域を判然と分かつ試みは誤っているとしたのである（Devlin 1965: 22）。

とはいえ、デブリンは、あらゆる不道徳を法律で罰することが正しいとは考えておらず、公共の利益と私的な利益のバランスを取るために、立法者や裁判官は以下の四つの一般的原則を考慮に入れて柔軟に判断すべきだという（*ibid.*: 16–20）。


一．社会の統合性（integrity）を損なわない限りで、最大限の個人的自由に対する寛容が認められるべきである。

二．道徳的基準は不変であるが、寛容の限界は変化する。

三．可能な限りプライバシーは尊重されるべきである。

四．法が関わるのは、最大限ではなく、最小限の事柄である。

デブリンの主張は次のように要約できる。すなわち、社会には公共道徳が存在し、社会を崩壊（disintegration）から守るためにそれを法によって強制することが許されるが、その際には、寛容の原則などを考慮に入れて柔軟に判断しなければならない。

このようにまとめると、大きな問題が残ることに気付くだろう。すなわち、デブリンの言う公共道徳は、どうやって知ることができるのか、また、上記二の寛容の限界は、どうやって知ることができるのか、という問題である。これが明らかにされなければ、公共道徳を法によって強制してよいとか、公共の利益と私的な利益のバランスをとって法規制を行なうべきだというデブリンの主張は、曖昧すぎて使い物にならないだろう。

この点に関して、デブリンは、多数決や社会の成員の全員一致という基準ではなく、「道理のわかる人」という基準を持ち出す。

英国法は、頭かずを数えることに基づくものとは異なる基準を発展させて、それを基準として用いている。それは、道理のわかる人（the reasonable man）という基準である。このような人物は、合理的な人（the rational man）と混同されてはならない。前者は、何ごとについても推論する（reason）ことは期待されていないのであって、彼の判断は主として感情によるものであろう。それは、街の人（the man in the Clapham omnibus）の物の見方である。(…) 彼をまともな人（right-minded man）と呼んでもよいだろう。わたしとしては、彼を、陪審席にいる人と呼びたい。

なぜなら、社会の道徳判断は、ランダムに選び出された一二人の男女が討議の後にそれについて全員一致することが期待されるものだからである。(*ibid*.: 15)

つまり、陪審員——日本で言えば裁判員——を務める人の下す判断が公共道徳の現れだ、と言うのである。さらに、寛容の限界がどこにあるのかを決める際にも、同様な基準が用いられるとして、デブリンは次のように述べている。

寛容の限界を超えることのないものは、決して法によって罰せられるべきではない。多数がある行ないを嫌っているというだけでは十分ではない。真実の非難の感情が存在しなければならない。同性愛についての現行法に不満な人々は、改正に反対する者が単に嫌悪の感情に支配されている、としばしば言う。それが事実なら、それは誤ったことであろう。しかし、嫌悪が深く感じられていて、作りものではないならば、この嫌悪は無視できないと思う。この嫌悪の存在は、寛容が限界に達しつつあることを、よく示しているものである。いかなる社会も、不寛容、憤慨、嫌悪なくしてはやっていけない。これらは、道徳法の背後にある力であり、事実、これらやそれに似たものが存在しないならば、社会の感情は個人から選択の自由を奪うだけの重さを持つものではありえない、と言えるのである。(*ibid*.: 17)

さらに続いて、次のように述べている。

この種の事柄は、合理的議論によって決まるものではない。すべての道徳判断は、（…）、「もし他の仕方で行為していたら、まともな人なら自分の過ちを認めざるを得なかったであろう〔まともな人なら、それ以外の行為をすることはありえない〕」という気持ち以外の何物でもない。社会の判断の背後にあるのは、常識（common sense）の力であって、理性（reason）の力ではない。（*ibid*.: 17）

そこで、同性愛についても、冷静になってそれが寛容の限界を超えるような忌まわしき悪徳であるかどうかと自問すべきであり、「仮にそれが、われわれの社会の本当の感情であるなら、同性愛を根絶する権利をなぜ社会が持たないと言えるのか、わたしにはわからない」と結論している（*ibid*.: 17）。このようにデブリンは、同意のある成人間で行なわれる同性愛行為であっても、公共道徳がそれを寛容の限界を超えたものと判断するのであれば、理論的には法による介入が正当化されうると論じたのであった。

ハートの批判

次に、このデブリンの主張に対するハートの批判を見てみよう。ハートは、一九五九年のデブリンの講演と同じ年に『リスナー（*The Listener*）』誌上で批判を行なっている[12]。その中でハートは次のような話を紹介している。彼によると、『タイムズ（*The Times*）』紙が上記のデブリンの講演を評価して、「社会がその心中において看過しがたい（intolerable）と感じる事柄について、その理由を提示するよう社会に要求すべきではないという考え方には、感動的で歓迎されるべき謙虚さがある」と書いたのに対するコメントが、後日『タイムズ』紙の読者欄に掲載された。ケンブリッジに住むその読者によれば、「われわれは、昔ほどには謙虚ではないだろうと思います。かつてのわれわれは、魔女は看過しがたいと心中で感じて、理由を述べることなく、老女を焼き殺すほど謙虚だったのですから」。いかにも英国風の皮肉の効いた表現だが、不寛容の理由を示す必要はないとするデブリンの考えが「謙虚」だというのであれば、不寛容の極みとも言うべき魔女狩りを行なっていた人々の方がもっと「謙虚」だったと言えるだろうというのである。ハートはこのコメントを紹介し、「合理主義者の道徳」に対する代替案として一般市民の感情を根拠に法規制を行なうというデブリンの考え方は、大変危険だと述べている（Hart 1959）。

さらにハートは、一九六二年に米国スタンフォード大学で行なった講演をまとめた『法、自由、道徳』（一九六三）において、デブリンに対する詳細な批判を行なっている。ハートは、デブリンのように「性道徳の強制は法の適切な仕事の一部である」として、不道徳な事柄をそれが不道徳であるがゆえに罰する立場を「リーガル・モラリズム」と呼び、私的な道徳と不道徳は法の知ったことではないとするウォルフェンデン報告の自由主義的な立場と対比して論じている。と同時に、報告書が以下に引用するJ・S・ミル（第Ⅱ部では「子ミル」と表記したが、以下では「ミル」とする）が『自由論』（一八五九）で定式化したいわゆる他者危害原則の立場に基づいていることを指摘している（Hart 1963: 1–15）。

文明社会の成員に対し、彼の意志に反して、正当に権力を行使しうる唯一の目的は、他人に対する危害の防止である。彼自身の物質的あるいは道徳的な善は、十分な理由にはならない。そうする方が彼のためによいだろうとか、彼をもっと幸せにするだろうとか、他の人々の意見によれば、そうすることが賢明であり正しくさえあるからといって、彼になんらかの行動や抑制を強制することは、正当ではありえない。(Mill 1859: 78/224–5)

すなわち、ミルによれば、ある行為が他の人々の意見では不道徳とされるとしても、それが他人に危害を与えているのではないかぎり、その不道徳な行為を禁止したり、道徳的な行為を強制したりすることはできないのである。

ハートは、法による道徳の強制に関するいずれの立場が正しいかを考えるに当たって、議論の混乱を避けるために、読者に次の注意を促している。すなわち、この問題が、「法によって道徳を強制することは、道徳的に許されるか」という問題であるため、それは道徳についての問い（question *about* morality）であると同時に、それ自体が道徳的な問い（question *of* morality）であるという点である（Hart 1963: 17）。すなわち、道徳（今回の事例では性道徳）が主題になっているという意味では、これは「道徳についての問い」であり、また、法による道徳の強制の道徳性を問題にしているという意味では、これは「道徳的な問い」なのである。法による道徳の強制に関しては、問いの立て方に注意しなければ、「性についての公共道徳を法によって強制することは、公共道徳によって現に許されているのだから、許される」という、事実と規範の区別を無視した循環論法、あるいは単なる現状肯定に終ってしまうことになりかねない、とハートは警告しているわけである。

そこでハートは、議論をより明確にするために、ジョン・オースティンら一九世紀の功利主義者が立てた区別を復活させ、特定の社会集団によって実際に受け入れられ共有されている道徳を「実定道徳（positive morality）」、実定道徳を含む既存の社会制度を批判するのに用いられる一般的な道徳原則を「批判道徳（critical morality）」と呼んだ(13)（*ibid*.: 20; cf. MacCormick 1981: 47–50）。この用語法を用いると、上記の問いは、「法による実定道徳の強制についての、批判道徳的な問い」と述べ直すことができる。

ハートによれば、デブリンは上のような区別を理解してはいるものの、現にある実定法の考察を重視し、実際に多くの法律が道徳を強制していることを示して自らの立場を支持する材料としている。それに対して、ハートは、一見そのように見える実定法には、別の解釈が可能だと述べ、いくつかの重要な区別について論じている。

その一つは、リーガル・モラリズムとパターナリズムの区別である。デブリンによれば、たとえ本人の同意があっても、安楽死や同意殺人が許されないのは、人命の神聖性という道徳を法によって強制しているからだとされる。この解釈に対して、ハートは、安楽死や同意殺人が禁じられているのは、道徳を強制しているのではなく、本人が自分に危害を与えることを防止するというパターナリズムとして理解することができると言う。もっともミルは、先に引用したように、「そうする方が彼のためによいだろうとか、彼をもっと幸せにするだろう」という本人の利益の考慮を、「他の人々の意見によれば、そうすることが賢明であり正しくさえある」という道徳的な考慮から区別しており、その上でリーガル・モラリズムだけでなく成人に対するパターナリズムにも反対していた。これに対して、ハートは、「ミルは、欲求が比較的安定しており、外的な影響によって人為的に刺激されることの少ない中年男性の心理を、通常の人間が持っているものと考えがちであった」と述べ、大多数の成人は中年のミルほどの理性や自制心を持ち合わせていないのだから、成人に対するパターナリズムは一定限度まで認められるべきだと主張したのであった[14]（Hart 1963: 30–4）。

もう一つは、リーガル・モラリズムと不快原則の区別である。たとえば、一夫多妻制の禁止、すなわち重婚罪について、ハートは、重婚罪は道徳を強制しているのではなく、それを公然と行なうことは人々に不快（迷惑）であるという理由から正当化することができるという。というのも、通常、法律によって禁じられているのは正式に二名以上の相手と婚姻関係を結ぶことであり、結婚している男性が別の女性と暮らすことは禁じられていないためである。「家を建てて結婚しているふりをしたり、シャンパンでお祝いをしたりウェディングケーキを配ったり、合法的な結婚と同じような通常のお祝いをすることはできる。これらはいずれも非合法ではない。しかし、彼が結婚式を挙げるなら、法が介入してそれを無効とするだけではなく、彼を重婚罪で罰することになる」（Hart 1963: 39–40）。ハートは、このような理由に基づく重婚罪の禁止をミルが認めるかどうかについては留保をつけているが、私的には許される行為であっても公然と行なうと他人に一種の危害を構成するという理由に基づいてその行為を公然と行なうことを禁じるという考え方自体は、ミル的な原則から正当化されるという（*ibid.*: 46）。ビートルズのホワイト・アルバムに ‘Why don’t we do it in the road?’（往来であれをやってみないか）という曲があるが、往来で公然とあれをすることが禁じられているのは、あれそのものが不道徳だからではなく、通常の感受性を持つ多くの人に精神的なショックを与えるからであろう。これは報告書でも採られた考え方であり、報告書では、同性愛行為を私的に行なうことは非犯罪化すべきだとしたが、異性間の場合と同様、広場などで公然と行なうことは認めなかった[15]。

以上のように、ハートは、法による道徳の強制が現に行なわれているという主張に対しては、ミル的な自由主義、すなわち法は個人を危害から守るためにあるという発想からでも正当化できるものが多いとする。さらに、法による道徳の強制を支持する根拠となる「法によって公共道徳を守らなければ、社会の崩壊につながる」というデブリンの主張は、実証的な裏付けがなく、一部の人々が通常の性道徳を逸脱することによって社会が崩壊するかどうかは全く明らかでないとして、公共道徳を強制する正当な理由は示されていないと述べた[16]（*ibid.*: 48–52）。

こうして、ウォルフェンデン報告が契機となり、法による道徳の強制の問題をめぐってハート・デブリン論争が行なわれた。ハートもデブリンもさらにお互いの議論に対する反論を行い、他にも多くの論者が参加したが、ここではこれ以上立ち入らず[17]、英米の倫理思想史の観点から、この論争がどのように分析できるのかを最後の節で考えてみたい。

3　功利主義と直観主義の論争との関連

ウォルフェンデン報告の立場と功利主義

すでにJ・S・ミルやジョン・オースティンの名前が出てきたように、ウォルフェンデン報告およびそれを支持するハートの議論は、道徳と法についての功利主義的伝統を色濃く反映したものであった。功利主義においては、行為だけでなく、法を含めた社会制度に関しても、それが社会全体の幸福を増進するかどうかによって正・不正が判断される。刑罰を伴う法律は、実際に刑罰を課すことによって個人に不幸をもたらすだけでなく、刑罰の脅威によって個人の自由が抑制されるため、それ自体は望ましいものではない。したがって、刑罰の害悪を上回る利益が存在しなければ、功利主義的にはその刑罰は正当化されない(18)。すると、功利主義によれば、仮にある行為が道徳的に不正であると判断されたとしても、それを規制する法律によってより多くの不幸が生み出されるのであれば、その法律は作られるべきではないことになる。これはベンタム以来の功利主義の主要な考え方である(19)。

ベンタム自身は一七八五年頃に同性愛擁護の文章を書いており、この文章は一九七八年に初めて公になった（Crompton 1978; 児玉 2003）。ベンタムはその中で、同性愛行為は、当事者間で合意があるかぎり、当事者に害悪をもたらすどころか快楽をもたらすものであり、また、第三者に対しても、いかなる害悪ももたらさないので、刑罰を科す根拠がないとしている。さらに、「当事者を軟弱にする」とか「人口に悪影響を及ぼす」などの、同性愛に対する刑罰について当時流布していた根拠には現実性が薄いことを指摘し、これらの根拠の背後にある動機について、次のように述べている。

その犯罪の害悪が非常に間接的であり、しかも極めて不確かであるのに、刑罰が非常に苛酷である場合、その動機は、公言された動機と違うのではないかと疑わざるを得ない。（…）簡単に言えば、この場合〔同性愛の場合〕も他のあまたの事例と同じく、犯罪者を刑罰にかけようとするのは、刑の裁量権を持つ者がそれに対して反感（antipathy）を抱いているからというのが唯一の理由であるように思われる。（Crompton 1978: 93–4/67–8）

このように、同性愛を刑罰によって禁じる動機としては、結局、それに対して反感を抱いているという理由しか残らないだろうとベンタムは考える。しかし、反感も確かに苦痛を生み出すという意味で、刑罰の根拠になると考えることもできるかもしれない。だが、このような反感を根拠にして、同性愛行為を刑罰によって禁じることに対して、ベンタムは次のように批判している。[20]

反感は、それがどこから来たものであれ、反感を抱くのが何名であれ、反感の対象が彼らの頭に思い浮かぶ時はいつもある種の苦痛を引き起こす。この苦痛は、それが現れる時はいつでも間違いなくその犯罪の害悪のせいにされる。そしてそれがその犯罪を罰する一つの理由になる。さらに、これらの不愉快な人々〔同性愛者〕が受けさせられる苦痛を見て、彼らを嫌悪する人々は快感を覚える。そしてその犯罪を罰する理由をさらに付け加えることになる。しかしながら、それを罰することに反対する二つの理由が残る。問題になっている反感（と、それから派生する悪意の欲求）は、その犯罪が本質的に害悪だと認められなければ、偏見に基づいているだけである。従って、それが誤った根拠に基づいていることを示す考察を明らかにしさえすれば、反感はもはや苦痛ではない範囲にまで緩和され、軽減されるかもしれない。（…）つまり、処罰したいという気持ちがあることが、この場合、あるいはどの場合でも、処罰するのに十分な根拠として認められるならば、処罰に際限がなくなってしまうのだ。君主制の原理では、主権者が嫌いな人を処罰することは正しいことになるであろう。民主主義の原理でも、すべての人、あるいは少なくともそれぞれの社会の多数派が同様の理由ですべての人を処罰するのは正しいことになってしまうであろう。（Crompton 1978: 97/74–5）

ここではいくつかのことが言われている。まず、反感の苦痛は確かに存在するが、それが依存する信念が誤っていることを示せるならば、反感の苦痛は軽減するか、なくなるだろうということ。また、このように反感の妥当性を問うことなく、反感の存在を無批判に刑罰の正当化根拠（の一つ）とみなすならば、異端者の火あぶりも含むあらゆる刑罰が正当化されかねないということ。そして、民主主義の場合には、反感の苦痛を刑罰の根拠とみなすことは世論による専制につながるということである。偏見に基づいた反感は、それが誤った信念（たとえば、上で見たように「同性愛は当事者を軟弱にする」「人口に悪影響を及ぼす」など）に基づいていることが示されれば、その苦痛を減らすことができるのであるから、功利主義的に見ればそのような反感に基づく刑罰によってさらなる苦痛を生みだすよりも、反感をなくすことによって苦痛を減らした方がよいということになるだろう。それゆえ、上で見たベンタムの刑罰の根拠からは反感の苦痛が外されているのである。

ウォルフェンデン報告においても、同じ趣旨の事柄が述べられていた。同性愛行為が社会の健全さを脅かすという批判に対して、報告書は、この種の行為が道徳心の喪失や文明の退廃を招き、民族を衰退凋落に至らしめるという見解には、これを支えるだけの証拠を見出さなかったと述べている。そして、この種の主張の根底にあるのは、「不自然なもの、罪悪的なもの、不愉快なものとみなされている事柄に対する嫌悪感の表明」に過ぎないとして、次のように主張した。

しかし、道徳的確信や本能的感覚は、それがいかに強いものであっても、個人のプライバシーを無視したり、この種の私的な性的行為を刑法の範囲内に置いたりすることを正当化する根拠ではない。（報告書：44）

同様に、ウォルフェンデン報告とベンタムの刑罰論を結び付けて論じた法学者のヒューズも、デブリンの「仮にそれ〔同性愛行為に対する嫌悪〕が、われわれの社会の本当の感情であるなら、同性愛を根絶する権利をなぜ社会が持たないと言えるのか、わたしにはわからない」という主張に対して、次のように述べている。

ベンタム的立場から要請されることは、刑法のいかなる部分も、それが存在しているからとか、長

> い間存在してきているからということだけで、無批判に受け入れてはならない、ということである。（…）現行法の検討や法案についての討議が行なわれる際に重要なことは、その法律が保護すべき価値をできるだけ明確にすること、禁止される行為がこれらの価値に与える害悪を慎重に検討すること、また法律的に禁止することがどのぐらい有効かについて慎重に検討することである。ある行為についての社会における嫌悪や反発の感情は、この討議において考察されるべき一つの要因ではあっても、それ以上ではない。それは、行為および法律的禁止の社会的帰結についての慎重な検討に取って代わるものではありえず、もしこの検討によって、行為を嫌悪する多数者の判定とは反対の結論が出るならば、その多数者の感情は無視されなければならない。無視することが、禁止するよりも有害な混乱や動揺を招かないかぎりは。(Hughes 1962: 682)

このように、ウォルフェンデン報告およびそれを支持する論者は、帰結主義的考慮および議論の合理性を重視すると同時に、一般人の感情あるいは世論を根拠に法的規制を行なうことを批判する点で一致している。すでに見たように、ハートが実定道徳と批判道徳を区別したのも同じ理由からであった。すなわち、ハートはこの区別を行なうことによって、法による道徳の強制の問題に関して、一般の人々がどう思っているかという事実の問題とは異なる次元で、同性愛を禁止するどのような規範的根拠がありうるかを問うたのである。

デブリンの立場と常識道徳

功利主義者からすると、デブリンの立場は事実の問題と規範の問題を混同した、まったく混乱した議論ということになりそうである。だが、デブリンは、以上のような功利主義的な批判に対して全く譲歩せず、それ以降の論文でも自分の立場を堅持した。デブリンは一九六一年の別の講演の中で、「道理のわかる人」という、先に紹介した議論と同じ話を説明したあと、次のように述べている。

ここで問題にしたいのは、わたしが今述べた考え方に対して、多くの哲学者や大学の法学者たちが示した反応である。彼らはこの考え方が大嫌いである。彼らは、これでは、道徳が事実の問題のレベルへと引き下げられてしまう、と思っている。すなわち、H・L・A・ハート教授が合理主義的道徳と呼んだもの――わたしはこれを、道徳的問いについて研究し、その答えが何であるべきかについて長々と考えた人々による合理的判断のうちに具現化された道徳だと考える――は、街を行く人の不合理な偏見や感情を混ぜ合わせた一般人の道徳の一吹きによって吹き飛ばされてしまう、と。社会は過去に魔女狩りを許し、異端者を焼き殺してきた。これは道徳の名の下に行われてきたのではなかったか、と。今日でも、人を肌の色で差別することを許す道徳基準を持つ社会がある。われわれはそのことを受け入れなければならないのだろうか、と。正と不正を区別する際に、理性は何の役割も果たさないのだろうか、と。(Devlin 1965: 91)

そしてデブリンは、この論争の背後にあるより大きな現代的問題は、「宗教的権威が存在しない状況において、道徳的基準はいかにして決められるべきか」という問いであると言う（*ibid.*: 92)。この問いに対して、「理性によって」と述べることは、実践的には、これまでに理性によって唯一つの真理が見つけられたことはなかったという困難があり、理論的には、仮に理性によって見つかるのが神の法だとすれば、それをそのまま世俗社会に適用することはできず、また仮に理性による法がエリートの意見にすぎないのであれば、平等で自由な民主主義社会においてはそれを特別視する理由はないという困難に直面する。つまり、デブリンは、合理主義的道徳を持ちだすことで、実質的にエリートが自分たちの考えを特権化しようとすることに異論を唱えているのである。「民主主義社会においては、道徳的問いを決めるに当たって、教養人を別のカテゴリーに入れること〔教養人を特別扱いすること〕はできない」(*ibid*.: 94) として、デブリンは教養人に次のような警告を発している。

彼〔教養人〕は通常の人よりも、説得の能力に長けているという利点を持っているし、またそうあるべきである。わたしは、単に推論の力について述べているのではない。もし彼が効果的にやろうとするなら、彼は教えるだけではなく説得しなければならない。また、理性が通常の人の唯一の案内人ではないことを受け入れなければならない。ロストウ学長曰く、[21]「社会の共通道徳はいつでも、習慣と信念、理性と感情、経験と偏見の混合物である」。教養人が理性しか持ち合わせていないのであれば、また彼が慣習を軽蔑し、感情の強さを無視するのであれば、また彼が「偏見」や「不寛容」という言葉には不名誉な意味しかないと考え、宗教的信念に盲目であるならば、彼はアカデミアの外に出るべきではないだろう。というのは、もし外に出るなら、彼は自分の理解できない力と取り組まなければならないだろうから。(…) そのような人が裁判官や立法者に対して、自分が不合理だと思う法を作っていることを非難し、まるで民主主義社会において自分たちだけが理性を備えた行為者であり、一国民の思想をコントロールしているかのように振る舞うのは、幼稚な考え方である。(*ibid.*: 95–6)

ハート・デブリン論争は、現役の法学者と現役の裁判官の間で起きた論争であったため、こうしたデブリンの発言は、「ハートの議論は間違っている、なぜなら彼は大学人であり裁判官ではないからだ」という形の人身攻撃と読めなくもない。しかし、それを差し引いても、デブリンが最初の講演から述べていた「道理のわかる人(reasonable man)」と「合理的な人(rational man)」の区別には真剣に考えるべきところがある。デブリンによれば、合理主義的な哲学者は一般人の反感を「偏見」と呼んで切り捨てるが、共通道徳から切り離された合理主義的道徳(ハートの言う批判道徳)は、哲学者が「理性」の名の下に勝手に作り出したものに過ぎず、われわれがなすべきことをそれによって決める根拠は十分に示されていない。むしろ、共通道徳あるいは常識の中から、良質なところを掬い出し、それをわれわれの指針にする方が、しっかりと地に足の着いた(*terra firma*)論拠となりうる(*ibid.*: 125)。このようなデブリンの主張は、功利主義者と対峙してきた直観主義者の主張に明らかにつながるものである[22]。ロスの主張をもう一度引用しておこう。

道徳的問題について「われわれは実際にどう思っているか(what we really think)」というのを利用して、ある理論を退ける仕方を、間違っているとする考え方もある。われわれの現在の道徳的意識を解釈するだけに満足すべきではなく、理論に照らして現存の道徳的意識を批判することを目指すべきである、と。（…）実際のところ、道徳的問題について「われわれはこう思う」と述べるものには、われわれが思うのではなく知っていることがかなり入っており、これこそが、道徳理論の正しさを検証する基準になるのであり、それが理論によって検証されるのではない、と主張したい。（Ross 1930: 40-1. 強調は引用者）

このように考えると、「宗教的権威が存在しない状況において、道徳的基準はいかにして決められるべきか」という問いに関して、実定道徳を批判道徳と切り離した上で合理的基準を打ち立てようとするハートのアプローチと、そのような厳格な区別をすることなく一般人の思考の中からあるべき道徳を取り出そうとするデブリンのアプローチは、方法論的に大きく異なっていると言える。ハートがかなり意識的に功利主義的伝統に即した議論を展開していたのに対し、デブリンは直観主義者だと自認していたわけではないし、彼の立場は厳密にロス流の直観主義と対応するわけではない。しかし、デブリンの立場は、(1)不変の共通道徳が存在し、われわれは嫌悪感等の感情を通してそれを知ることができるとする点、(2)道徳判断においては常識道徳による判断を重視し、帰結を重視する考え方を採っていないという意味で、非帰結主義的である点、(3)（他者危害原則のような）単一ではなく（デブリンが挙げた四つの原則のような）複数の原則が存在し、そのうちのどれを優先するかについては明示的な原則はないという多元論を採る点、(4)道徳理論の正しさは、道徳についてのわれわれの常識的見解に照らして判断されるという考え方（理論化される前の思考の優位性）に沿っている点において、直観主義的なアプローチから功利主義批判を行なっているとみなすことができよう（こうした直観主義の特徴づけについては本書第五章を参照）。

両者の違いを一言で言えば、上の「宗教的権威が存在しない状況において、道徳的基準はいかにして決められるべきか」という問いに対して、ハートは「理性によって」と答え、デブリンは「常識によって」と答えるのである。ここには、道徳において理論が常識に優先するという功利主義的な考えと、常識が理論に優先するという直観主義的な考えの対立を見て取ることができるだろう。

以上、ウォルフェンデン報告を契機とする、法による道徳の強制をめぐるハートとデブリンの論争を簡単に見てきた。田中成明が論評しているように、この論争を、法哲学（あるいは社会哲学、政治哲学）において、「個人道徳を重視する〔ミル流の〕自由主義的立場が、社会道徳を重視する新旧両潮流によって挟撃されている状況」と見ることもできる（田中 1994: 139）。すなわち、ミル的な自由主義の右側には社会道徳の強制を求める保守主義的なリーガル・モラリズムが、左側には社会正義・福祉国家の名の下に個人の生活に介入しようとするパターナリズムがあるという理解である。しかし、倫理思想史的な観点から見ると、功利主義と直観主義の対立図式がここでも存続しているように思われる。このように両者を英国の倫理思想史の中に位置付けることにより、より大きな文脈の中でそれぞれの主張を吟味することができるだろう。とくに、デブリンの保守主義的な議論を直観主義の流れを汲むものと見ることにより、人々の「真正な嫌悪感」すなわち直観を重視し、功利主義的な批判道徳によって実定道徳を改良しようとする態度を問題視した彼の立場が、より説得力のあるものとして理解されうるように思われる。

この論争が今日の日本にとって持つ意味を述べておくと、日本では、英国のウォルフェンデン報告が出たのと同時期に「チャタレー裁判」があった。これは、作家の伊藤整が翻訳したD・H・ローレンスの『チャタレイ夫人の恋人』が、刑法第一七五条の「わいせつ文書」として摘発され、伊藤と版元小山書店の小山久二郎が一九五七年三月に最高裁で有罪となった事件である。井上（1962）が言及しているように、最高裁判決では、「相当多数の国民層の倫理的感覚が麻痺しており、真に猥褻なものを猥褻と認めないとしても、裁判所は良識をそなえた健全な人間の観念である社会通念の規範に従って、社会を道徳的退廃から守らなければならない。けだし法と裁判とは社会的現実を必ずしも常に肯定するものではなく病弊堕落に対して批判的な態度を以て臨み、臨床医的役割を演じなければならぬのである」とあり、デブリンの言う「道徳の守護者」としての役割を裁判所が担っていることを示唆している。また、加茂直樹が「性表現と社会」（一九八五）で詳しく論じているように、その後「性の自由化と社会通念の変化を背景として、性表現も実質的にかなり自由化してきた」が、この最高裁判決で示された「徒らに性欲を興奮又は刺激せしめ、かつ、普通人の正常な性的羞恥心を害し、善良な性的道義観念に反するもの」という猥褻の定義は今日まで継承されており、「社会通念の変化にともなって、許容される猥褻表現の範囲は広くなってきた〔が〕、（…）猥褻なものを規制するという原則はあくまでも保持する」という立場が貫かれてきた（加茂 1991: 77）。これは、「道徳的基準は不変であるが、寛容の限界は変化する」というデブリンの説明に呼応していると言える。

一方、英国では、哲学者バーナード・ウィリアムズが委員長を務めた「猥褻と映画検閲に関する委員会報告（ウィリアムズ報告）」が一九七九年に出された。これについても、加茂（1991）が詳しく紹介・検討している。[24] 報告書では、「それを見る人々を堕落、腐敗させる傾向を持つもの」という伝統的な猥褻の定義を用いた現行法（一九五九年制定の猥褻出版物規制法 the Obscene Publications Act）による規制が実質的に困難になっている現状を鑑み、これを放棄することが勧告された。ウィリアムズ報告でも、法による道徳の強制をめぐるウォルフェンデン報告以降になされた議論が検討され、デブリンの立場はハートに沿った議論によって退けられた。そして、ウォルフェンデン報告と同様、ポルノグラフィは私的に見る限りは原則として個人の自由であるが、公然と販売・展示等を行なうことは禁止されるべきであり、また、モデルが一六歳未満の小児であったり、モデルに暴力行為がなされたりすることは許されないとした。[25]

猥褻図書の規制の問題は、今日の日本においても引き続き論争のある問題であり、ウィリアムズ報告の立場を採るのか、デブリン的な立場を採るのかは、理論的にも実践的にも重要だが未解決の問題である。また、本章の最初でも述べたように、ハート・デブリン論争で明確になったリーガル・モラリズムやパターナリズムなどがどこまで許されるべきかという問題は、安楽死や代理出産、あるいは夫婦別姓などの是非をめぐって、今日でも重要性を失っていない。より具体的には、「自発的な積極的安楽死や消極的安楽死（治療の中止）を法的に禁じるとしたら、その根拠は何か」という問いや、「代理出産や夫婦別姓を認めたら、家族が崩壊するという主張は、十分な根拠と言えるか」という問いについて、多くの人々が納得するような答えが求められている。倫理学が理論的であるだけでなく実践的でもあろうとするならば、これらの問いに取り組み、解決の一助となるよう努めるべきだと筆者は考える。ただし、そのさい、本章の冒頭にも述べたように、常識道徳をめぐる功利主義者と直観主義者の論争を理解しておくことが重要である。とりわけ、常識道徳を強制することに対するハートの功利主義的な批判と、「合理主義的哲学者」に対して発されたデブリンの警告の意味を今一度考えてみるべきだろう。

第九章　生命倫理学における論争(1)

本章では、現代のいわゆる「応用倫理学（applied ethics）」あるいは「実践倫理学（practical ethics）」の一部門である生命倫理学において、功利主義と直観主義の論争がどのように展開されているかについて概観する。応用倫理学には環境倫理学や情報倫理学やビジネス倫理学などいろいろある(2)。その中でも生命倫理学を選んだのは、一つにはそれが筆者の専門分野だからである。また、生命倫理学は新しい学問であるとはいえ、四〇年余りの歴史を持ち（生命倫理学の中心的な拠点として知られるヘイスティングズ・センターは二〇〇九年に設立四〇周年の記念式典を開いた）、方法論についての反省も多くなされた分野であることも特に生命倫理学に注目する理由である。そこで、まず生命倫理学におけるビーチャムとチルドレスによる直観主義的なアプローチを紹介し、次にこの分野における功利主義的アプローチとそれに対する批判について見る。

1　ビーチャムとチルドレスの四原則と直観主義

ビーチャムとチルドレスの四原則アプローチは、米国における生命倫理学の主流の方法論と言って差し支えないだろう。四原則とは、患者や被験者の自律尊重（respect for autonomy）、無危害（non-maleficence）、善行（beneficence）、正義（justice）の四つである。たとえば、道徳的なジレンマ状況の一つとして、苦痛に苦しむ末期患者が致死薬の投与による積極的な安楽死を医師に依頼する場面を考えてみよう。四原則アプローチで分析すると、ここで対立しているのは、安楽死を望む患者の意向に従うべしという自律尊重の原則と、患者に害を与えるべきでないという無危害の原則と、患者の苦痛を減らすべきだという善行の原則だと言える（最後の正義原則は主に資源配分に関わるものであり、複数の患者の扱いの公平さが問題になるため、この事例には出てこない）。

BOX　ビーチャムとチルドレス

トム・ビーチャム（Tom L. Beauchamp, 一九三九〜）は、ジョンズ・ホプキンズ大学で哲学博士号を取得し、現在はジョージタウン大学ケネディ倫理学研究所哲学教授を務めている。ヒューム研究者としても有名である。

ビーチャム*

ジェームズ・チルドレス（James F. Childress, 一九四〇〜）は、イエール大学で宗教学博士号を取得し、現在はヴァージニア大学宗教学科の倫理学教授および同大学実践倫理研究所の所長を務めている。

二人ともイエール大学で神学の学士号（B.D.）を取っている点で共通している。彼らの共著であり主著である *Principles of Biomedical Ethics* は、一九七九年に第一版が出版されて以来、版を重ね[3]、米国の生命倫理学の最も重要な本の一つであり続けている。

*Reproduction by courtesy of Tom L. Beauchamp　**Photo by Tom Cogill

チルドレス**

非常に興味深い点は、これらの四原則に関して、ビーチャムとチルドレスが[4]、初版から、（本書第五章で説明した）ロス流の一見自明な義務のアプローチを採っていることである。彼らは、自律尊重原則を頂点とする原則のヒエラルキー（ロールズの言葉で言えば「辞書的順序」）を立てることはせず、四原則はすべて「一見自明な原則」であるとしている。つまり、上記の四原則はそれぞれ、原則間に対立がない限りは、個々の状況における従うべき義務を生み出すという意味で、一見自明（*prima facie*）なものである。ただし、原則間で対立が生じた場合には、それぞれの原則がその状況において生み出す義務の重さを考慮した上で何が実際の義務（actual duty）であるかを決めなければならないとする（「これらの原則間が衝突している状況においては、正と不正の『最大のバランス』を取る」第三版：52)。ビーチャムとチルドレスは、ロスについて、「二〇世紀の倫理理論に対して非常に大きな影響力を持った人物であり、われわれ二人に対して、二〇世紀の他のどの思想家よりも大きな影響を与えている」と述べている（第五版：402）。このような形でロスの直観主義（義務論）は、生命倫理学の分野でいまだに大きな影響力を持っているのである。

ビーチャムとチルドレスの本は、とくに第四版以降、大きく内容と構成が変わり続けている。なかでも、とりわけ方法論的な変化が顕著である。第三版までは、これらの四原則がカントやロスのような義務論によっても、ブラントのような規則功利主義によっても基礎付けられると考えていた。しかし、そのようにいろいろな倫理理論に支持されると述べた場合、原則間の対立が生じた場合の意思決定をどうするか（すなわち、帰結主義的に決めるのか、あるいは直観主義的に決めるのか）が不明であるという批判があった。また、原則を用いたトップダウンの（演繹的）思考よりも、判例法的なケースの積み重ねを用いたボトムアップの（帰納的な）思考の方が生命倫理学においては有効であるという批判も受けたため、ビーチャムらは第四版と第五版で、反省的均衡と共通道徳という装置を取り入れるに至った(5)。

反省的均衡は第七章で見たロールズが提唱した方法である。ビーチャムらは、個々の事例に適用される原則の「特定化」や「比較考量」という作業(6)――すなわち、個々の状況において何が実際の義務であるかを決める作業――は、他の道徳原則や先例や経験的事実などと照らし合わせて行なわれるべきであり、それらとの十分な整合性が得られない場合は、特定化や比較考量の仕方を見直す必要があるとしている。たとえば、ある人がＨＩＶに感染していて、感染の事実をその人のパートナーに知らせることについて、本人の同意が得られない場合に、医療者はパートナーにその情報を知らせるべきか、という例について考える。この場合、当人の自律尊重と、（パートナーへの危害を防ぐという意味で）善行の原則が対立していると考えられ、先の「特定化」や「比較考量」といった、原則間の衝突を解決する作業が必要になる。そのさい、反省的均衡という方法を採る場合、いずれの原則を優先するかについての判断は、ＨＩＶ以外の他の性感染症に対する対応や、プライバシー権についての先例などと整合性のとれたものにすべきであることになる。

しかし、反省的均衡という方法は、第七章ですでに見たように、相対主義の問題に直面する。たとえば、ビーチャムらが紹介する事例で、一六四〇年ごろに実在した「海賊の倫理綱領（Pirates' Creed of Ethics）」というものがある。これは海賊たちの民主的な結社が起草したもので、緊急時の相互協力、禁止されている行為に対する刑罰、略奪品の分配、等々について、内的に整合性のある形で作られた規範体系である。しかし、略奪品について述べたり、傷害による補償として奴隷を与えるという取り決めがあったりするこの規範は、たとえ内的に整合的であっても道徳的であるとは言えないだろう（第五版：400）。このように、反省的均衡の手法だけでは相対主義の問題に対応しにくいという欠点が指摘されていた。

この問題に対してビーチャムらが持ち出してくるのが「共通道徳（common morality）」である。ビーチャムらによると、共通道徳とは、すべての道徳的に真面目な人々（morally serious person）が共有する一連の規範のことであり、あらゆる地域のあらゆる人々を拘束する単一で普遍的な道徳規範である。たとえば、ビーチャムらはその例として人権概念を挙げている（第五版：3）。このような共通道徳によって、ビーチャムらは反省的均衡に欠けているものを補おうとする。すなわち、熟慮を経た判断を共通道徳によって基礎付けることで、相対主義の問題を回避しようとするわけである（第五版：400–5)。

ビーチャムらの言う共通道徳について補足しておくと、共通道徳とは、慣習的に受け入れられている道徳（慣習道徳）と同一のものではなく、慣習道徳を批判する視点を維持するものであるとされる（第五版：403)。ビーチャムらは、善行と正義という複数の第一原理を認めたウィリアム・フランケナや、善行や正義の他に忠実や補償や感謝など複数の一見自明な義務を認めるロスが、自分たちと同様に共通道徳を理論化した思想家だという。そして、こうした共通道徳「理論」には共通点が三つあるとして、(1)通常の、共有された道徳的信念を出発点としていること、(2)これらの前‐理論的（pre-theoretical）で常識的な道徳判断と一致しない倫理理論は、疑いの目を向けられること、(3)多元論を採っていること、を挙げている（*ibid*.: 403)。

また、「共通道徳は倫理理論よりも生命倫理における基礎付け的な役割を果たすのに適している」（*ibid*.: 404）と言い、「もしある倫理理論が、たとえば、本書において擁護されている四つの原則のいずれかを拒絶するならば、われわれは、原則に対する懐疑ではなく、その理論に対する健全な懐疑を抱くもっともな理由を持つだろう」と述べている（*ibid*.: 405)。

なお、基礎付け主義的な共通道徳と整合説的な反省的均衡とを組み合わせたこの立場が、はたして整合説なのか基礎付け主義なのかが気になるところであるが、この問いに関してビーチャムらは、自分たちの立場はいずれのカテゴリーにも入らないという、（答えにならない）答えを提示している（第六版：385)。

説明が長くなったが、ビーチャムとチルドレスの四原則アプローチは、このように、基本的にはロスの多元論的な直観主義的アプローチに基づき、近年になって、ロールズの整合説的なアプローチを部分的に採用するとともに、倫理理論よりも常識道徳（共通道徳）による基礎付けを強調するようになっている。その結果として、彼らの理論は、本書で述べてきた直観主義的な傾向を強めているように思われる。

彼らのアプローチは非常に折衷主義的である。[7] よく言えば柔軟な理論であるが、逆に言えば、これまでに見てきた功利主義による直観主義批判および反省的均衡に対する批判と、さらにまた、ロールズによるロス流の直観主義に対する批判のすべてがこのアプローチにあてはまることにもなりかねない。たとえば功利主義者は、このアプローチでは原則間の衝突の解決に関して主観主義的な答えしか出せないと批判し、さらに、反省的均衡の方法を用いたとしても、「熟慮を経た判断」という倫理的に正当化できない前提によって支えられるにすぎず、たとえそれを共通道徳によって補強するとしても状況は変わらない、と批判するだろう。また、ロールズ主義者は、原則間に辞書的優先性を付けなければ、衝突の解決が主観的になってしまうと主張するだろう。[8]

ともあれ、ここではビーチャムらの四原則アプローチを紹介し、ロスおよびロールズ流の直観主義が生命倫理学において今日でも一つの主流をなしていることを確認するにとどめておく。[9]

2　生命倫理学における功利主義

ビーチャムとチルドレスの *Principles of Biomedical Ethics* は米国の生命倫理学の最も重要な本の一つだと先に述べたが、外部から見た生命倫理学と内部から見たそれとはいくぶん印象が異なるようである。すなわち、外部からは、生命倫理学は（ヘアに大きな影響を受けた）シンガー的な功利主義が主流とみなされがちであるのに対し、内部の学者はそれを否定しているのである。まず、この事情について詳しく見てみよう。

ワシントン大学の医学史・医療倫理学名誉教授であるアルバート・ジョンセン（Albert R. Jonsen, 一九三一〜）は、ビーチャムやチルドレスと並ぶ、米国の生命倫理学の大家である。ジョンセンは、米国の生命倫理学に対して批判的ないくつかの本を書評した文章の中で、米国ではピーター・シンガーに代表される功利主義は生命倫理学の主流ではないと明言している（Jonsen 2001: 40–5）。たとえば、書評に取り上げられたうちの一冊である *Culture of Death*（Wesley 2000）では、生命倫理学のイデオロギーは、人命の神聖さや全ての人間の平等性を否定する功利主義だと述べられているのに対して、ジョンセンは次のようにその理解を否定する。すなわち、「ピーター・シンガーは、プリンストン大学の教授であるが、生命倫理学の司祭長〔High Priest, 第一人者という意味〕では決してない。それどころか、彼は私たちと同じ宗教〔学問領域〕に属しているとさえほとんど言えない。彼は周縁にいる存在であり、この領域では、かなりの程度、否定されている人物である」、と（Jonsen 2001:

42-3)。そして、生命倫理学の教科書や本から離れて、米国の生命倫理の政府報告書（ヒトを対象にした研究や終末期医療や移植医療など）を見れば、シンガー的な功利主義よりも、義務論や、社会の繁栄だけでなく規則や原則を重視する「規則功利主義」（ジョンセンは、これはシンガーの「より大きな善」を純粋に追求する功利主義とは全く異なるものとしている）が主流であることがわかると述べている。ジョンセンは書評の終わりでも、ピーター・シンガーに言及し、「シンガーは米国の生命倫理学で中心的役割を果たしていない」ことを強調している（*ibid*.: 45)。

このジョンセンのシンガー評価には、少し私的な感情が混ざっているようにも読めるが、実際のところ、シンガー流の功利主義は米国の生命倫理学の主流とは言えないように思われる。功利主義の発祥地である英国や、その影響が強いオーストラリアでは、帰結主義的思考がより受け入れられている傾向はあるようだが、それはあくまで印象である。(10)

しかし、それにもかかわらず、生命倫理学を外側から眺める人にとっては、生命倫理学の主流理論が功利主義であるように見えているようだ。これは米国だけに限らず、英国でもそうである。たとえば「功利主義による合理的思考は道徳を破壊する」という痛烈な批判を行なっている英国の哲学研究者マクリーン（Anne Maclean）は、ハリスやシンガーを念頭に置きながら、「生命倫理学者は功利主義者である」と断言している（Maclean 1993: 37)。このような内部と外部での理解のずれが生じる理由について、ジョンセン自身は、生命倫理学者の活動はテキストや本（academic discipline, 学問としての生命倫理）だけではなく、医療現場での意思決定や公共政策（discourse, 実践としての生命倫理）にも及んでいるにもかかわらず、外部の人々の目に付きやすいのは教科書や本だからだろうと述べている（Jonsen 2001: 43–4）。この件については、日本の現状も含め、さらに検討が必要だが、ひとまずこのように指摘するにとどめておく。

このように、功利主義は必ずしも生命倫理学（とくに米国の生命倫理学）全体においては主流ではないものの、少なくとも学問のレベルでは、「それぞれのトピックの出発点となるような論文が功利主義者の手によって、ないしは功利主義の影響を受けた思考によって書かれている」場合が多い（伊勢田 2006: 42）。そのような論文として、終末期医療に関しては、積極的安楽死と消極的安楽死の区別に異議申し立てをしたレイチェルズの論文（Rachels 1975）、また、生殖医療に関しては、人工妊娠中絶や新生児の安楽死を条件付きで認める議論（パーソン論）を展開したトゥーリーの論文（Tooley 1972）、さらに、臓器移植に関しては、一人の健康な成人から臓器を摘出して、移植が必要な多くの人を助ける「生き残りくじ（Survival Lottery）」制度を構想したハリスの論文（Harris 1975）などがある。彼らは必ずしも自分たちを功利主義者だと宣言しているわけではないが、これらの論文に共通するのは、帰結はどうあれ人命を救うことが医療従事者の絶対的義務であるという義務論的思考に対する異議申し立てである。たとえば、消極的安楽死（医療行為の差し控えや中止）は自然に委ねることであるから許されるが、積極的安楽死（致死薬の投与）は殺人であるからたとえ本人が望んでいたとしても許されないという義務論的立場に対して、帰結次第では、消極的安楽死が許されないこともあるし、逆に帰結によっては積極的安楽死が許される場合もあると主張される。これらの論文が生命倫理学の歴史において重要な位置を占めていることは否定できないだろう。

3　功利主義的思考に対する批判

さて、こうした功利主義的思考については、もちろん、その推論に注目して事実認識あるいは論理に関する誤りを指摘する（つまり、功利主義者の議論にまともに取り組む）批判も多くあるが、一方では、「功利主義者の思考法は精神病患者の思考法と同じ」というような、一見するとほとんど人格攻撃に近いような批判もある。

このような批判の一例として、ニュージーランドのオタゴ大学の医療倫理学教授のジレットの論文（Gillett 2003）を紹介しよう。脳外科医でもある彼によれば、生命倫理学における帰結主義（ここでは功利主義と同じ意味と考えてよい）の議論は、妄想型の統合失調症や強迫神経症といった精神病患者の推論とよく似ていると言う。それゆえ、いくらその推論が論理的には妥当であるとしてもそれを退け、われわれの素朴な道徳的直観により強く訴える立場を支持するのが望ましいと主張する。次頁の表9―1に、彼が一例として挙げている「新生児を殺した精神病の母親の推論」と、トゥーリーやシンガーやグラバーらの帰結主義者による「新生児殺しの正当化」を並べて掲げておこう。

ジレットによれば、この母親の推論に欠けているのは合理性ではなく、他者に対する自然な感情（この場合は自分の子に対する愛情）であり、同じことが帰結主義者の推論にも当てはまる。つまり、いずれの推論も、われわれの道徳の中心的な価値観を考慮に入れていないのである。それゆえ、いずれの推論も論理的には妥当かもしれないが、結論は直観に反するものとなっている。このように論じ

表 9—1　精神病患者の推論と帰結主義者の推論が似ているとされる例（Gillett 2003 より）

新生児を殺した精神病の母親の推論	帰結主義者による新生児殺しの正当化
1. すべての人間は死に、裁きを受ける。	1. 新生児は将来についての思考も選好も持たない。
2. 人々は犯した罪に応じて裁きを受ける。	2. 人の生命を救うことに特別な関心を払う理由の一つは、当人が生き続けたいと思っているからである。
3. もし罪を犯していなければ、天国で神と共に生きることになる。	3. 人の生命に特別な関心を払うもう一つの理由は、当人が持つ経験の質である。
4. 天国で神と共に生きることは、地上での生活よりもよい。	4. そのような質の観念は、当人の心理的発達に依存する。
5. わたしの赤ちゃんはまだ罪を犯していない。	5. 多くの新生児は一部の動物ほど発達しているわけではなく、それゆえとりわけ高い経験の質を持っているわけでも、将来に対する選好を持っているわけでもない。
6. この子が死ぬと、罪を犯していないので天国に行くだろう。	6. 一部の新生児の生命を一部の動物の生命より優先するいかなる理由も見当たらないように思われる。
7. それゆえ、わたしは自分の赤ちゃんを殺した。	

た上で、彼は帰結主義者の議論は、「合理的だが理に適っていない（rational unreason）」と結論している。

ジレットが帰結主義者の結論を「理に適っていない」と判断する理由は、帰結主義者の推論が誤っているからではなく、結論が直観に反するからだとしている。これは The 21st Century Monads という英米の哲学研究者のバンドが歌う「ムーアのシフト」という歌詞にあるのと同じである。(11)

この議論はどこかおかしい
具体的にどことは言えないが
結論を否定した方が
前提の組合せを否定するよりもっと
もらしい
どれかを否定する必要がある

どれかをあきらめないと
そうだ、G・E・ムーアのシフトをやろう
そうだ、G・E・ムーアのシフトをやろう
「君がそれを真と思っているなんて信じられない
その見解の帰結を受け入れるなんて」

——'The G. E. Moore Shift' by The 21st Century Monads(12)

また、上でも少し見た英国の哲学研究者のマクリーンは、生命倫理学を「功利主義的伝統に立つ哲学者による医療倫理学」と規定し、道徳について専門知識を持つと僭称する生命倫理学者(功利主義者)たちを現代のソフィストと呼んで批判している(Maclean 1993)。彼女の批判の要点もジレットと同様で、合理性と行為の帰結を重視する功利主義者の思考は、道徳的直観に基づく一般人の思考とは似ても似つかないものである、ということである。彼女もやはり新生児殺しに関して——第五章のプリチャードの口ぶりを髣髴とさせる言い方で——次のように述べている。「われわれは赤子をある仕方で扱い、別の仕方では——たとえば、その生命をわれわれが自由に処分できるかのようには——扱わない。生命倫理学者は、なぜわれわれがそうするのかについて理由を要求する。しかし、理由はないのだ——別の言い方をすれば、赤子が赤子であることこそが理由なのだ、これがすべてなのだ」(Maclean 1993: 36)。同様に、安楽死が不正なのはそれが疑いもなく殺人だからである(それ以上の理由を問うことはできない)と述べられる(*ibid*.: 105)。一般人のこのような考え方を否定することにより、生命倫理学者（功利主義者）は「道徳を抹殺」しようとしているとマクリーンは批判する。

彼らに共通するのは、功利主義は過度に合理主義的であるという批判であり、また、われわれの道徳的直観に反する理論は真剣に取り扱う必要はない（「もしある人が、赤子を犠牲にすることが正当化されると真剣に考えているのなら、われわれは彼らと話すことはできない、彼は道徳的に貧困な精神を持っているのだから」(Gillett 2003: 252)）とする考え方である。ここには、ビーチャムやチルドレス、また前章のデブリンにも見られた理性に対する懐疑と、常識道徳に対する信頼が見て取れるだろう。この点で、彼らの批判は、これまでの章で見てきた常識道徳を重んじる直観主義的な功利主義批判の系譜につながるものだと言える。

このような批判に功利主義者がどう答えるかについては、すでに第六章で見たが、ここではヘアの二層理論を用いた回答について、もう一度簡単に説明しておこう。[13] アンスコムは、現代の道徳哲学のあり方を批判した「現代道徳哲学」という有名な論文の中で、帰結主義について、マクリーンやジレットと同じような仕方で次のように厳しく批判している。

もし誰かが、無実の人を処刑するような行為を考慮の対象外に置くべきかどうかについては議論の余地があると、(…) 本当に考えているのなら、わたしはそのような人とは議論したくない。その人は心根が腐っているからである。(Anscombe 1958: 17)

このような批判に対して、ヘアは、道徳的思考を二つのレベルに分けて議論すべきだと述べる。ヘアが直観レベルの道徳的思考と呼ぶのは、「無実の人を処刑すべきではない」とか「決して嘘をついてはならない」といった規則を所与のものとして考え、その規則から出発して何をすべきかを考えるような思考様式である。このレベルにおいては、われわれは「無実の人を処刑すべきでない」というような一般的な規則を実際に持つべきであり、また子どもたちにもそれを教え込むべきである。というのは、多くの場合においては、このような規則を用いて行為した方が、個々の状況で何をすべきかを一から考えるよりも、功利主義的に見て正しい行為ができる可能性が高いからである。そこで、直観レベルの思考に関して言えば、通常の状況においてこれらの規則を疑ってかかる人がいたら、その人はアンスコムの言うように、「心根が腐っている」と言えるだろう。しかし、例外的な事例が生じて一般的な規則を適用してよいかどうか迷う場合や、子どもたちにどのような道徳規則を教えるべきかを考える場合、つまり、通常は所与のものとされている道徳規則の正しさを吟味する必要がある場合も存在する。その際には、批判レベルの道徳的思考が要求される。このレベルでは、われわれは知識と時間が許す限りでさまざまな可能性を批判的に検討し、最善の選択肢を見出すべきであり、その際に「無実の人を処刑すべきかどうか」と問うことは、必ずしも心根が腐っていることを意味しない。

ヘアはこのように述べて、アンスコムはこの二つのレベルを混同した点で間違っていたとまとめている。しかし、このようなヘアの回答にもかかわらず、功利主義に対する直観主義の批判が今日でも繰り返しなされているのは、本節で見た通りである。

以上、いささか点描的ではあるが、生命倫理学においても、功利主義と直観主義の対立の構図が存在することを確認した。次章では、最近の心理学や脳科学の研究も参考にしながら、なぜこのように(いつまで経っても)功利主義者と直観主義者が仲たがいしているのかについて考えてみることにしよう。

第一〇章　功利と直観の二元性——脳科学と心理学の知見から[1]

これまで見てきたように、功利主義と直観主義は、少しずつ形を変えながらも連綿と対立を続けてきた。なぜこの論争に決着がつかないのだろうか。最近の脳科学や心理学の知見には、この件に関する一つの示唆が見られるように思われる。そこで本章では、これらの知見を概観することにしたい[2]。

1　特定個人の人命と統計的人命

「人間一人ひとりの命の重さは同じである」。今日、この主張を真っ向から否定する人はほとんどいないだろう。では、貧困や災害が原因で二人が死ぬことは、同様の原因から一人が死ぬことの何倍悪いことだろうか。命の重さが同じだとすると、二倍悪いことだ、と答えるのではないだろうか。ではさらに、貧困や災害が原因で一〇〇万人が死ぬことは、同様の原因から一人が死ぬことの何倍悪いことだろうか。一貫性を重んじるなら、それは一〇〇万倍悪いことだ、と答えるかもしれない（以下ではこれを「合理的判断」と呼ぶことにする）。だが、近年の心理学の研究では、われわれは実際にはそのような合理的判断を行なわないことが示唆されている。

最近、オレゴン大学心理学教授のポール・スロヴィック（Paul Slovic, 一九三八〜）の論文が米国のメディアで比較的大きな注目を集めた。その論文のタイトル「『群集を見ても私は決して助けようとしない』──心理的麻痺と虐殺」（Slovic 2007）は、マザー・テレサの「（助けを必要としている）群集を目にしても、わたしは決して助けようとしません。それが一人であれば、わたしは助けようとします」という言葉を下敷きにしている。スロヴィックは、援助に関する人間心理が彼女の言葉に凝縮されていると言うのである。

通常、われわれは他人の苦しみに対して関心を持つ。また、困っている人がいれば可能な範囲で助けもする。難破船や雪山の遭難者の場合のように、人々（ときには動物）を助けるためであれば、相当の犠牲を払うことさえある。しかし、援助を必要とする人の数が増え、それが統計的な数字になって示されるとき、われわれはしばしば「心理的麻痺（psychic numbing）」に陥る。たとえば、スロヴィックが挙げている例では、アフリカのダルフール地方では過去四年間に二〇万人もの市民が殺され、二五〇万人が難民となっている。また、世界銀行の推計によれば、世界中で約一四億の人々が、健康や教育など基本的なニーズを満たすことができない絶対的貧困（一日一・二五ドル以下）の状態で暮らしている。(3) 先進国に住むわれわれは、このような統計上の数字を目にして、少しは心を痛めるかもしれないが、その心痛が何らかの援助行為に結実することはほとんどない。個人レベルであれ政府レベルであれ、われわれは大規模な虐殺や貧困等に対して十分な介入や援助をしておらず、悲劇が繰り返されるのを止められないでいる。スロヴィックはこのようなわれわれの無関心を「心理的麻痺」と呼んだ。

スロヴィックのこの指摘については、遠い国々での虐殺や飢饉等を知ったわれわれが何も行為しないのは、それに対して無関心だからではなく、むしろ、同情はするものの政治的・経済的問題が複雑すぎて無力感を抱くからだという異論もありうる。また、何かしなければという義務感は感じるが、身内や友人に対する義務など、他に優先すべき義務があるから何もできないのだという異論もあるだろう。

だが、われわれは本当に、大規模な飢餓や虐殺に対して「何かをしなければならない」と感じ、義務の衝突というものを実際に経験しているのだろうか。人間の心理には何かもっと根本的な欠陥があり、大規模な災害や虐殺に対してほとんど何も感じないからこそわれわれは援助をしないのではないか。これがスロヴィックの問題意識である。

そこで、スロヴィックらは、ペンシルヴァニア州のある大学の学生たちを対象にして、次のような研究を行なった。三つのグループに分けられた学生たちは、アフリカで飢餓に苦しむ子どもに対して、五ドル以内でいくら寄付するかを判断させられる（Small *et al.* 2007）。グループ1には、アフリカで飢餓に苦しむ七歳の少女（ロキア）の詳しい説明と写真を見せ、いくら寄付するかを尋ねた（特定個人の人命）。グループ2には、アフリカ諸国で飢餓に苦しむ何百万人もの子どもたちについての統計的事実を示し、いくら寄付するかを尋ねた（統計的人命）。グループ3には、グループ1に見せたロキアの説明と写真に加え、グループ2に示したアフリカ諸国で飢餓に苦しむ子どもたちについての統計的事実を添え、いくら寄付するかを尋ねた（統計と特定個人の人命）。

その結果、ロキアという特定の少女に対する寄付の平均額（グループ1）は、統計的事実のみを見せた場合の寄付（グループ2）よりも多かった。さらに、グループ1の寄付平均額は、ロキアの写真と説明に統計的事実を添えた場合（グループ3）の寄付平均額を上回った（図10―1参照。なお、グループ2とグループ3の寄付平均額の間には統計的な有意差はなかった）。また、援助の目的に対する共感の度合いについても尋ねたところ、統計的人命が問題になる場合に比べ、特定個人の人命が問題になる場合の方が、人々の共感の度合いが強くなることが示唆された。

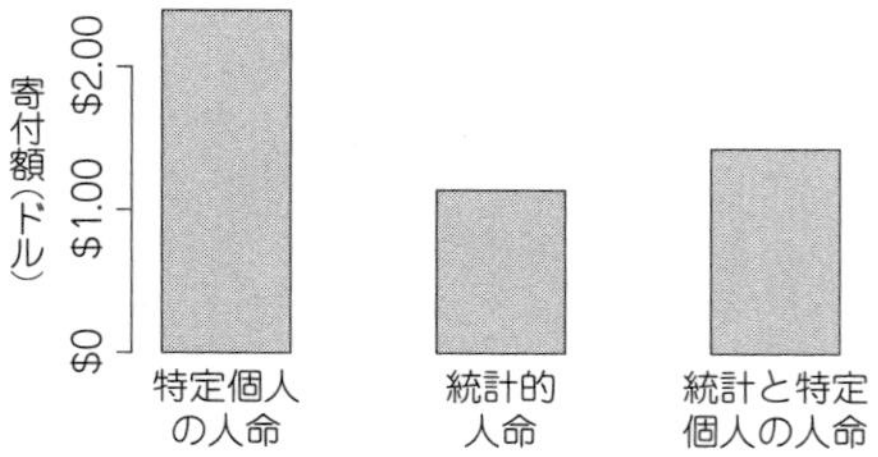

図10―1　平均の寄付額（Slovic 2007 より）

スロヴィックらがスウェーデンで行なった別の研究では、ロキアと同様に極度の貧困状態にあるムーサという少年の説明と写真を用意し、先の研究と同様に学生を三つのグループに分け、五ドル以内でいくら寄付するかを答えさせた。グループ1にはロキアに対して、グループ2にはムーサに対して、いくら寄付するかを尋ねた。グループ3には、ロキアとムーサの二人に対していくら寄付するかを尋ねた。その結果、グループ3がロキアとムーサの二人に寄付した平均額は、グループ1と2がロキアとムーサのそれぞれに対して寄付した平均額よりも少なかった。また、共感の度合いに関しても同様の結果が出た（図10―2）。同じことが、高価な救命治療を必要とする

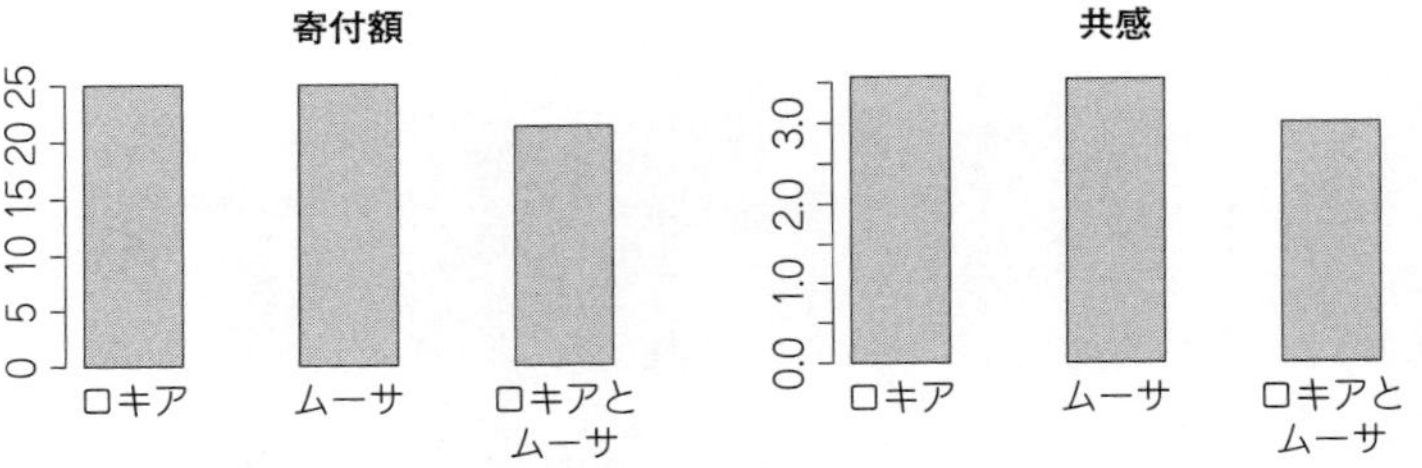

図 10―2　平均の寄付額（左）と平均の情動得点（右）（Slovic 2007 より）

子ども一人と子ども八人に対する寄付額を比較した、別の研究者らによる研究でも示されている（Kogut and Ritov 2005a, 2005b）。これらの研究結果が正しいとすれば、スロヴィックの言う「心理的麻痺」は、統計的数字どころか、たとえ特定の人であっても、援助を必要とする者が二名以上になった段階ですでに作用し始める可能性があることになる。

こうした研究結果は、まったく新しい知見というよりは、昔から人々が実感として感じていたことを裏付けるものだと思われる。人間一人ひとりの命の重さが同じであることには、ほとんどすべての人が同意するだろう。だとすると、単純に考えて、災害や虐殺による一人の死が悲劇であるなら、一〇〇〇人の死は一〇〇〇倍の悲劇であるはずである。だが、われわれは現実にはそのようには判断せず、統計的人命よりも特定の人命の救助に対してより心を動かされる（これは「特定の犠牲者効果（identifiable victim effect）」と呼ばれる）。つまり、統計的人命（飢餓に苦しむアフリカの何百万人もの人々）と、特定の一人の人命（飢餓に苦しむ少女）であれば、われわれは特定の一人の人命を救助することにより大きな共感を覚えるし、場合によってはより大きな援助を行なうかもしれないのだ[4]。

以上のように、統計的な人命が問題になる大規模な災害や虐殺等の状況においては、われわれの合理的判断と、共感に基づく実際の判断の間には、乖離が生じる可能性がある。だが、なぜこのような事態が生じてしまうのだろうか。

2　経験的思考と分析的思考——思考の二重プロセスモデル

われわれの合理的判断と共感に基づく実際の判断の間に生じるこのような乖離を説明するには、近年、心理学や脳科学の分野で盛んに論じられている、思考を二つのシステムに分けて説明する議論（dual-process model of thinking）が有用である。すでに第六章で見たように、ヘアは道徳的思考を直観レベルと批判レベルの二層に分け、直観レベルにおいて義務や原則の葛藤が生じた場合には、より高次の批判レベルの思考に訴えて解決する必要があるとした。それと似たこと（すなわち思考には二つの様態があること）が、近年の心理学者や脳科学者たちによって支持されている。[5]たとえば、マサチューセッツ大学の心理学名誉教授のエプスタインは、われわれの思考様態を、経験的システム（システム1）と分析的システム（システム2）に分け、次の表10—1のように対比的に説明している（Epstein 1994; Kahneman 2003）。なお、本書にとって興味深いことに、経験的システムと分析的システムは、それぞれ「直観的システム（intuitive system）」と「推論的システム（reasoning system）」とも呼ばれている（Haidt 2001; cf. Kahneman 2003）。

表10—1にあるように、経験的システムの特徴は、情動（affect）を基盤にしていることである。スロヴィックによれば、情動とは、最も基本的な感情（feeling）であり、ある事柄が良いまたは悪い

表10―1　二つの思考様態：経験的システムと分析的システムの比較（Slovic 2007より）

システム1：経験的システム	システム2：分析的システム
情動的：快苦指向	論理的：理性指向
連想による結合	論理的評価による結合
過去の経験に伴う感情に動機付けられた行動	出来事の自覚的評価に動機付けられた行動
現実をイメージ、比喩、物語によって記号化	現実を抽象的シンボル、言葉、数字で記号化
より速い処理：直ちに行動するのに向く	より遅い処理：少し時間を置いた行動に向く
正しさは自明：「経験することは信じること」	論理と証拠による正当化が必要

という（必ずしも意識的ではない）感覚（sense）である（Slovic 2007）。多くの意思決定においては、合理的分析が重要になるとはいえ、情動に依拠した判断は、複雑な状況にすばやく容易にまた効率的に対応するのに適している。情動を基盤にした経験的システムにおいては、連想によって正・負の感情と結合している視覚的イメージ、言葉、匂い、記憶などが重要な役割を果たすとされる。

他方、分析的システムの特徴は、推論（reasoning）を基盤にしており、情報処理により時間がかかり、労力を要し、より自覚的な手順を経ることである。また、その重要な役割は、経験的システムの思考によって形成された直観的な判断を評価し、修正することである（Haidt 2001; Kahneman 2003）。

こうした二つの思考システムの議論を踏まえて、スロヴィックは、特定個人の人命が問題になる事例では、直観的な経験的システムの思考が強く働く（つまり、われわれの共感に訴える力が大きい）が、統計的人命が問題になる事例では、経験的システムの思考がそれほど強くは働かない（われわれの共感に訴える力が弱い）ため、合理的な分析的システムの思考と乖離が生じ、その結果として上で述べた「心理的麻痺」という現象が起きるのだと説明している（Slovic 2007）。

なお、心理学におけるこのような発展を裏付ける形で、近年では脳科学の手法を用いた研究も行なわれている。[6] たとえば、脳の血流の動きを見ることのできるｆＭＲＩ（機能的磁気共鳴画像法）を用いて、意思決定のさいに脳のどの部位が活性化しているかを見る研究が行なわれている。サザン・カリフォルニア大学の脳神経科学教授のベカラらによれば、感情が直接引き起こされる経験的システムの思考（直観的な思考）においては主に側頭葉内側部の深くに位置する扁桃体が、また、思考や内省を通じて感情が引き起こされる分析的システムの思考（合理的な思考）においては、主に大脳の腹内側前頭葉皮質（ＶＭＰＣ）が活性化されることが示された（Bechara and Damasio 2005; Burns and Bechara 2007）。このように、二つのシステム思考のそれぞれに対応する脳の部位があると考えられている。

二つの思考システムの議論を用いると、われわれの合理的判断（一〇〇〇人の死は一人の死の一〇〇〇倍悪い）と実際の判断（少数の特定可能な犠牲者を優先的に助ける）との乖離を上のように説明することができる。しかし、なぜ特定の犠牲者効果や「心理的麻痺」のような人間心理が存在するのだろうか。この点に関して、スロヴィックは、われわれを行為へと動機付ける情動は、人間が進化の長い過程を生き残るのに寄与したメカニズムであったという進化論的な説明を提示している。すなわち、科学的なリスク評価や費用対効果分析といった洗練された手法ができるまでは、われわれは五感と経験に基づいて生死に関わる判断をしていたのであり、そのような判断は主に、身近に差し迫った危険から自分や自分の家族や小さな共同体を守るためのものであった。したがって、情動のシステム（経験的システム）は、われわれが身近に感じることのできる特定の個人に対してはよく機能するが、現代のわれわれが直面しているような、遠方における大規模な虐殺や災害といった事態に対応するのには適していないというのである（Slovic 2007）。われわれの情動のあり方に対するこのような進化論的説明は、他の論者たちにも見られる（Haidt 2001; Singer 2005）。また、脳の進化の過程においても、（経験的システムの思考を司ると見られている）扁桃体を含む側頭葉内側部の方が、（分析的システムの思考を司ると見られている）ＶＭＰＣの部分よりも先に発生したと考えられている（Burns and Bechara 2007）。

二つの思考システムについては、心理学者の間でも、まだ多くの議論がある（Stanovich and West 2000; Gilovich and Griffin 2002）。とはいえ、このような説明は、スロヴィックらの研究結果を解釈するうえで、一つの有効な概念枠組みを提供するだけでなく、功利主義と直観主義の根深い対立の理由を提供しているようにも思われる。その話に入る前に、もう一つ、最近の注目すべき脳科学の研究について見ておこう。

3　脳科学とトロリー問題

若手の哲学・心理学研究者のグリーン[(7)]らの研究では、トロリー問題などの英米倫理学でよく知られた思考実験を数多く用いて、被験者たちが倫理的判断を下すさいの脳の活動の様子がｆＭＲＩを用いて測定された(8)。

典型的なトロリー問題とは、次のようなものである。「トロリー（路面電車）が暴走している。わたしが何もしなければ、線路に結び付けられた五人の人々はひき殺される。もしわたしがスイッチを切り替えて、トロリーを別の線路に引き入れれば、五人は助かるが、別の線路に結び付けられている一人がひき殺されることになる。わたしはスイッチを切り替えるべきか」。

また、別のバージョンでは、「見知らぬ太った男性」が登場する。「先と同様、トロリーが暴走している。わたしが何もしなければ、線路に結び付けられた五人の人々はひき殺される。わたしは歩道橋の上におり、そばには見知らぬ太った男性がいる。この男性を橋から突き落とせば、男性は死ぬが、その体がブレーキとなり、トロリーは五人の手前で止まって五人は助かる。わたしは男性を突き落とすべきか」。

グリーンらは、前者の事例に比べると後者の事例は直接手を下す感じが強いことから、後者をより「個人的（personal）」な事例と呼んだ。そして、fMRIを用いて調査した結果、前者のような、直観よりも認知的な判断で処理できる「非個人的（impersonal）」な事例に比べて、後者のような、直観により訴える「個人的」な事例について考えるときの方が、感情を司る脳の部位がより活性化することが見出された。さらに、「個人的」な事例に関して、直観に反すると思われる答え（上の事例では、見知らぬ人を橋から突き落とす）を出した人は、認知的活動を司る脳の部位が他の人に比べてより活性化していることが見出された。また、われわれの直観に反すると思われる答えを出した人は、直観に合致すると思われる答えを出した人よりも答えるのに時間がかかったが、これは、グリーンらの考えによれば、直観に反する答えを出すことに対する心理的抵抗を克服するのに時間がかかったためである(9)(Greene *et al.* 2001; Greene and Haidt 2002)。

上述の二つの思考システムの議論を踏まえて言えば、グリーンらの研究は、経験的システムの思考が強く働く事例とそうでない事例に分け、それぞれにおける脳の活動を検討したものと言える。特に興味深いのは、経験的システムの思考が強く働く事例において、分析的システムの思考を用いて経験的システムの思考に反する結論を導くためには、かなりの心理的抵抗を感じるという部分であろう。別の論文でグリーンらは、この心理的葛藤を功利主義的判断と非功利主義的な判断の葛藤として論じている(Greene *et al.* 2004)。その論文の考察(Broader Implications)の部分は、本書の内容とも深く関係するので、長めに引用しておこう。

二世紀にわたって、西洋道徳哲学は功利主義と義務論という二つの理論の緊張関係によって、大部分規定されてきた。J・S・ミルのような功利主義者(帰結主義者)は、道徳は「より良い善」を促進することだ(またはそうあるべきだ)と論じてきた。カントのような義務論者は、たとえより良い善が達成されるとしても、越えてはならない道徳的な一線があること、権利と義務が尊重されねばならないことを主張してきた。この論文で使われたような道徳的ジレンマはこうした哲学的緊張関係の骨格を示し、それがなぜいまだに続いているのかを理解するのに役立つ。道徳哲学における功利主義と義務論の緊張関係は、人間の脳の構造から生じるより基本的な緊張関係を反映している、とわれわれは考える。われわれが祖先から受け継いだ社会的・感情的反応は、文化的な経験によって洗練され、義務論の中心となる絶対的禁止を補強している。それに対して、功利主義を定義する「道徳的計算」は、抽象的思考や高次の認知的コントロールをサポートする、前頭葉のより最近に進化した構造によって可能となっている。この仮説を支持するためにいくつかの論拠を提示した。第一に、義務論的な直観が顕著に現れる事例においては、脳の社会的・感情的プロセシングが増大する証拠があった。第二に、功利主義的判断が優勢になる場合には、認知的コントロールと関連付けられる脳領域がより活発に活動することを見た。（…）倫理におけるカントとミルの対立の問題を認知的に説明するというこの試みはまだ推測に過ぎない。（Greene *et al.* 2004）

功利主義と（カントの）義務論が二世紀にわたって対立してきたというのは、本書第五章で見たように、必ずしも正確な理解ではない。その点には目をつぶるとして、グリーンらの研究が示唆するところでは、功利主義と直観主義の対立——とりわけ前者の帰結主義的思考と後者の非帰結主義的思考——は、究極的には、「人間の脳の構造から生じるより基本的な緊張関係を反映している」、つまりわれわれの脳が持つ二つの思考システムの対立関係によって説明されることになる。功利主義者と直観主義者の抗争という倫理思想史上の一大論争は、われわれが進化の過程で身に付けた合理的な思考と直観的な思考の産物——あるいは副産物——であったということになる。

以上、功利主義と直観主義の対立が今日、脳科学や心理学の知見から「説明」されようとしていることを見てきた。最後に、これらの知見が功利主義と直観主義の論争に対して持つ含意についてまとめておこう。

本章で見たように、脳科学や心理学の知見は、功利主義と直観主義の対立が長く続いてきた原因の説明に役立つと思われる。こうした知見によれば、われわれは、帰結を合理的に評価して道徳判断を行なう功利主義的思考と、帰結にかかわらずダメなものはダメとする直観主義的思考の両方を持っている。人々の間で両者の強弱に違いがあるのは、遺伝によるものなのか、教育や文化によるものなのか、あるいはその両者なのかは、まだ明らかになっていないと思われる。しかしいずれにせよ、われわれが持つこうした功利と直観の二元性が、英米の倫理思想史における大きな論争の一因となっていたのだと考えれば、なぜこの対立がこれほど根深く続いてきたかの一つの説明となるだろう。

その一方で、脳科学や心理学の知見のみによってこの論争が解決するわけではない点にも注意する必要がある。シンガー（Singer 2005）も指摘しているように、心理学や脳科学の実証的な研究によって、規範理論としての功利主義と直観主義のいずれが正しいのかを直接的に決めることはできない。たとえｆＭＲＩやその他の機器によって「功利主義的」な思考や「直観主義的」な思考が同定されたとしても、その事実によって直ちに、われわれがそのいずれかの思考あるいはその両方を用いるべきだということにはならない。ただ、心理学や脳科学の研究が、倫理学のあり方に間接的な仕方で影響を与えることはありうるだろう。たとえば、このような研究により、道徳的直観や良心がますます脱神秘化されることになるかもしれない。たとえば、「ぞっとする感じ（yuk factor）」（Midgley 2000）や「嫌悪感（repugnance）」（Kass 1997）と呼ばれるものは、立ち止まってよく考える理由にはなるが、それ自体を根拠に何かが不正だと結論できるような独特（*sui generis*）な力は持たないと思われるようになるかもしれない。また、われわれが統計的な人命に関して「何も感じない」（心理的麻痺）という事実は、シンガーのような功利主義的な道徳判断を受け入れない理由にはならないが、仮にその道徳判断を受け入れた場合にどのような行為の選択肢が現実的となるかについて有益な示唆を与えるだろう。

結語

本書で見たように、二〇世紀の倫理学はムーアから始まったと言われる。彼の思想はシジウィックに大きな影響を受けていたものの、それまでの倫理学の伝統をすべて否定しようとするものであった。ムーアの『倫理学原理』が出てから約三〇年後の一九三六年、弱冠二五歳にして主著『言語・真理・論理』を公刊したエアは、当時の哲学シーンを振り返って、次のように述べている。

ご存知の通り、第二次世界大戦前のオックスフォード大学の哲学はひどく不毛でした。哲学の歴史のみに関心を持つ老人たちがいて、彼らはプラトンが言ったことを繰り返すことや、何か新しいことを言おうとする人を潰すことにのみ関心を持っていたのです。わたしの本は、こうした人々の足元に置かれた巨大な地雷でした。若い人々にはそれが解放と映ったのです——彼らはやっと息ができると感じました。(Magee 1978: 106/151)

ムーアの思想もエアの思想も、当時の若者には因習を破壊する「解放」の思想と映ったようである。しかし、彼らの思想が出発点となった分析哲学やメタ倫理学も、また哲学史を軽視する彼らの態度も、やがてはそれ自体が伝統となった。この伝統を受け継いでいる現代の英米の倫理学は、今日、没歴史的だと指摘されることが多い。たとえば次の引用がそうである。

この〔倫理思想史という〕領域で著作が不足しているのは、その仕事の難しさに由来するだけではなく、道徳哲学そのものに対して二〇世紀の英米哲学者たちが採るある種の態度にもよっている。マッキンタイアは、『美徳なき時代（*After Virtue*）』で、この態度について、「現代の哲学者たちは、道徳哲学について書くときにも教えるときにも、絶えず没歴史的に扱う」と述べている。彼はさらに、「われわれはみな、残念ながらいまだに、過去の道徳哲学者たちを、ほとんど変化しないテーマに関する一つの論争への貢献者として扱っている。たとえば、プラトンとヒュームとJ・S・ミルをわれわれと同時代人のように扱い、彼ら同士も同時代人であるかのように扱う」と述べている。(Cavalier *et al.* 1989: vii; MacIntyre 1981: 11)

この点について、米国で近代倫理思想史を長年研究してきたJ・B・シュニーウィンド（本書の前半部は彼の著作に多くを負っている）は、最近の自伝的論文で、若いときを振り返り、米国哲学会のミーティングでフランケナと交わした会話について記している。

わたしはフランケナに、「あなたが英国の道徳思想家たちについて書いた論文はとてもすばらしいですね」と言った。そして、「リチャード・ブラントは、あなたがそれらの論文に書き足して本にすべきだと言っていますよ」と伝えた。するとフランケナは「君はブラントと一緒だね」とぴしゃりと言った。「哲学をあきらめて、哲学史をやれと言うんだろう」。(Schneewind 2009: 92)

ここでフランケナが表明しているのは、哲学の研究と哲学史の研究は両立しないという発想である。これに対し、シュニーウィンドは、哲学をすることと、その歴史を学ぶことは別という発想はおかしいと批判している。そして、哲学史を適切に実践するには、過去の思想家の考えに関する哲学的な理解と評価が必要であり、過去の哲学を正確に読むには、歴史的理解が重要だと言う。彼は、同じことが今日の哲学を研究するさいにも当てはまると述べている。

ずいぶん長いあいだ、わたしは自分の思想史的関心のせいで、英語圏の主流の哲学から疎外されているように感じていた。しかし、最近では反思想史的偏見は目立って減ったようだ。(…) ますます多くの哲学者が、自分自身の研究も、われわれが研究対象としている過去の有名な思想家の研究と同様、歴史的に位置付られたもの (historically situated) であることに気付き出している。わたしはこれがアカデミックな哲学の新しい重要な転機の始まりだと考えており、それに少しでも貢献できたことをうれしく思っている。(*ibid.*)

倫理学を学ぶさいにその歴史性を考慮に入れるべきだという、マッキンタイアやシュニーウィンドの指摘は非常に正しいと思う。彼らの思想史理解には到底及ばないものの、わたしも現代の倫理学の課題を十分に理解してその先に進むには、現代の倫理学のシーンを「歴史的に位置付けられたもの」として眺める必要があると考える一人である。そのように考えて、功利主義と直観主義（義務論）の争いが太古の昔からそのままの形であるものでも、つい最近始まったものでもなく、近代英国で始まり、時代に応じて形を変えながら現代まで続いていることを説明してきた。そのことが読者に伝わったのであれば、本書は一つの役目を果たしたと言える。

本書全体を駆け足で見渡してみると、次のようにまとめられるだろう。ホッブズ主義による人間の利己性の仮定と道徳の人為性という主張に対して、直観主義者は理性的あるいは感覚的な道徳直観を用いて客観的・自立的な倫理学を打ち立てようとした（第一章）。ベンタムら初期の功利主義者は、直観主義は主観主義に陥らざるをえないと批判して、「最大多数の最大幸福」に資する行為が正しいとする功利原理を唱えたが、後の時代に「人間は幸福を追求する」というホッブズ流の人間本性論と功利原理が切り離されることにより、功利主義はいわば根無し草になった（第二章、第三章）。そこにシジウィックが哲学的直観によって、またムーアが善についての直観によって、功利主義の新しい基礎付けを図ったが、皮肉にもその試みがロスを代表とする現代の直観主義が生まれる契機となった（第四章、第五章）。この功利主義と直観主義が交差する時期に、曖昧さを避けるために「義務論」という言葉が直観主義に代わって用いられ始めたと言える。

二〇世紀の功利主義の発展は、われわれの直観およびその源泉となる常識道徳とどう折り合いをつけるのかということに深く関わっていた。ちょうど、ミル父子が良心（道徳感情）を功利主義に取り入れようとしたように、ハロッド以降の規則功利主義の発展や、ヘアの二層功利主義は、ロスの「一見自明な義務」に当たる常識道徳の内容をいかにして功利主義に取り込むか、という試みだったと理解できる（第六章）。ただし、ヘアやシンガーに典型的に見られたように、常識道徳を用いて倫理理論を構築しようとするロールズ的な方法論に対しては、功利主義は批判的であり続けてきた（第七章）。あくまで、常識道徳はその帰結によって評価されるべきであり、その正しさを前提して理論構築の土台とすることはできないと考えたからである。

さらに、功利主義と直観主義の争いは、純粋な理論の領域だけではなく、法哲学や生命倫理学における実践的問題をめぐっても生じている（第八章、第九章）。スマートやシンガーなどの功利主義者は、常識道徳に支えられた直観に対する嫌悪感を、初期の功利主義者同様に保っているように思われる。そして、（スタートレックに出てくるバルカン人のように）合理性を強調する功利主義に対しては、直観主義者の嫌悪感も昔に劣らず存在するように思われる。最後に、功利主義と直観主義の争いが形を変えながらも現在まで続いている理由について、近年の脳科学や心理学の知見を用いて、「功利と直観の二元性」が存在することを示唆した（第一〇章）。

本書における論争史の流れを見ていると、功利主義と直観主義の対立は、「倫理学」あるいは「道徳哲学」の役割に対する二つの見方に起因すると考えることもできるかもしれない。一つは、批判道徳（あるべき道徳）と実定道徳（現にある道徳）を峻別し、合理的な批判道徳によって、必ずしも合理的ではない実定道徳を改善するのが倫理学の仕事だとする理解である。道徳的思考を直観レベルと批判レベルに分け、「道徳哲学の目的は、道徳的問題についてよりよく――すなわち、より合理的に――考える方法を見つけることである」（Hare 1989: 175）と述べたヘアの立場が典型的であろう。ここでは、実定道徳に対する批判道徳の優位性が前提されている。

それに対して、もう一つの見方として、功利主義が考えるような批判道徳はそもそも存在しないか、少なくとも実定道徳と独立には存在せず、倫理学の仕事は今ある道徳（理論化される前のわれわれの道徳的思考）を明確化または整合的にすることだ、という理解があると思われる。これは、「われわれが実際に思うこと」を理論の土台にすべきでその逆ではないというロス（第五章）や、道徳理論の役割はわれわれが持つ道徳能力を記述することであるとするロールズ（第七章）のような考え方である。ここでは、批判道徳は実定道徳に仕える端女《はしため》として存在しており、実定道徳は磨かれて美しくなることはあっても、そのあり方を根本的に否定されるようなことはない。

このように、「倫理学の仕事とは何なのか」あるいは「実定道徳（常識道徳）を批判道徳の土台となるべきものと考えるか、それとも批判道徳によって改善されるべきものと考えるか」という問いに対する答えの違いが、功利主義と直観主義という二つの立場の相違を生み出す一因となっているように思われる。(1) だからこそ、「直観主義者が真剣な哲学的議論をできたのは、常識道徳を真面目に受け取る心積もりのある論敵とだけであった。J・S・ミルより前の功利主義者たちは、明らかにこの条件を満たさなかった」（Schneewind 1977: 187）と功利主義者が批判されたり、反対に直観主義が「政治的保守主義の逃げ場」（Anderson 1997: 126）であるとか、単なる記述理論（Singer 1974）であると批判されたりするのであろう。(2) このような対比が成り立つとすれば、功利主義と直観主義の対立は一層根深いものと言わざるをえないが、批判道徳と実定道徳（常識道徳）の関係や、倫理学が果たすべき役割について見直すことにより、この対立のよりよい理解（と願わくばその解決）がもたらされるだろう。

本書では、功利主義と直観主義の大きな対立点として、常識道徳およびわれわれの直観的判断に対する距離感や態度を強調してきたが、これは第八章や第九章でも見たように、単に理論的な問題ではなく、実践的な問題でもある。今日、生命倫理関連の問題に限っても、代理出産、死後生殖、男女産み分けといった生殖技術や、遺伝子工学やロボット工学などに基づくエンハンスメント（心身の能力の増強）技術など、有用だが「直観に反する」技術が次々と生み出されており、われわれはこれらの技術について、個人的にも社会的にも、倫理的な判断を行なう必要に直面している。本書で見たように、われわれは直観を頼りに判断を行なうこともできるし、ロールズ流の反省的均衡を用いて直観と倫理理論の整合性を取ろうとすることもできる。また、「倫理学を行なうためのいくつかの方法は、われわれの直観をあまりに尊重しすぎる傾向にある」(Singer 2005: 349) と述べるシンガーのように、直観よりも行為の帰結を重視することもできる。本書で見てきたように、これらの方法論にはそれぞれ批判される点があり、どれが一番優れていると簡単に決めることはできない。本書では、現代にまで至る功利主義と直観主義の論争の歴史を素描してきたが、それは両者の対立を煽るためではなく、むしろ功利と直観という二つの考慮の緊張関係の中で、われわれが個人あるいは社会としてどのような倫理的決定をすればよいのかを考えるためであった。現代のさまざまな倫理的課題に対してより良い解決策を見出すためには、何よりもまず、自分や他人の方法論に自覚的になり、生産的な議論を行なおうと努める必要があろう。本書がそれに少しでも役立てば幸いである。

注

第Ⅰ章

（1）この本は、The Online Library of Liberty で全文が読める。http://oll.libertyfund.org/index.php?option=com_staticxt&staticfile=show.php%3Ftitle=1839&layout=html（二〇一〇年二月一四日最終アクセス）.

（2）直観主義は、カルヴァン派の神学的な主意主義に対する批判でもあった（柘植 2003: 15–7, Darwall 1998: 51 参照）。これについては、本章第2節で簡単に説明する。

（3）引用の訳文は世界の名著のものを参考にした（ホッブズ 1971）。

（4）この批判は後に功利主義にも向けられることになる。第三章以降を見よ。

（5）以下の記述は、主に次の文献を参考にしている。Hudson (1967), Sidgwick (1886).

（6）「東京・JR高円寺駅の人命救助：24歳…」毎日新聞二〇一〇年二月一七日東京朝刊。

（7）バトラーについての記述は、Butler (1726) の Sermon I, Note c and Sermon XI の他、Schneewind 1990b: 525–7, Schneewind 1998: 344–52, Sidgwick 1886: 192–3 などを参照した。バトラーの良心論については本章第4節を見よ。

（8）両者はほぼ同じ意味の言葉として用いられることもあるが、厳密には、さまざまな種類の欲求はすべて利己的なものであるというのが心理的利己説であり、さまざまな種類の欲求を突き詰めると、すべては自らの快楽を増大させ苦痛を減少させるという欲求に行き着く（還元できる）、というのが心理的快楽説である（Broad 1952: 218–9）。その意味で、心理的快楽説は、心理的利己説の一種——欲求に関する一元論を取るタイプの心理的利己説——だと言える。

(9) この点について詳しく知りたい方は、Singer (1997) の第五章を読むことを勧める。

(10) 心理的利己説を説明および批判している最近の文献としては、Singer (1997) の第五章、Rachels (2003) の第五章、Blackburn (2001) の第一章などが比較的簡単に読むことができる。

(11) なお、このあたりの議論は、第四章で説明するムーアの自然主義的誤謬の議論と重なっており、ハドソンはプライスによるホッブズ主義や主意主義批判などは、ほとんどムーアの議論と同じだと考えている (Hudson 1967: 12-7)。プライスによれば、道徳は独特 (*sui generis*) なものであり、意味内容を変えることなく道徳外のもの (主権者の意志、神の意志) に還元することはできない。

(12) ただし、ストラットン＝レイクのように、道徳感覚学派を理性的直観主義に対する批判とみなし、直観主義に入れない研究者もいる (Stratton-Lake 2002)。たしかに、両者には本章で見ていくような違いはあるが、功利主義と直観主義という大きな流れで見るならば、ベンタム、レッキー、シジウィック、ハドソン、バーナード・ウィリアムズなどがそうしているように、道徳感覚説を直観主義の一つの立場とみなすことができるだろう。

(13) バーナード・ウィリアムズ (Bernard Williams, 一九二九〜二〇〇三) は、認識論的直観主義として、倫理的命題を数学的真理とのアナロジーで理解する数学的直観主義と、知覚による認識とのアナロジーで理解する知覚的直観主義を区別している (Williams 1995) が、この区別も本文中の区別と同様のものと考えられる。また、ウィリアムズは、認識に関する直観主義と、第一原理の多元性を認める「方法論的直観主義」を区別して論じている (*ibid.*)。方法論的直観主義については、本書第五章で言及する。

(14) 各思想家の思想についての簡単な情報は『イギリス哲学・思想事典』(二〇〇七) で得ることができる。さらに詳しく知りたい人は、D・D・ラフィエルやセルビー＝ビッグの *British Moralists* (Raphael 1969; Selby-Bigge 1897) やシュニーウィンドのアンソロジー（Schneewind 1990a, 1990b）を読んでもらいたい。本章の以下の記述は、これらの著作の他、主に次の文献を参考にしている。Hudson (1967), Sidgwick (1886), Schneewind (1977).

(15) いわゆる経験論と合理論という区別からすれば、「合理的直観主義」とすべきかもしれないが、ここでは理性か感覚かという対比から「理性的直観主義」とする。

(16) プラトンやプロティノスのイデア論を基礎にして、理性の力によって神についての客観的真理と、絶対的で普遍的な道徳法を知ろうとする立場。BOXのカドワースの説明も参照せよ。

(17) この記述は、Hudson (1967: 30) や Schneewind (1998: 344–5) などによるが、バトラーの良心や自愛や善意の位置付けについては、別の解釈もある。とりわけシジウィックは、バトラーが良心と自愛を同じレベルの統制原理と位置付けたものと解釈し、そこに「実践理性の二元性」の問題を見出すこととなった (Sidgwick 1886: 194–8)。詳しくは本書第四章を参照せよ。

(18) 道徳感覚学派のハチソンに影響を受けたヒュームは、『人間本性論』(Hume 1739–40) において理性的直観主義を強く批判したため、道徳の客観性を否定する危険な思想家と考えられた。リードらスコットランド学派の直観主義は、このように理解されたヒュームの立場に対する批判の中から生まれたと言える。また、『道徳原理の研究』(Hume 1751) においては、理性か感情かという直観主義の対立から、「非難や是認が究極的に生じる普遍的な原理」の探求へと移り、道徳の起源の説明において功利性を明確に打ち出したことで、ヒュームは功利主義にもつながる流れにある。規範理論における功利主義対直観主義という対立軸を設定したのは次章で見るベンタムだと思われるが、ヒュームは少なくともそのような抗争の火種をまき、対立のお膳立てをした人物と考えられる。

(19) たとえば Hudson (1967) を参照。

第二章

(1) なお、本書では功利主義の誕生についての詳しい説明はできないが、ベンタム以前にも功利主義の萌芽となる考え方を述べている思想家は少なくない(Sidgwick 1886: xxv; Baumgardt 1952: 33–63 などを参照)。この意味で、ベンタムは必ずしも功利主義の創始者とは言えないかもしれない。しかし、直観主義との対立を意識して功利主義を打ち立て、現在に至る論争の枠組みを設定したという意味で、大きな意義を持つ思想家である。

(2) 一例として、以下の一文がある。「功利主義に間接的に反するもの――『独断主義』。本物か仮のものかわからないが、とにかく感覚あるいは感情を持ち出してきて、それが場合によっては功利主義に反して行為する義務さえをも支持する十分な理由になるとする立場。計算を放棄し、快苦という観点での帰結を顧慮しない」(Bentham 1834: 24)。

(3) 第五章で詳しく見るように、ベンタムの deontology を現代的な意味での「義務論」と訳すことはできない。

(4) もっとも、以下で見るように、同時代の功利主義者ペイリーやゴドウィンも、多かれ少なかれ、同じような対立軸の理解を示している。また、J・S・ミルもセジウィック批判論の中で、道徳感覚説として直観主義をひとまとめに論じている(Mill, J. S. 1835: 122)。したがって、一八世紀終わりごろまでに、功利主義と直観主義を対比的に論じる風潮ができつつあったように思われる。なお、セジウィックについては第三章注2を参照。

(5) ベンタムは宗教的なサンクションを挙げているが、本章および次章で説明する「神学的功利主義」の立場と異なり、彼自身はこれにあまり重きを置いていなかったとされる(Sidgwick 1886: 242–3)。

(6) これは、スーザン・ウルフ(Susan Wolf, ノース・キャロライナ大学教授)が「道徳的聖者」という論文で述べている言葉である。彼女は、ゴドウィンのような立場を「愛情に満ちた聖者(Loving Saint)」としてカリカチュアし、道徳的聖者は人間らしい生活を送ることができないとしている(Wolf 1982)。ゴドウィンのこのような考え方に対する批判については、次章のオースティンの説明も参照。

（7）　これは新約聖書にある言葉で、ペテロが神について語るさいに用いた表現である（使徒言行録 10: 34）。

（8）　なお、ゴドウィンはこうした批判を受けて、一般的規則の重要性を後に受け入れるようになる。詳しくは以下を参照。Schneewind（1977: 152–3），Singer（2002: 155–9）．

第三章

（1）　ただし、シュニーウィンドはアレグザンダー・スミスを隠れ功利主義者であったとして、高く評価している（Schneewind 1977: 75, 160–3）。

（2）　セジウィック（Adam Sedgwick，一七八五～一八七三）は、近代地質学（geology）の創始者の一人。ダーウィンが彼の講義を聞いていたとされる。ただし、聖書を信じていたセジウィック自身は進化論に否定的だった。J・S・ミルがセジウィックを批判する論文を著している。次章で述べるシジウィック（Sidgwick）とは別人なので注意。

（3）　コールリッジ（Samuel Taylor Coleridge，一七七二～一八三四）は、ワーズワースと並んで英国のロマン主義者の代表的思想家である。J・S・ミルにも影響を与えた（詳しくは Mill, J. S. 1873 を参照）。ミルはのちに、知られざる現代の二人の偉人の一人としてコールリッジを紹介した。もう一人はベンタムである（Mill, J. S. 1867: 132）。

（4）　もっとも、カントは次のようにリード流の常識道徳を批判していたことを忘れるべきではないだろう。「自説を弁護する言句に窮した場合に、常識をあたかも神のお告げででもあるかのように持ち出すべきではない。洞察と学とが落ち目になり、衰退の一途をたどるようになると、この時とばかりに常識を引き合いに出すのは、当世の狡猾な発明の一つである。すると浅薄きわまる饒舌でも、造詣の深い学者と安んじて張り合うことができるし、またかかる学者を相手にして引けをとらずに済むのである」（Kant 1783: 15–6; cf. 長尾 2004: 26–7）。

（5）　さらにオースティンは、規則は個々の状況に応じて守っても守らなくてもよいものではなく、たとえごく例外的な状況においてそれに従うことが全体の幸福を減らすとしても、原則的に常に守られるべきものであると主張した（Austin 1995: 43–4）。シュニーウィンドはこの点を評して、オースティンはペイリーよりも完全な規則功利主義者だと述べている（Schneewind 1977: 154）。規則功利主義については本書第六章を参照。

（6）規範理論としての功利主義に子ミルが付け加えた修正としては、快楽の質の議論が有名である（『功利主義論』第二章）が、本書の大筋とは関係がないので省略する。また、子ミルもオースティンのように規則の重要性を主張した。功利計算をしている暇はないという批判に対しては、有名な「航海暦（Nautical Almanac）」の比喩を出した。「水夫に航海暦を自分で算出する暇がないからといって、航海術が天文学に基づいていないとはだれも言わない。水夫だって理性的動物なのだから、すでに計算済みの航海暦を携えて航海に出かけるのである」（Mill, J. S. 1863: 25–6/486）として、道徳においても補助原理（規則）が必要なことは明らかであると主張した。

（7）なお、子ミルもオースティン同様、行為の正・不正は動機の善し悪しに全く左右されないと論じている。「溺れている同胞を救う者は、道徳的に正しいことをしているのであって、その動機が義務から出ていようと報酬目当てであろうと関係ない」（Mill, J. S. 1863: 19/479）。

（8）この点についてシュニーウィンドは、子ミルが功利主義を直観主義者に「売りこむ」ための戦略的な配慮をしたため、直観主義批判を控えたのだろうと述べている（Schneewind 1977: 180）。

（9）詳しくは、たとえば泉谷（1991）や大久保（1999）を参照。なお、子ミルは、道徳における直観主義を徹底的に批判するために、道徳だけでなく数学や科学などでも直観主義を批判し徹底した経験論の立場を貫いたが、これらの領域に関してはあまり分がよくなかった（cf. William 1985: ch. 3）。

第四章

（1）二〇一〇年七月一七日に慶応義塾大学において開催されたイギリス哲学会関東部会にて、「直観主義から義務論へ――一九世紀末から二〇世紀前半の英国倫理思想」という題名で本章と次章の骨子について報告を行なった。多くの有益なコメントをしてくれた研究会の参加者の方々に感謝する。

(2) シジウィックの生涯についてさらに詳しくは、行安(1992)の第一部第二章を参照。

(3) ホッブズ主義に対するバトラーの批判は本書第一章で扱った。

(4) ここでシジウィックが言う「方法」とは、「個々の人間が行なう『べき』こと――あるいは行なうのが『正しい』こと――を決めるための合理的手続きのこと」(Sidgwick 1907: 1) である。つまり、方法とは、目的達成のための実践的な行為指針(意志決定の手続き)を提供するものを意味する。たとえば、利己的快楽説について見ると、利己主義の原理は、「各人がなす行為の合理的な目的は、当人の幸福ないし快楽の最大化である」というものである。それに対し、この目的を達成するための実践的な行為指針を与えるものが利己主義の方法である(第二部第一章)。たとえば、行為が生み出す快楽を比較検討して、より大きな快楽を生みだす行為を選択する、というのがそれに当たる。

(5) 実践理性の二元性についてもう少し補足しておきたい。バトラーやリードらは、自愛と良心の潜在的対立の問題に関して、宗教によって利益と義務が一致すると説いた。リードは、良心と自愛の思慮が対立する場合はどうするかという問いに対して、神が世界を作ったのでそのようなことは起こり得ないと述べた。ただし、無神論者は、神による道徳的調和という想定ができないため、自己利益よりも道徳的行為を優先して愚か者(fool)になるか、道徳よりも自己利益を優先して悪漢(knave)になるかの選択を迫られる可能性があると考えた(Schneewind 1977: 69)。シジウィックは、宗教に対する懐疑が強まったヴィクトリア朝期における哲学者であった(Coady 1994)ため、彼は宗教の必要性を感じながらも――それゆえ心霊現象の研究に没入していた(cf. 中井 2009: ch. 1)――、学問としての倫理学に宗教的前提を入れることを拒み、この愚か者にも悪漢にもそれぞれ合理性を見てとって真剣に悩んだのだと言える。バトラーの議論およびシジウィックとバトラーの関係については、柘植（1999）、奥野（1999）、横山（1991）を見よ。
（6）なお、シュニーウィンドによれば、功利原理の証明には直観が必要だという指摘は、ジョン・グロート（John Grote）らによってシジウィック以前にもなされていた（Schneewind 1977: 118, 173）。
（7）とはいえ、誤解のないように繰り返しておくが、シジウィックは子ミルと同様、功利主義者であり続けた。すなわち、彼は常識道徳を公理として受け入れる教義的直観主義を批判し、哲学的直観を土台に据える功利主義者であった（Sidgwick 1907: xxii）。なお、次章で見るように、教義的直観主義と哲学的直観主義という、混乱を招きやすい区別をシジウィックが行なったことが、「義務論」という言葉を生み出すきっかけとなる。
（8）さらに同時代の人物評については、中井（2009）も見よ。
（9）グリーンやブラッドリーの思想について、詳しくは Schneewind (1977: ch. 14), Hudson (1980: ch. 3）を参照。また、彼らとほぼ同時期に影響力を持ったスペンサー（Herbert Spencer, 一八二〇〜一九〇三）らの進化論を土台にした倫理理論については、上記のほか、内井（1996）の第二部を参照せよ。
（10）もっとも、ムーアの影響力は絶大だが、『倫理学原理』はそれほどおもしろい本ではない。たとえば清水幾太郎は、この本について、「何一つ証拠らしいものを挙げずに、単純な断定を限りないトートロジーの連鎖のように叙述した著作」であり、「とにかく、よほど特殊な条件の下でなければ、気持よく通読することが出来ないような、況《ま》して、興奮や感動に誘い込まれることなど考えられぬような書物である」と述べ、ケインズたちが本書を読んで経験した興奮は「恐らく、女王の治世が終った二〇世紀初頭の特殊な条件と結びつけて考えるべきものなのであろう」と述べている（清水 1972: 22–3）。
（11）詳しく言えば、ムーアは一九二二年に『倫理学原理』の二刷を出し、それにより、分析的倫理学の古典として大きな影響を与えることになる（Baldwin 1993: xi）。なお、ムーアは本文を大きく書き直して、第二版の序文も付けようと考えていたが、果たされなかった。第二版の序文は一九九三年版の『倫理学原理』で公になる（*ibid.*）。

(12) 以下の翻訳は原文を参考に邦訳を一部改変している。なお、ブルームズベリ・グループとムーアの関係については、清水幾太郎の『倫理学ノート』の第一章にも詳しい（清水 1972）。

(13) この区別は後に「価値の理論」と「義務の理論」としても知られるようになる（たとえば Bayles 1968: 2）。なお、ムーア以前に、シジウィックも『倫理学の方法』第一巻第九章において同じ区別を行なっていたと思われる（Sidgwick 1907）。ただし、シジウィックは「すべし（ought）」を「善い（good）」よりも根源的な概念と理解していたのに対し、ムーアは「善い」を「すべし」よりも根源的な（それ以上分析できない）概念と考えたという違いがある（Hurka 2003: 603）。

(14) 『倫理学原理』第二章や第四章で説明されているように、「自然主義的誤謬」には、善さの定義に快楽や幸福などの自然的性質を用いる場合だけでなく、神の意志などの非自然的（形而上学的あるいは超感覚的）な事柄を用いる場合も含まれている。フランケナは、「自然主義的誤謬」という言葉は誤解を招きやすいとして、「定義主義者の誤謬（definist fallacy）」という言葉を用いた（Frankena 1939: 6）。

(15) ただし、ムーアは子ミルに比べると保守的な志向が強かったことが指摘されている（Stingl 1997: 155）。これは一つには、社会改革の帰結を正確に評価することは困難なため、われわれはむしろ常識道徳に従うべきだとムーアが考えていたからである。

(16) 「理想的功利主義」という言葉は、オックスフォード大学ニュー・コレッジでフェローを務めたラシュダール（Hastings Rashdall, 一八五八〜一九二四）が『善悪の理論（*The Theory of Good and Evil*）』（一九〇七）において、多元的な価値を認める自らの功利主義を指すために最初に用いた（Rashdall 1907: 217; Hurka 2003: 614）。

(17) トマス・ボールドウィン（Thomas Baldwin）によれば、ムーアの理想的功利主義は、シジウィックの哲学的直観主義の主張を受けて展開したものである（Baldwin 1993: xiv）。また、ダーウォルは、言葉の意味に注目したり、基本的な倫理的概念が還元不能だと述べたり、自然主義的誤謬と呼ばれる間違いを指摘したりしたのは、ムーアが初めてではなく、シジウィックがすでに行なっていたと述べている（Darwall 1989: 373）。トロント大学の哲学教授であるトマス・ハーカ（Thomas Hurka）によれば、ムーアの『倫理学原理』が出た当初の書評においても、ムーアの主張が必ずしも独創的ではないことや、ムーアがシジウィックに大きな影響を受けていることが指摘されていた（Hurka 2003: 599）。なお、ハーカの論文は、ムーアを倫理学を刷新した思想家としてではなく、シジウィックからロスに至る倫理学の発展の途中に位置する思想家として捉え直す試みをしている重要な論文である。

(18) 子ミルは功利原理は第一原理のため直接証明できないとしながらも、間接的な証明を行なった。それは、「ある対象が見える（visible）ことを証明するには、人々が実際にそれを見るほかない。ある音が聞こえる（audible）ことを証明するには、人々がその音を聞くほかない。（…）同じように、何かが望ましい（desirable）ことを示す証拠は、人々が実際に望んでいるということしかない」という前提から出発して、「なぜ全体の幸福が望ましいかについては、（…）事実、誰もが自分自身の幸福を望んでいる」ため、「各人の幸福はその人にとって善であり、したがって、全体の幸福はすべての総体にとって善である」と推論するものである（Mill, J. S. 1863: 36/497）。この推論については、『功利主義論』の出版直後から批判がなされてきた。一つは人々があることを望んでいるという事実から、それが望ましいと結論することはできないというものであり、もう一つは、各人の幸福がその人にとって善であるという事実から、全体の幸福がすべての総体にとって善であると結論するのは論理的な誤り（合成の誤謬）であるというものである。たとえばジョン・グロートが一八七〇年にはこうした批判をしている（Schneewind 1977: 181–5）。ムーアが『倫理学原理』（第三章第四〇節）で行なったのも、それと同様の批判である。

（19） 自然主義的誤謬に対する批判については、Warnock（1978）の第一章（一九六〇年の初版では第二章）の説明がわかりやすい。ウォーノックはそこで、自然的性質やその他の性質によって善を定義する試みは間違っているというムーアの議論は、そもそも善は単純で定義できない概念であるということを前提としており、論点先取であるという指摘や、子ミルはムーアが批判した箇所においてムーアの言うような「善さ」の定義をしているわけではないという指摘などを行っている。ただし、近年、自然主義的誤謬を再解釈しようという動きもある。近年のムーア研究については、『倫理学原理』出版一〇〇周年記念シンポジウムの諸論文を収録した *Ethics*（April 2003）のムーア特集を参照せよ。

第五章

（1） たとえば Prichard（1949）や Ross（1930）や Broad（1934）には、索引にヒューウェルやリードの名前は見られない（この点はムーアの『倫理学原理』も同様である）。二〇世紀の功利主義がそれ以前の功利主義の伝統を明らかに引き継いでいるのに対して、一九世紀の直観主義と二〇世紀の直観主義にはこの一見したところの「断絶」がある。この断絶がどのような事情で起きたのかについては、今後の研究が必要である。

（2） 以下、プリチャードの著作の他、Ayer（1982）, Warnock（1967）, Dancy（1991）などを参考にした。

（3） 「一見自明な」というのは、*prima facie* の訳であり、「一見して」（first appearance）という意味のラテン語である。*prima facie* という表現は、「一見してそうであるが、実はよく考えてみるとそうではない」という意味にとられる可能性があるが、ロスによれば、一見自明な義務とは当の状況の本質に含まれている客観的な事実である（Ross 1930: 20）。「一応の義務」という訳もあるが（たとえば岩崎 1963: 91–2）、本書ではロスの説明を考慮に入れつつ「一見自明な」という訳を採用した。

（4） カントはこの問いに対して、真実を述べることが絶対の義務であり、（友人を助けるという）人間愛から嘘をつくというのは許されないと答えている（Kant 1797. 簡単な解説については赤林 2005: 42–3を見よ）。

（5）方法論的直観主義、認識論的直観主義という区別は、B・ウィリアムズによるものである（Williams 1995: 182）。レディング大学の哲学教授のブラッド・フッカーは、前者を道徳的多元論（moral pluralism）、後者を（道徳）器官直観主義（faculty intuitionism）と呼んで区別している（Hooker 2002）。方法論的直観主義という言葉はわかりにくいため、以下の本文では多元論という言葉で置き換えた。

（6）シジウィックの次の注も参考になる。「次の点に注意すべきである。すなわち、オースティンはベンタムに倣って、「道徳」という言葉を用いる際に、通常、彼〔オースティン〕がより明確に「実定道徳（positive morality）」と呼ぶものを意味していることである。実定道徳とは、ある社会における一般的な意見によって支持される規則の体系のことである」（Sidgwick 1907: 245 note 1）。

（7）自然のあり方やその法則を経験を用いて研究する自然学（physics）に対して、その背後にあり経験によっては知りえない原理（たとえば、何者がその法則を作ったのか）を探求し、また、実在、実体、因果性といった概念の分析を行なうのが形而上学（metaphysics）である。それと同様に、「何をすべきか」を問題にする規範倫理学に対して、メタな位置にある研究領域をメタ倫理学（metaethics）と呼ぶ。たとえば、道徳と宗教の関係や、道徳の客観性を問題にしたり、どのように道徳的判断の真理性を認識できるか、「善い」「正しい」とはどのような意味かを問題にしたりする。

（8）ラウデンによれば、カントも「義務論」という言葉を一度も使っていない（Louden 1996: 573 note 7）。

（9）ラウデンはカント研究者で、米国サザン・メイン大学の哲学教授。ちなみに、Louden はルーデンと発音するのかラウデンと発音するのかと、本人にメールで尋ねたところ、ラウデンと発音するとのことだった。

(10) ＯＥＤでは一八二六年にベンタムがウェストミンスター・レビューで公表した論文をこの語の初出として引いているが、実際にはベンタムが一八一七年に出版した『クレストマシア(*Chrestomathia*)』の中で、この言葉を用いており、さらに草稿レベルでは、一八一四年八月ごろに書かれた草稿で用いられている。彼の死後一八三四年には、まさにこのタイトルの本(*Deontology*)が出版されている(Louden 1996: 573-4)。ちなみに、ＯＥＤによれば、「存在論」を意味する'ontology'(存在の科学ないし研究。存在の本質に関する形而上学の一部門)の初出は一六六三年である。

(11) ＯＥＤのdeontologyという項目の最初の定義も、「義務の科学」となっている。「義務の科学。道徳的義務に関わる知識の部門。倫理学」(Louden 1996: 575 note 14)。

(12) 一八九九年にフランク・シリー(Frank Thilly)が英語に翻訳した。日本では一八九九年にパウルゼン『倫理學』として序論部分が翻訳され、一九〇四年に原本第五版が『倫理學大系』として全訳されている。訳者は蟹江義丸らである。

(13) ミューアヘッド(J. H. Muirhead 一八五五〜一九四〇)は、グリーンらの観念論哲学の最後の世代だとされる。バーミンガム大学の初代哲学教授。

(14) *Penguin Dictionary of Philosophy*(一九九六)の'deontological'の項でもブロードの用法がミューアヘッドの用法より先に挙がっている。

(15) ちなみに、義務論と対比される「目的論」という言葉も現在ではほとんど使われなくなり、代わりに「帰結主義(consequentialism)」という言葉が用いられている。ＯＥＤによれば、この語の初出は一九六九年である(J. Cargile in *Analysis* XXIX. 83)が、ビーチャムとチルドレスの*Principles of Biomedical Ethics*(Beauchamp and Childress 1997: ch. 1 note 1)や、ラッセル・ハーディン(Hardin 1988: 1)によると、アンスコムの有名な論文(Anscombe 1958)が初出とのことである。この言葉の変遷がどうやって生じたのかについては、別の研究が必要である。

（16）また、ラウデンは「義務論」という言葉の命運についても論じていない。今日、「義務論」（あるいは非帰結主義）と言えばカントやロスのことを指し（Kamm 2000: 205）、ヒューウェルやそれ以前の直観主義者が出てくることはまずないのは、どのような経緯からなのか。これについても別の研究が必要である。

（17）非認知説とは、道徳判断は一見真偽が問える命題に見えるが、実は何らかの存在や性質について記述しているわけでなく、感情や態度の表明や推奨、命令の一種であるとする考え方のことである。たとえば、「盗むことは不正である」という道徳判断は、「盗むの反対！」「盗むな！」といった態度の表明や命令と理解される。

第六章

（1）たとえばWhite（2002: 472–81）。

（2）二〇世紀のメタ倫理学の流れについては、さまざまな本があるが、日本語で読めるものとしては、たとえば赤林（2007）を見よ。

（3）ロスと同時代の直観主義者による功利主義批判についてはキャリットも見よ（Carritt 1928）。

（4）ハロッドは当時ケンブリッジ大学にいたケインズと仲がよく、『ケインズ伝』を書いたことでも知られる。ハロッドの人物と思想について詳しくは、中村（2008）を参照せよ。

（5）アームソン（J. O. Urmson, 一九一五～）は、子ミルが（ロス流の功利主義批判の対象となる）行為功利主義の立場を採っていたと考える従来の解釈は誤りで、『功利主義論』や『自由論』をよく読めば、子ミルは実際には規則功利主義の立場を採っていたことがわかると主張している（Urmson 1953）。子ミルが規則功利主義者だったかどうかについては議論がある。たとえば、小泉（1997: 162–5）を参照。なお、アームソンは、オックスフォード大学のコーパス・クリスティ・コレッジのフェローを務めた。バークリやアリストテレス研究でも有名な哲学者である。

（6）たとえばSchneewind（1977）やMonro（1972）などを参照せよ。

（7） このあたりの経緯については、Lyons（1965: 10–1）も見よ。

（8） ベイルズ（Michael D. Bayles）は米国の道徳哲学研究者。*Contemporary Utilitarianism* を編集した時点では、ニューヨーク州ブルックリン・カレッジの哲学准教授。

（9） ハロッドの立場は、のちにブラントらの規則功利主義とは区別されて、「普遍的一般化（Universal Generalization）」という風に呼ばれるようになる。これについて詳しくは、Hardin（1988）や安藤（2007）などを参照せよ。

（10）「功利主義は要求が高すぎる」というのは、功利主義に対して繰り返しなされている批判である（cf. Shaw 1999: 129–32）。

（11） スマートの言葉では、それぞれ、「極端な功利主義（extreme utilitarianism）」と「制限付き功利主義（restricted utilitarianism）」。

（12） ヘアは経験則について、次のように説明している。「この語は元来、技術者や砲手や航海士などが用いる表現であり、彼らの用法では、時間と思考を節約するための単なる工夫を意味しており、それを破ったからといって、（…）道徳原則に違反したときのような咎めを感じることは全くない」（Hare 1981: 38/59）。

（13） この後、ブラントの議論を展開する形でライオンズ（David Lyons）が規則功利主義と行為功利主義の関係について論じている（Lyons 1965）が、ブラント以上に話が細かくなるので、ここでは立ち入らない。また、現代の規則功利主義（規則帰結主義）については、Hooker（2000a, 2000b）を見よ。

（14） なお、フランケナは、行為と規則で分類するやり方を義務論にも適用して、個々の判断を基礎的と見なすか、あるいは一般的な規則を基礎的と見なすかで、行為義務論（Act-deontological theories）と規則義務論（Rule-deontological theories）という区別を行なっている（Frankena 1963: 15–6）。フランケナは、前者にはキャリットや（留保付きで）プリチャードが、後者にはクラーク、プライス、リード、ロス、カント、（留保付きで）バトラーが入れられている。シジウィックの直観主義の三分類と対応させると、知覚的直観主義は行為義務論、教義的直観主義は規則義務論ということになるだろう。

(15) ヘア自身は大天使とプロールという比喩を用いている(Hare 1981: 3. 1)。大天使は「超人的な思考力と超人的な知識を持ち、人間的な弱点を全く持たない存在者」であり、常に批判的思考を行なうことが可能であるため、直観的思考は必要ない。それに対して、そのような思考力や知識を全くといってよいほど持ち合わせず、自分や身内をひいきする傾向にあり、したがって直観的規則に従うことでしか道徳的に行為できない存在者をプロール(最下層民)と呼んでいる。ヘアは、われわれ人間は「程度の差はあれ、限られた程度に両方の性格を持つし、また場合に応じてそれぞれの性格に近づいたり離れたりする」という理解をしている。

(16) 以上の記述については、スプリッグ(T. L. S. Sprigge, 一九三二〜二〇〇七)によるマクロスキー批判論文で述べられている内容(Sprigge 1965)と、Rachels (2003: 8. 5)で述べられている内容を参考に整理しなおしたものである。『生命倫理学と功利主義』の拙論(児玉 2006)も見よ。

(17) 次の文章は、そのような事情を皮肉ったものである。

優秀な哲学者になる方法、テクニックその一〇
しばらくのあいだ――1秒か2秒――考えて、思いつくかぎり最も過激な倫理的難問を考えだすこと。その難問には、なんらかの仕方でナチスが関係していることが望ましい。たとえば、ある人物Bが、もしある人物Aに出会ったらどうすべきか。Aはナチスのフリをしているが、実は現在はナチスではなく、しかしかつてはナチスであり、そしてBを殺すと脅している。しかしBはAが現在あるいはかつてナチスであったかどうか知らず、またBは単に楽しみのために幼児(ただしナチスの幼児だけ)を拷問する嗜好を持っていることで知られており、しかもAの子供と特別な関係にある。さらにAの子供はナチスではないが、万一AがBをなんらかの仕方で傷つけるか、Bがナチスの子供を拷問する嗜好を持っていることを偽るならばナチス党に入るであろう。難問が完成したと思っ

たら、読者の直観を混乱させるために、自分の妻をたいへんな苦境から救う可能性を加えること。(Sadler 2002: 14)

(18) 詳しくは Seanor and Fotion (1988), 奥野 (1999: ch. 8) など参照。なお、ヘアの二層理論に対する代表的な批判としては、B・ウィリアムズのものがある。彼は、批判レベルの思考と直観レベルの思考という二階建ての思考を行なうことは、人間心理として困難であるという批判を行っている (Willams 1981: 51–3)。それに対するヘアの応答については (Hare 1981: 3. 3) を参照。

第七章

(1) ボストン大学の分析哲学者のヒンティッカ（一九二九〜）は、直観主義の復興をストラットン＝レイクよりも少し早い一九六〇年代中盤と位置付け、これは言語学者のチョムスキー (Noam Chomsky, 一九二八〜) が哲学領域にまで与えた大きな影響によって生じたものだと指摘している。チョムスキーの生成文法 (generative grammar) 理論では、人間はあらゆる自然言語に共通する「普遍文法」を生得的に持っていると考える。また、文法理論の役割は、すでに存在する発話全体を所与のデータとみなして整合的に説明することではなく、その言語を用いる話者が直観的に受け入れるような文章をすべて——またそれだけを——生み出すような「生成規則」(generative rules) を作り出すことであるとチョムスキーは考えた (Hintikka 1999: 127)。ヒンティッカはこの理論が、分析哲学全体に大きな影響を与えたとしている。チョムスキーについてはロールズも『正義論』で言及しており、その影響を受けていたことは間違いない。なお、ロールズはマサチューセッツ工科大学（MIT）ではチョムスキーと同僚で親交があった (Pogge 2007: 18)。

(2) 第一原理は基本的な権利と義務を平等に割り当てることを要求する。第二原理は、富や権威などの社会経済的格差を、それによって社会の成員すべてに——とりわけ社会の最も恵まれない成員に対して——補償的な利益がもたらされる場合に限り、正義に適っているとみなす (『正義論』第一章第三節)。

（3） ただし、ロールズは、この順位付けの決定において完全には直観を排除できないことを認めている。また、『政治的リベラリズム』では、プライスらの理性的直観主義との対比でロールズの正義論が語られている（Rawls 1993: 91–2; cf. Audi 2002: 51）。

（4） ロールズは「シジウィックに至るほとんどの古典的英国思想家」と書いているが、具体的に誰から始まるのかは述べていない。ただし、第九節の注二六では、アリストテレスの『ニコマコス倫理学』にまで遡ることができると述べている。また、反省的均衡という方法論に関しては、初版第九節と第八七節で「ソクラテス的」であると述べられている（ただし、改訂版では第九節の「ソクラテス的」という言葉を含む段落は削除されている）。

（5） ヘアは、ロールズが『正義論』で述べた「現代的な」（すなわち過去には支持されなかったであろう）直観の例として、格差原理が常識と合致するというくだり（「生まれつきの能力の分布において自分がどのあたりに位置するかについては、社会における自分の出発点と同様、自分の力によるものではないという信念は、われわれの熟慮を経た判断の中でも、確固とした信念の一つと言える」（Rawls 1971: 104））を挙げている（Hare 1973: 82 note 3）。内井（1989）も、格差原理（マキシミン・ルール）を合理的とするロールズの考えは、正義についての特定の直観に基づくものであり正当化できないとして退けている。

（6） ブラントは、より中立的な表現で、「整合説直観主義者」（coherence-intuitionist）と呼んでいる（Brandt 1979: 20–1）。整合説については本章第4節を参照せよ。

また、ハドソンはロールズを「ネオ直観主義者（neo-intuitionist）」の一人として挙げている。ここでいうネオ直観主義者とは、「論理的には功利原理に還元不能であるような——また道徳的にもそれに従属していないような——道徳的確信が存在し、こうした『直観』をわれわれが無視するならば、道徳の本質を見誤ることになる」という意見を持つ哲学者たちのことである（Hudson 1980: 170–1）。ハドソンは、ネオ直観主義者として、ロールズの他に、アンスコム（G. E. M. Anscombe）、ウォーノック（G. J. Warnock）、レッシャー（Nicholas Rescher）、ハンプシャー（Stuart Hampshire）、ウィリアムズ（Bernard Williams）などを挙げているが、筆者の知る限り、その後ネオ直観主義者という表現が用いられることはほとんどなかったようである。

(7) 川本（1997: 183ff）によれば、このようなヘアの批判を受けて、ロールズは広義と狭義の「反省的均衡」（反照的均衡）を区別して議論を発展させた。この区別に関するシンガーの批判については、Singer（2005）の第四節を見よ。簡単に言えば、「広義の反省的均衡」は広すぎて方法論としては無内容になるというものである。ヘアによるロールズ批判について、さらに詳しくは、渡辺（2001）の第一章、第二章を参照せよ。

(8) ロールズが用いる言語学（文法理論と言語直観）との比喩について、ヘアは、倫理学において言語学とのアナロジーが成り立つのは、文化人類学的な記述理論のみであり、実質的な規範理論には当てはまらないとしている（Hare 1973: 85–6）。なお、ロールズの反省的均衡が保守的だという批判については、Stingl（1997: 153）も参照せよ。

(9) 以下、Jamieson（1993）を主に参考にした。基礎付け主義と整合説については、福間（2007: 140ff.）も参照せよ。

(10) すでに本書で見たように、ベンタムやミルは第一原理としての功利原理は証明できないとし、シジウィックは哲学的直観によって、またヘアは言語的直観によって功利原理を基礎付けようとした。

(11) 常識道徳（熟慮を経た判断）の役割に関するロールズの立場は、シジウィックよりも、ロスのものに似ていると言えるだろう。次のロスの主張は、ロールズの反省的均衡の方法論を予見するものだと思われる。「思慮深くよく教育された人々の道徳的確信は、感覚知覚が自然科学のデータであるのと同様、倫理学のデータである。感覚知覚の一部が錯覚として退けられなければならないのと同様、道徳的確信の一部もそうである。しかし、一部の感覚知覚が退けられるのは、他のより正確な感覚知覚と衝突するときに限るのと同様、道徳的確信が退けられるのも、反省のテストによりよく持ちこたえた信念と衝突するときに限る。(…) 最善の人々の道徳的意識が下す判決は、理論家が理論を作る際の土台である」(Ross 1930: 39–41)。

(12) たとえば Kymlicka (2002) や Sandel (2009) などを参照。

第八章

(1) 本章は、児玉 (2010) を修正したものである。また、本章の執筆に先立ち、二〇一〇年三月二〇日に京都女子大学において開催された京都生命倫理研究会にて、「ハート・デブリン論争再考 (加茂直樹氏「法と道徳のノート」についてのノート)」という題名の報告を行なった。多くの有益なコメントをしてくれた研究会の参加者の方々に感謝する。

(2) とはいえ、同性愛行為が刑罰の対象となる国もまだ世界には多くあることを忘れるべきではない。International Lesbian, Gay, Bisexual, Trans and Intersex Association のサイトを参照せよ。http://ilga.org/ (二〇一〇年三月三一日最終アクセス).

(3) たとえば田中 (1994) の第五章。

(4) On This Day 1957: Homosexuality 'should not be a crime' (BBC News) http://news.bbc.co.uk/onthisday/hi/dates/stories/september/4/newsid_3007000/3007686.stm (二〇一〇年三月三日最終アクセス).

(5) 報告書は、伊藤豊 (2007) によっても詳しく紹介されている。

(6) 英国における同性愛の歴史について詳しくは、Crompton (1978) を参照せよ。

(7) ただし、検挙数の増加が同性愛行為の増加を意味しているのか、警察の捜査能力の向上を意味しているのかは明らかでないと報告書は述べている (報告書: 40)。

(8) On This Day 1957: Homosexuality 'should not be a crime' (BBC News).

(9) Timeline: Fight for gay equality (BBC NEWS: 2005/05/09) http://news.bbc.co.uk/2/hi/uk_news/4530803.stm (二〇一〇年三月三日最終アクセス). なお、売春に関しては、それ自体は犯罪と

されるべきではないが、売春のために公然と人を勧誘する行為は一般市民にとって不快（迷惑）となる行為であるとして、道路や公園など公共の場所における売春の勧誘行為を厳罰化するとともに、その立証を容易にする立法が行なわれるべきだと勧告した。この勧告に基づき、路上犯罪法（Street Offences Act）が一九五九年に成立した（昭和三五年版犯罪白書第一編第二章二の4を参照した。http://hakusyo1.moj.go.jp/jp/1/nfm/mokuji.html 二〇一〇年八月二日最終アクセス）。

(10) オックスフォード大学のウェブサイトにあるH. L. A. Hart の追悼文より。Obituary: H. L. A. (Herbert) Hart (Oxford University). http://www2.law.ox.ac.uk/jurisprudence/hart.shtml（二〇一〇年三月三日最終アクセス）. なお、ハートの生涯についてはニコラ・レイシー（Nicola Lacey）の伝記に詳しい（Lacey 2004）。

(11) 『インディペンデント（*The Independent*）』紙の Obituary（追悼文）を参考にした。Obituary: Lord Devlin (*The Independent* by James Morton). http://www.independent.co.uk/news/people/obituary-lord-devlin-1539619.html（二〇一〇年三月三日最終アクセス）. 興味深いことに、この追悼文にはハート・デブリン論争のことは一言も触れられていない。

(12) 『リスナー』はBBC（英国放送協会）が出していた週刊誌で、一九九一年に廃刊となった。

(13) オースティンについては本書第三章を参照せよ。ちなみに、オースティンは実定道徳という表現は用いているが、批判道徳という表現は用いておらず、これはハートが作った言葉だと思われる。「批判道徳」という言葉は、ヘアの「批判レベル」という言葉を想起させるが、この関係も明らかではない。なお、ヘアがこの言葉を使い出すのは一九七〇年代に入ってからである（Hare 1981: 2. 1）。

(14) ミルは『自由論』が出版されたとき、五〇代であった。

(15) 他者危害原則と不快原則の関係についてさらに詳しくは、Feinberg（1973: ch. 3）を参照せよ。

(16) デブリンの議論に対して約四半世紀後に書かれ

たヘアの批判も基本的に同じである。(1)公共道徳を守らなければ社会が崩壊するというデブリンの主張は、功利主義的（帰結主義的）議論である点で評価できるが、それは（その後の歴史を考えると）事実として誤りであったために正しい主張ではなかったと言える。(2)また、同性愛は不正であるという人々の意見に基づいて道徳的な推論をするのは誤っている。同性愛の事例を考えればわかるように、「街の人（Clapham commuter）に道徳の案内人になってもらうのは非常に危険である。その人が問題の事柄について十分に考え抜き、また十分に情報を得ているのでないかぎりは」(Hare 1987: 106)。

(17) 詳しくは加茂（1991）を参照せよ。

(18) ハートの表現では、「人間の不幸と自由の制限は害悪である。だからこそ、法による道徳の強制は正当化が必要なのである」(Hart 1963: 82)。

(19) ウォルフェンデン報告とベンタムの刑罰論を結び付けて論じる試みは、法学者のヒューズ（Graham Hughes）が一九六二年の「道徳と刑法」という論文でつとに行なっており、井上（1962）や加茂（1991）が詳しく紹介を行なっている。かいつまんで言えば、ヒューズは、ウォルフェンデン報告に対するデブリンの批判は、「道徳と法についての功利主義あるいはベンタム主義的見解」に対する批判に他ならないとして、公的な意思決定における理性的な議論を重視するベンタムの帰結主義的アプローチに対して、一般人の感情を重視して理性の使用を軽視するかのようなデブリンの主張は、非常に危険だと述べている。

(20) なお、この議論は、『道徳と立法の諸原理序説』(Bentham 1789) 第二章の共感と反感の原理についての議論と対応している。共感と反感の原理については、本書第二章を参照。

(21) イエール大学のロースクールの長を務めたEugene V. Rostow（一九一三〜二〇〇二）のこと。デブリンの立場を支持する論文（Rostow 1960）を書いた。

(22) なお、reasonable と rational の区別と言えば、ロールズが『政治的リベラリズム』において両者を区別していることが想起される。ロールズは、カントの定言命法と仮言命法の区別に依拠して、みなが社会的な協力を行なうための道徳規則を取り決め、またそれが道徳的であるがゆえに従うという道徳的感受性を持つような人を「道理のわかる人」とし、それに対して、全体の善や個人の利益といった目標を最も効率的な手段を用いて追求する人を「合理的な人」と呼んだ（Rawls 1996: 48–51; cf. 渡辺 2000: 124–33）。しかし、感情や常識道徳に対して、理性や理論を対比するデブリンの区別は、カントに依拠するロールズの区別よりも、ここで引用しているロスの常識道徳を重視する立場に近いように思われる。

（23） 最高裁判決、猥褻文書販売被告事件、昭和三二年三月一三日最高裁判所大法廷。http://www.courts.go.jp/hanrei/pdf/29781F7F9B5D2FA449256A850030AFC6.pdf（二〇一〇年三月三日最終アクセス）.

（24） 以下のまとめは、加茂（1991）に基づく。ちなみに、ヘアはウォルフェンデン報告とウィリアムズ報告を「一貫して功利主義的な仕方で論じられている」として誉めている（Hare 1993:112）。ウィリアムズは功利主義の批判者であるため、この評価は半分皮肉が混じっている。

（25） ただし、ウィリアムズ報告は、ちょうどサッチャー首相が率いる保守党が与党になったときに提出されたこともあり、その勧告内容があまりに寛容すぎるとして棚上げにされてしまった。その結果、一九五九年の法律の猥褻の定義が今日に至るまで用いられている。また、米国においても事情は同様であり、ある文書や図画が一九七三年のミラー対カリフォルニア州判決（Miller v. California, 413 U. S. 15（1973））における猥褻の定義を満たすと判断された場合は、言論の自由を保障する合衆国憲法修正第一条の保護が得られなくなる。なお、時代が前後するが、一九六四年に米国で、フランス映画『恋人たち（*Les Amants*）』が猥褻映画として規制されるべきかどうかが裁判で争われた際、ポッター・スチュワート（Potter Stewart）連邦最高裁判事は、猥褻映画（ハードコア・ポルノ）を定義することは難しいが、「見ればわかる（I know it when I see it.）」と述べた（Jacobellis v. Ohio, 378 U. S. 184, 197

（1964)）。この直観主義的な発言の意義について、詳しくはGewirtz（1996）を参照。

第九章

（1）本章は児玉（2007）を大幅に加筆修正したものである。

（2）「応用倫理学」という表現は、倫理理論や倫理原則を実践的問題に対して演繹的に適用するというイメージが強いため、誤解を招きやすいという指摘がある（実際には、現実の問題にアプローチする方法論は多様である）。たとえばChildress（2009）を参照。

（3）第二版（1983）、第三版（1989）、第四版（1994）、第五版（2001）、第六版（2009）。翻訳は『生命医学倫理』の名前で第三版と第五版が出ている。以下、本章における「第二版」「第三版」等の表記は、すべてこの著作を指す。

（4）第一版第二章を参照。とくに第三版（51）ではロス流のアプローチを採っていることが明言される。

（5）この経緯について詳しくは、Ainslie（2004）および香川（2010）を参照せよ。

（6）特定化と比較考量は、それぞれ、specificationとbalancingの訳である。前者は、原則の意味や範囲を、個々の事例に適する形へと具体化する作業であり、後者は、原則間の相対的重みについて判断することである。ともに第四版（28-37）から明確に現れる。

（7）彼らの折衷主義は広く知られており、たとえば次のように揶揄されている。「［四原則アプローチの方法論に対してこれまでになされた多くの］批判に応答して、（…）トム・ビーチャムとジェイムズ・チルドレスは、これほど多くの本当に有用な示唆をしてくれたことをすべての批判者に対して感謝しますと丁寧に述べ、批判者たちの理論はすべて、現在発展中の彼らの壮大な総合体系（grand synthesis）の一部に丁重に取り込まれることを約束した」（Arras 2007: 47）。

（8）ちなみに、ビーチャムらの四原則間に辞書的順序を付けるという試みは、ジョージタウン大学の医療倫理学教授のロバート・ヴィーチ（Robert Veatch）によってなされている。ヴィーチによれば、善行や無危害といった「帰結主義的」原理よりも、自律尊重や正義といった「義務に基づいた（義務論的）原理」が優先するとされる（Veatch 2003: ch. 10）。しかし、ビーチャムらは、このような辞書的順序を付けると、はなはだしく直観に反する事例が現れるという理由から、より柔軟なロス的アプローチを支持している（第五版：405）。

（9）四原則アプローチの検討については、別の稿に譲りたい。四原則をめぐる最近の議論については、たとえば *Journal of Medical Ethics* 2003: 29 の特集を見よ。

（10）なお、英米の理論的志向の違いについては、フィンランド出身でマンチェスター大学生命倫理学および法哲学教授のマッティ・ヘイリー（Matti Häyry）の *Liberal Utilitarianism and Applied Ethics*（一九九四）も参照せよ。彼によれば、一九六〇年代の米国で、自然権および人権思想の観点から、人種差別や国際援助などについて論じるいわゆる「応用倫理学」が始まった。そして、一九七〇年代初めに *Philosophy & Public Affairs* が創刊されると、ヘアやシンガーらの「オックスフォード大学の功利主義者たち」が議論に参加したが、「ヘア、シンガー、ハリスらによって共有されている普遍的な利他主義へのコミットメントは、大西洋の向こう側の米国ではそれほど人気がなかった。ほとんどの米国の道徳哲学者は、一九七〇年代初期までには、かつて人気のあった規則功利主義の教義を拒絶してしまい、社会的・政治的・法的な道徳は社会全体の善ではなく、個人の権利を中心に据えるべきだという考えを確信するに至ったのである」と書いている。また、その傾向を決定付けたのが「一九七二《ママ》年のジョン・ロールズの『正義論』の出版」だったと述べている（Häyry 1994: 148–9）。

（11）本文の歌詞では若干戯画化されているが、厳密な意味での「ムーアのシフト（G. E. Moore Shift）」とは、懐疑論者の「もしPならばQ、ところでP、したがってQ」という前件肯定（*modus ponens*）の議論を、「もしPならばQ、ところでQでない、したがってPでない」という後件否定

(*modus tollens*)の形にして反論する論法を指す。たとえば「もし起きているか寝ているかの違いをはっきり区別できなければ、自分の身体の存在について確信は持てない。ところで、起きているか寝ているかの違いをはっきり区別することはできない。したがって、自分の身体の存在について確信は持てない」という懐疑主義の論法に対して、「もし起きているか寝ているかの違いをはっきり区別ができなければ、自分の身体の存在について確信は持てない。ところで、自分の身体の存在について確信を持つことができる。したがって、起きているか寝ているかの違いをはっきり区別することができる」という形でやり返すのが「ムーアのシフト」の実例である。

このようにして、ムーアは懐疑主義に対して常識(コモン・センス)を擁護した(Aaron Preston, G. E. Moore, *Internet Encyclopedia of Philosophy*, http://www.iep.utm.edu/moore/#SH2d, 二〇〇九年一二月一七日 最終アクセス)。なお、ムーアについては本書第四章も参照のこと。

(12) http://people.umass.edu/phil511/monads/(二〇一〇年三月三一日最終アクセス).

(13) 以下は主にHare (1972/3) およびHudson (1980: ch. 8) に基づく記述である。

第一〇章

(1) 本章は、児玉(2009)を修正したものである。

(2) 近年注目を浴びているニューロエシックス(脳神経倫理学)の概論については、信原(2008)を参照せよ。

(3) 世界銀行のサイト(PovertyNet)より。http://web.worldbank.org/WBSITE/EXTERNAL/TOPICS/EXTPOVERTY/0,,menuPK:336998~pagePK:149018~piPK:149093~theSitePK:336992,00.html(二〇一〇年五月四日最終アクセス).

(4) なお、スロヴィックの「心理的麻痺」と類似した問題が、生命倫理学、とくに医療資源の配分における文脈でも、「救済原則(The Rule of Rescue)」として論じられている。「救済原則」とは、第九章でも登場した米国の著名な生命倫理学者であるアルバート・ジョンセンが、レーガン政権のもとで医療資源の効率的な配分の問題が大きな議論になっていた一九八〇年代に作った言葉である（Jonsen 1986）。これはすなわち、人工心臓を埋め込まないと死ぬというような、回避可能な死に直面している特定の個人に対して、われわれはどのような犠牲を払ってでも（つまり、費用対効果という功利主義的な考慮を無視して）助けようとするという義務論的性向を有するというものである。ジョンセンは、ロンドン大学にあるベンタムのミイラが、前面をガラスで覆われている木箱の中に座っているのと同じように、費用対効果という功利主義的発想は、救済原則という人間の性向によって制約を受けていると述べた。救済原則は、スロヴィックらの議論とは独立に生じてきたものであり、スロヴィックらのように実証研究に基づくものではないが、われわれには統計的な人命に比べて特定の個人の人命を重視する性向があるという論点は、スロヴィックらの研究テーマと共通するものである。この議論について詳しくは、Hope（2004: ch. 3）を見よ。

（5）なお、筆者の調べた限り、心理学や脳科学における二つの思考システムの議論は、ヘアの二層理論の議論とはまったく独立に論じられているようである。心理学におけるこの議論の歴史については、Gilovich and Griffin（2002）を参照せよ。

（6）以下のグリーンらの研究については、蟹池（2008）、的射場（2008）も参考にした。ちなみに、別の研究者らによる調査では、脳のＶＭＰＣの部位だけに損傷のある患者たちを用いた実験では、健常人や脳の他の部位に損傷のある患者たちに比べて、グリーンらのいう「個人的な事例」においても功利主義的な結論を選ぶ人が有意に多かったという（Koenigs *et al.* 2007）。これが正しければ、前章でジレットが功利主義者の推論を精神病患者のそれになぞらえていたのは、それほど的外れではないのかもしれない。

（7）ハーヴァード大学心理学助教。プリンストン大学にて哲学博士号取得。なお、その際の指導教員はＤ・ルイスやＧ・ハーマンらである。http://www.wjh.harvard.edu/~jgreene/（二〇一〇年五月二四日最終アクセス）.

（8）トロリー問題は、もともとは哲学者のフット（Philippa Foot, 一九二〇〜二〇一〇）やトムソン（Judith Jarvis Thomson, 一九二九〜）が考案した思考実験である（Foot 1967; Thomson 1976）。

（9）心理学や脳科学におけるこうした情動の役割に関する研究が、倫理学（規範倫理学およびメタ倫理学）や経済学における理性と感情の関係にもたらす含意については、Haidt（2001）, 蟹池（2007）も参照せよ。

結語

（1）このような対比はこれまでにも指摘されている。たとえばレイチェルズは、「通常の信念が理論の誤りを明らかにすることはあるが、その逆はない」という考え方を、常識的信念を重視したムーアにちなんで「ムーア的遮断（Moorean Insulation）」と呼び、道徳哲学を常識的信念を覆す作業と理解するシンガー的な立場と対比している（Rachels 1997: 3–9）。また、理論と直観的信念の関係についてはMcMahan（2000: 96–7）も参照せよ。

（2）ただし、「功利主義はリベラル、直観主義は保守」とは単純に言えないことを記しておくべきであろう。たとえば、キムリッカは現代の功利主義は常識道徳に理解を示そうとするあまりに保守的になったと指摘している（Kymlicka 2002: 46–7/67–9）。また、ウィリアムズは、「多元論を支持する直観主義（方法論的直観主義）は非反省的な保守主義（unreflective conservatism）だという批判がよくなされる。しかし、体系化すれば反省的（批判的）になれるかというとそうでもない。体系化が保守性をもたらすこともある」と述べている（Williams 1995: 183）。逆に、直観主義が必ず保守的になるかどうかも、少なくとも自明ではない。ジェイムズ・マーティノー（James Martineau, 一八〇五〜一九〇〇）のように、子ミルの直観主義への批判を、直観主義が保守的だという前提に基づいていると批判し、進歩主義的な直観主義（socially progressive intuitional theory）もありうるのではないか、と論じたものもいる（Schneewind 1977: 174）。本書で見てきたように、直観主義が常識道徳と結びつくと保守的になる傾向があると思われるが、ベンタムがつとに指摘していたように、直観主義が自然権思想と結びつく場合には革命的思想を支持する可能性もあるだろう（児玉 2002）。

あとがき

本書は、二〇〇九年一二月に筆者が京都大学文学部で行なった集中講義の内容に基づくものである。その一〇数年前、筆者は京都大学の学生として文学部の哲学科倫理学研究室に在籍していた。この当時の倫理学研究室の様子は、当時教授であった加藤尚武先生（京都大学名誉教授）の「京大オーバードクター生一掃記——二足のわらじを履きなさい」（『中央公論』二〇〇八年二月号四四〜五〇頁）という文章に垣間見ることができる。加藤先生は、これから大学院で倫理学を研究する者は「伝統的な倫理学」と「応用倫理学」の両方を研究しなければならないという方針で教育をしていた。加藤先生の表現に倣って言えば、筆者は一方の足にはベンタムの功利主義という「伝統的な倫理学のわらじ」を、そしてもう片方の足には死刑廃止論や生命倫理学などの「応用倫理学のわらじ」を履いて倫理学の研究をしていたことになる。

幸いなことに、功利主義は倫理思想史に登場する「過去の思想」であると同時に、現代の応用倫理学における基礎理論の一つでもあったため、二足のわらじを履くことはそれほど困難ではなかった。だがその当時から、ベンタムの論敵は直観主義者であるのに対して、現代の功利主義の論敵はカントを代表とする義務論であることを不思議に思っていた。いわば右のわらじと左のわらじの微妙な履き心地の違いに違和感を抱いていたのである。筆者が本書で行なったのは、そのような違和感を端緒にして、これまで学んできた倫理思想史と現代の応用倫理学とを結び付ける作業だったと言うこともできるだろう。今後はこの作業をさらに進めていくと同時に、「現に国民が選択の前に立たされているような大きな難問を解くこと」（加藤、同上、四七頁）に少しでも寄与できるよう、功利主義の立場から取り組んでいきたいと考えている。

本書のまとめはすでに結語に記したので、以下では本書の成り立ちを手短に述べつつ、お世話になった方々に謝辞を記していくことにしたい。

まず、本研究は日本学術振興会の科学研究費補助金（21720005）の助成を受けたものである。今回の助成のおかげで必要な文献を集めることができただけでなく、本研究の着想自体が、科研費の申請書類を書く中で具体化したものであった。日本学術振興会には特別研究員時代から多大な援助を受けてきた。この援助がなければ、研究者になることはなかったかもしれない。あらためて同会、科研費の審査に当たっている先生方、および研究振興に貢献している納税者の皆様に御礼申し上げる次第である。

次に、本書は、先に述べたように筆者が京都大学文学部で行なった集中講義の内容に基づくものである。〆切という道徳的サンクションがなければ何もできない筆者の性格からして、このような機会がなければ本研究をまとめることは到底できなかった。不肖の弟子を慮って集中講義に招いてくれた恩師の水谷雅彦先生（京都大学教授）に深く感謝する次第である。また、講義に出席してくれた学生諸君にも感謝したい。さらに、集中講義の前に自宅の勉強部屋で行なった予行演習に付き合ってくれた妻の石川涼子（お茶の水女子大学アソシエイトフェロー）にも感謝している。彼女は後に引用文献一覧と索引の作成も手伝ってくれた。

第三に、上記の集中講義用に作った草稿を読んでコメントしてくれた方々に謝意を表する。集中講義を終えた後に残った草稿はいかにも未完成のものであったが、それを最初から最後まで読んで細かくコメントしてくれた大前景子氏（北海道大学）には感謝の言葉が見つからない（氏には初校にも丁寧に目を通していただいた）。氏の協力がなければ、本書の出版はずっと遅れていただろう。また、筆者の京都大学文学部時代の先輩である江口聡師匠（京都女子大学准教授）、畏友の奥田太郎氏（南山大学准教授）および川名雄一郎氏（京都大学特定助教）、若手のロールズ研究者の池田誠氏（北海道大学）にも多くの有益なコメントをいただいた。感謝の念に堪えない。

第四に、本書の出版を快く引き受けてくれた勁草書房編集部の土井美智子氏に御礼申し上げる。本書は当初、集中講義のコマ数に合わせて細かい章立てになっていたが、土井氏の提案で現在の章立てとなり、まとまりのある構成となった。また、本文全体にわたってコメントをいただいたり、用語集を付ける等のアイディアをいただいたりもした。すでに何度か一緒に仕事をさせていただいているが、今回も迅速かつ丁寧に対応していただき、大変感謝している。

本書の成り立ちについては以上だが、以下の方々に御礼を述べずに筆を擱くことはできない。まず、筆者が京都大学文学部の学生だった時に薫陶を受けた加藤尚武先生、水谷雅彦先生、内井惣七先生（京都大学名誉教授）、また筆者が日本学術振興会特別研究員だった時にご指導いただいた有江大介先生（横浜国立大学教授）と深貝保則先生（横浜国立大学教授）には、この場を借りて深く謝意を表するとともに、学恩に報いることができるように今後も研鑽を積むことを誓いたいと思う。また、Bentham研究会や本郷政治哲学研究会をはじめ、さまざまな研究会において常に筆者に刺激を与えてくれた方々に心より感謝の意を表したい。最後に、上記の集中講義のために半年ほど準備期間を要したが、その間の本務校での仕事量に配慮してくれた赤林朗先生（東京大学教授）をはじめ、筆者が所属する東京大学大学院医学系研究科の医療倫理学分野および生命・医療倫理教育研究センターの方々の御厚情に対しても御礼申し上げる。

言うまでもないが、本書に見られる稚拙な表現、不十分・不正確な分析、その他の至らぬ点は、すべて筆者の責任である。読者諸賢からのコメントや批判を待つことにしたい。

二〇一〇年一〇月

児玉　聡

著者略歴

1974 年　大阪府に生まれる
2002 年　京都大学大学院文学研究科博士課程単位取得退学　博士（文学、2006 年）
現　在　京都大学大学院文学研究科准教授
著　書　『功利主義入門』（ちくま新書、2012 年）
『マンガで学ぶ生命倫理』（化学同人、2013 年）
『実践・倫理学』（勁草書房、2020 年）ほか
訳　書　シンガー『あなたが救える命』（共訳、勁草書房、2014 年）
ヘスター編『病院倫理委員会と倫理コンサルテーション』（監訳、勁草書房、2009 年）
ダニエルズ、ケネディ、カワチ『健康格差と正義』（監訳、勁草書房、2008 年）ほか

功利と直観　英米倫理思想史入門

2010 年 11 月 25 日　第 1 版第 1 刷発行
2020 年 7 月 20 日　第 1 版第 5 刷発行

著　者　児《こ》玉《だま》　聡《さとし》

発行者　井　村　寿　人

発行所　株式会社　勁《けい》　草《そう》　書　房

112-0005　東京都文京区水道 2-1-1　振替　00150-2-175253
（編集）電話　03-3815-5277／FAX　03-3814-6968
（営業）電話　03-3814-6861／FAX　03-3814-6854
理想社・松岳社

ISBN978-4-326-15413-5　　Printed in Japan

人名索引

ア 行

アームソン　Urmson, J. O.　114, 139–40, 163, 166–7, 266
アバクロンビー　Abercrombie, J.　64
アリストテレス　Aristotle　7, 94, 118, 140, 266, 270
アンスコム　Anscombe, G. E. M.　228–9, 265, 271, 276–7
アンダーソン　Anderson, E. S.　83
ウィリアムズ　Williams, B.　90, 142, 149, 166, 212–3, 254, 264, 269, 271, 275, 280
ウィルソン　Wilson, C.　115
ウォーノック，G. J.　Warnock, G. J.　109–10, 133, 161, 263, 271
ウォーノック，M.　Warnock, M.　263
ウォルストンクラフト　Wollstoncraft, M.　55
ウォルフェンデン　Wolfenden, J.　185
ウルフ　Wolf, S.　256
エア　Ayer, A. J.　127, 133, 135, 140, 245–6
エプスタイン　Epstein, S.　236
オースティン，ジョン　Austin, J.　54, 63, 68–72, 87, 88, 128–9, 139, 199, 202, 256, 257–8, 264, 273
オースティン，J. L.　Austin, J. L.　190

カ 行

カーマイケル　Carmichael, G.　28
加藤尚武　164
カドワース　Cudworth, R.　23–5, 255
加茂直樹　212
カント　Kant, I.　28, 65, 68, 87, 92–3, 94, 132, 138–9, 218, 241–2, 257, 263–4, 266, 267, 274–5
キムリッカ　Kymlicka, W.　280
キャリット　Carritt, E. F.　112, 113, 133, 266, 267
クラーク　Clarke, S.　23–4, 36, 124, 177, 267
グラッドストーン　Gladstone, W. E.　128
グラバー　Glover, J.　225
グリーン，T. H.　Green, T. H.　101–2, 260, 265
グリーン，J.　Greene, J.　239–42, 279
グロート，ジョージ　Grote, G.　40
グロート，ジョン　Grote, J.　65, 128, 260, 262
ケインズ　Keynes, J. M.　104, 109, 260, 266
コールリッジ　Coleridge, S. T.　65, 87, 257
ゴドウィン　Godwin, W.　51, 54–7, 59, 70, 139, 146, 159, 256, 257

サ 行

シェリング　Schelling, F. W. J.　65
シジウィック　Sidgwick, H.　vi, 3, 6, 31, 58, 84, 87–101, 104, 106, 109–12, 113, 120, 121, 123–4, 126–7, 129, 131, 132, 152, 160, 161, 167, 170, 174–6, 245, 248, 254, 255, 257, 259–60, 261–2, 264, 267–8, 270, 271
清水幾太郎　109, 260–1
ジャクソン　Jackson, M.　116
シャフツベリ伯爵　Shaftesbury, Earl of　27–9, 45, 48,
シュニーウィンド　Schneewind, J. B.　iv, 28, 51, 57, 58–60, 63, 87, 89, 175, 246–8, 254–5, 257, 258, 260
ジョンセン　Jonsen, A.　222–3, 278–9
シリー　Thilly, F.　265
ジレット　Gillett, G.　225–8, 279
シンガー　Singer, P.　iv, vi, 57, 89, 149, 173–6, 178–9, 222–3, 225, 243–4, 249, 251, 271, 277, 280
スケア　Scarre, J.　140
スコフィールド　Schofield, P.　60–1
スチュワート　Stewart, D.　64
スティーブンソン　Stevenson, C. L.　127, 133, 140,
スティングル　Stingle, M.　135
ストラットン＝レイク　Stratton-Lake, P.　122, 133, 161–2, 254, 269
スプリッグ　Sprigge, T. L. S.　148, 157, 268
スペンサー　Spencer, H.　260
スマート　Smart, J. J. C.　141–3, 145–8, 151, 156, 249, 267
スミス，アダム　Smith, A.　28, 35
スミス，アレグザンダー　Smith, A.　64, 257
スロヴィック　Slovic, P.　232–9, 278–9
セジウィック　Sedgwick, A.　65, 80, 256, 257
セルビー＝ビッグ　Selby-Bigge, L. A.　254

タ 行

ダーウィン　Darwin, C.　257
ダーウォル　Darwall, S.　103, 262
田中成明　211
チャーマーズ　Chalmers, T.　64
チョムスキー　Chomsky, N.　176, 269
チルドレス　Childress, J. F.　215–22, 228, 265, 276
柘植尚則　v, 48–9
テイラー　Taylor, H.　77
デカルト　Descartes, R.　21–2, 25–6, 30
デブリン　Devlin, P.　184–5, 190–7, 199, 201, 205, 206–14, 228, 273–4, 275
デュワー　Dewar, D.　64
ドゥウォーキン　Dworkin, R.　60–1
トゥーリー　Tooley, M.　iv, 224, 225
ドーキンズ　Dawkins, R.　18

ナ 行

ニュートン　Newton, I.　24, 67

ハ 行

ハーカ　Hurka, T.　262
バーク　Burke, E.　25
バークス　Birks, T. R.　65
ハーディン　Hardin, R.　159, 265
ハート　Hart, H. L. A.　163, 184, 190–1, 196–202, 206–7, 209–11, 214, 273, 274
ハートリ　Hartley, D.　73–4, 78–9
ハーマン　Herman, B.　130

バーリン　Berlin, I.　163

パウルゼン　Paulsen, F.　130, 265

ハズリット　Hazlitt, W.　59

ハチソン　Hutcheson, F.　25, 27–30, 35, 45, 75, 87, 124, 255

ハドソン　Hudson, W. D.　iv–v, 21, 30, 33, 110, 254, 270–1

バトラー　Butler, J.　vi, 6, 7, 14–8, 31–6, 78, 93–4, 96, 103, 106, 164, 253, 255, 259–60, 267

ハミルトン　Hamilton, W.　64, 83

ハリス　Harris, J.　223–4, 277

ハリントン　Harrington, J.　28

バルガイ　Bulgay, J.　23, 25

ハロッド　Harrod, R. F.　136–40, 143–5, 156, 249, 266, 267

ハンプシャー　Hampshire, S.　271

ビーチャム　Beauchamp, T.　131, 215–22, 228, 265, 276–7

ビーティ　Beattie, J.　48, 64

ヒューウェル　Whewell, W.　31, 60, 65–8, 90, 92, 95, 101, 113, 263, 266

ヒューズ　Hughes, G.　205, 273

ヒューム　Hume, D.　28, 35–6, 45, 48, 87, 124, 216, 246, 255

プーフェンドルフ　Pufendorf, S.　28

フッカー　Hooker, B.　264

プライス　Price, R.　15–6, 23, 25–6, 31, 46, 48, 75, 110–1, 177, 254, 267, 270

ブラウン　Brown, T.　64

ブラックストーン　Blackstone, W.　40

ブラッドリー　Bradley, F. H.　101, 109, 260

プラトン　Plato　20, 98, 245–6, 255

フランケナ　Frankena, W.　112, 161, 220, 246, 261, 267

ブラント　Brandt, R.　139, 141–5, 148, 151, 176, 218, 247, 267, 270

プリチャード　Prichard, H. A.　vi, 88, 110, 112–20, 127, 130, 133, 136, 166–7, 227, 263, 267

ブリンク　Brink, D. O.　91

フレイ　Frey, R. G.　148

フロイト　Freud, S.　33

ブロード　Broad, C. D.　18, 100, 112, 114, 131–2, 265

プロティノス　Plotinus　255

ヘア，ジュリアス　Hare, J.　65

ヘア，R. M.　Hare, R. M.　89, 149–52, 157–60, 164, 167, 170–4, 176, 178–9, 222, 228–9, 236, 249, 250, 267, 268, 269, 270, 271, 273, 274, 275, 277, 279

ペイリー　Paley, W.　51–4, 57–60, 63–5, 68, 70–2, 87, 139, 256, 258

ベイルズ　Bayles, M. D.　141, 145, 160, 267

ヘーゲル　Hegel, G. W. F.　101

ベカラ　Bechara, A.　238

ベンタム（ベンサム）　Bentham, J.　vi, 6, 7, 39–54, 57, 59–61, 63, 68–70, 72, 73, 75, 76, 77–9, 81–4, 87, 90, 96, 98, 104, 111, 117, 121, 128–9, 171, 173, 191, 202–5, 248, 254, 255–6, 257, 264, 265, 271, 274, 279, 281

ボイル　Boyle, R.　24–5

ホープ　Hope, T.　153

ボールドウィン　Baldwin, T.　261–2

ホッブズ　Hobbes, T.　7–14, 20, 24, 32–3, 36, 93

穂積陳重　69

マ　行

マーティノー　Martineau, J.　280

マキャベリ　Machiavelli, N.　8

マクリーン　Maclean, A.　223, 227–

8
マッキンタイア　MacIntyre, A.　246, 248
マンデヴィル　Mandeville, B.　7–8, 10
ミューアヘッド　Muirhead, J. H.　130–1, 265
ミル，ジェームズ　Mill, J.　vi, 7, 40, 63, 72, 73–6, 77, 79, 81, 87, 95, 121, 249
ミル，ジョン・スチュアート　Mill, J. S.　vi, 7, 47–8, 51, 58, 60–1, 63, 68, 69, 72, 73, 76–84, 87–8, 92, 95, 97, 98, 109, 111, 121, 139, 184, 197–202, 211, 241–2, 246, 249–50, 256, 257, 258, 260, 261, 262, 263, 266, 271, 273, 280
ムーア　Moore, G. E.　v, vi, 34, 87–9, 100–18, 121–2, 127, 130, 132–3, 135, 136, 161, 167, 170, 226–7, 245–6, 248, 254, 260, 261–2, 263, 277–8, 280
モーリス　Maurice, F. D.　65
モールズワース　Molesworth, R.　28

ヤ　行

山下重一　75

ラ　行

ライオンズ　Lyons, D.　267
ライプニッツ　Leibniz, G. W.　24
ラウデン　Louden, R.　112, 127–33, 264, 266
ラシュダール　Rashdall, H.　261
ラズリット　Laslett, P.　136
ラッセル　Russell, B.　101, 102
ラフィエル　Raphael, D. D.　110, 254
リード　Reid, T.　vi, 7, 28, 31, 34–6, 50, 58, 63–6, 68, 87, 113, 123–4, 139, 255, 257, 259, 263, 267
ルソー　Rousseau, J. -J.　163
レイシー　Lacey, N.　273
レイチェルズ　Rachels, J.　224, 280
レッキー　Lecky, W. E. H.　3–6, 48, 74, 81, 95, 97, 129, 254
レッシャー　Rescher, N.　271
ロールズ　Rawls, J.　iv, vi, 60–1, 88–9, 91, 123, 134, 136, 160–76, 178, 179, 217–8, 221, 249–51, 269, 270, 271, 274–5, 277,
ロス　Ross, W. D.　vi, 88, 110, 112–5, 117–23, 125–7, 131, 133, 135–7, 141, 161, 165, 167, 178, 209–10, 217–8, 220–1, 248–50, 262, 263, 266, 267, 271, 275, 276, 277
ロストウ　Rostow, E. V.　208, 274
ロック　Locke, J.　20, 21–3, 27–30, 65, 67, 74, 77, 87, 107, 163

事項索引

サ　行

タ　行

ナ　行

ハ　行

マ　行

ヤ　行

ラ　行

アルファベット

引用文献一覧

＊がついているのは、初学者にお勧めする文献である。英語文献に関しては、邦訳があるものだけを選定した。

＊赤林朗編（2005）『入門・医療倫理Ⅰ』、勁草書房。
＊——（2007）『入門・医療倫理Ⅱ』、勁草書房。
安藤馨（2007）『統治と功利』、勁草書房。

泉谷周三郎（1992）「J・S・ミルの功利主義とシジウィク」、行安茂編『H・シジウィク研究』、以文社、173–95頁。
＊伊勢田哲治（2008）『動物からの倫理学入門』、名古屋大学出版会。
伊勢田哲治・樫則章編（2006）『生命倫理学と功利主義』、ナカニシヤ出版。

伊藤豊（2007）「イギリスにおけるホモセクシュアリティ合法化の問題——『ウォルフェンデン報告書』を読む」、『同志社法学』59（2）、195–220頁。

井上茂（1962）「法による道徳の強制」、『法哲学研究』第三巻、有斐閣、97–147頁、1972年。

岩崎武雄（1963）『現代英米の倫理学』、勁草書房。

内井惣七（1989）「ロールズ——平等と公平な格差」、寺崎峻輔ほか編『正義論の諸相』、法律文化社、272–307頁。

——（1995）『科学哲学入門』、世界思想社。

——（1996）『進化論と倫理』、世界思想社。

大久保正健（1999）「J・S・ミルとシジウィック」、行安茂編『近代イギリス倫理学と宗教』晃洋書房、224–43頁。

奥野満里子（1999）「バトラーとシジウィックの直覚主義」、行安茂編『近代イギリス倫理学と宗教』晃洋書房、204–23頁。

——（1999）『シジウィックと現代功利主義』、勁草書房。

香川知晶（2010）「バイオエシックスにおける原則主義の帰趨」、小松美彦・香川知晶編著『メタバイオエシックスの構築へ』、NTT出版、163–83頁。

引用文献一覧

＊加藤尚武（1997）『現代倫理学入門』、講談社学術文庫。

蟹池陽一（2008）「道徳的判断と感情との関係」、信原幸弘・原塑編著『脳神経倫理学の展望』、勁草書房。

加茂直樹（1991）『社会哲学の諸問題』、晃洋書房。

川本隆史（1997）『ロールズ――正義の原理』、講談社。

＊小泉仰（1997）『J.S. ミル』、研究社出版。

児玉聡（2002）「ベンタムの自然権論批判」、『倫理学研究』32、76–87頁。

――（2003）「功利主義による寛容の基礎づけ――ベンタムの同性愛寛容論を手がかりにして」、『倫理学年報』52、135–46頁。

――（2006）「功利主義と臓器移植」、伊勢田哲治・樫則章編『生命倫理学と功利主義』、ナカニシヤ出版、170–92頁。

――（2007）「生命倫理学における功利主義と直観主義の争い」、『創文』01–02（No. 494）、28–31頁。

――（2009）「百万人の死は、一人の死の何倍悪いか――道徳心理に関する近年の実証研究が功利主義に持つ含意」、『倫理学年報』58、247–59頁。

――（2010）「ハート・デブリン論争再考」、『社会と倫理』24、181–91頁。

＊清水幾太郎（1972）『倫理学ノート』、講談社学術文庫、2000年。

清水征樹（1969）「道徳の法的強制に関するH・L・A・ハートの見解」、『同志社法學』21（3）、91–109頁。

千石保（2001）『新エゴイズムの若者たち』、PHP新書。

田中成明（1994）『法理学講義』、有斐閣。

柘植尚則（1999）「バトラーの良心論と自愛」、行安茂編『近代イギリス倫理学と宗教』晃洋書房、187–223頁。

――（2003）『良心の興亡』、ナカニシヤ出版。

＊――（2009）『イギリスのモラリストたち』、研究社。

土屋恵一郎（1993）『ベンサムという男――法と欲望のかたち』、青土社。

中井大介（2009）『功利主義と経済学』、晃洋書房。

＊永井義雄（2003）『ベンサム』、研究社。

長尾伸一（2004）『トマス・リード』、名古屋大学出版会。

中村隆之（2008）『ハロッドの思想と動態経済学』、日本評論社。

日本イギリス哲学会編（2007）『イギリス哲学・思想事典』、研究社。

信原幸弘・原塑編著（2008）『脳神経倫理学の展望』、勁草書房。

福間聡（2007）『ロールズのカント的構成主義』、勁草書房。

的射場瑞樹（2008）「政治理論としてのニューロエシックス」、『現代思想』36（7）、134–44 頁。

三木清（1974）『読書と人生』、新潮文庫。

矢崎光圀（1962）「社会における道徳の役割と法の機能――「ウルフェンドン報告」を契機として」、『法律時報』34（12）、82–93 頁。

山下重一（1997）『ジェイムズ・ミル』、研究社出版。

行安茂（1992）「シジウィクとケンブリッジ大学」、行安茂編『H・シジウィク研究』、以文社、32–50 頁。

横山兼作（1992）「シジウィクの自愛とJ・バトラー」、行安茂編『H・シジウィク研究』、以文社、135–55 頁。

渡辺幹雄（2000）『ロールズ正義論の行方』、春秋社。

――（2001）『ロールズ正義論再説』、春秋社。

Ainslie, D.C. (2004). Principlism. In *Encyclopedia of Bioethics* Third ed. Macmillan Library Reference.
Anderson, E.S. (1997). John Stuart Mill and Experiments in Living. In D. Lyons (ed.), *Mill's Utilitarianism: Critical Essays* (pp. 123–47). Lanham, MD: Rowman & Littlefield.
Anscombe, G.E.M. (1958). Modern Moral Philosophy. *Philosophy*, 124: 1–19.
Arras, J.D. (2007). The Way We Reason Now: Reflective Equilibrium in Bioethics. In *The Oxford Handbook of Bioethics* (pp. 46–71). Oxford: Oxford University Press.
Arrington, R.L. (1997). Ethics II (1945 to the present). In J.V. Canfield (ed.), *Philosophy of Meaning, Knowledge and Value in the Twentieth Century* (pp. 163–96). London: Routledge.
Audi, R. (2002). Prospects for a Value-Based Intuitionism. In P. Stratton-Lake (ed.), *Ethical Intuitionism* (pp. 29–55). Oxford: Oxford University Press.
Austin, J. (1832). *The Province of Jurisprudence Determined*. Cambridge: Cambridge University Press, 1995.
Ayer, A. J. (1982). *Philosophy in the Twentieth Century*. London:

Weidenfeld.
Ayer, A.J. (1936). *Language, Truth, and Logic*. London: Gollancz (吉田夏彦訳『言語・真理・論理』、岩波書店、1955 年).
Baldwin, T. (1993). Editor's Introduction. In G.E. Moore, *Principia Ethica* (revised ed., pp. ix-xxxvii).Cambridge: Cambridge University Press.
Balguy, J. (1729, 1734). The Foundation of Moral Goodness. Reprint in D.D. Raphael (ed.), *British Moralists 1650–1800*, Vol. I (pp. 290–408). Indianapolis: Hackett, 1991.
Baumgardt, D. (1952). *Bentham and the Ethics of Today*. Princeton: Princeton University Press.
Bayles, M.D. (1968). *Contemporary Utilitarianism*. Garden City, N.Y.: Anchor Books.
Beauchamp, T.L. and J.F. Childress. (1997). *Principles of Biomedical Ethics* (Third ed.). New York: Oxford University Press (永安幸正・立木教夫監訳『生命医学倫理』、成文堂、1997 年).
—— (2001). *Principles of Biomedical Ethics* (Fifth ed.). New York: Oxford University Press (立木教夫・足立智孝監訳『生命医学倫理』、麗澤大学出版会、2009 年).
—— (2009). *Principles of Biomedical Ethics* (Sixth ed.). New York: Oxford University Press.
Bechara, A. and A. Damasio. (2005). The Somatic Marker Hypothesis: A Neural Theory of Economic Decision. *Games and Economic Behavior*, 52: 336–72.
Bentham, J. (1776). *A Comment on the Commentaries and A Fragment on Government*. J.G. Burns and H.L.A. Hart (eds.), London: The Athlone Press, 1977.
—— (1789). *An Introduction to the Principles of Morals and Legislation*. J.H. Burns and H.L.A. Hart (eds.), Oxford: Oxford University Press, 1996 (山下重一訳「道徳および立法の諸原理序説」、関嘉彦責任編集『世界の名著 38 ベンサム、J・S・ミル』、中央公論社、1967 年).
—— (1817). *Chrestomathia*. M.J. Smith and W.H. Burston (eds.), London: Clarendon Press, 1983.

—— (1822). *First Principles Preparatory to Constitutional Code*. P. Schofield (ed.), Oxford: Oxford University Press, 1989.

—— (1834). *Deontology, Together with A Table of the Springs of Action and Article on Utilitarianism*. A. Goldworth (ed.), Oxford: Oxford University Press, 1983.

Blackburn, S. (2001). *Ethics: A Very Short Introduction*. Oxford: Oxford University Press.

Brandt, R. (1959). *Ethical Theory*. Englewood Cliffs, N.J.: Prentice Hall.

—— (1963). Toward a Credible Form of Utilitarianism. In M.D. Bayles (ed.), *Contemporary Utilitarianism* (pp. 143–86). Gloucester: Peter Smith, 1978.

—— (1979). *A Theory of the Good and the Right*. Oxford: Oxford University Press.

Brink, D.O. (2003). Editor's Introduction. In T. H. Green, *Prolegomena to Ethics* (pp. xiii-cl). Oxford: Clarendon Press.

Broad, C.D. (1930). *Five Types of Ethical Theory*. London: Kegan Paul, Trench, Trubner.

—— (1952). *Ethics and the History of Philosophy: Selected Essays*. New York: The Humanities Press.

Burns, K. and A. Bechara. (2007). Decision Making and Free Will: A Neuroscience Perspective. *Behavioral Sciences and the Law*, 25: 263–80.

Butler, J. (1726). Fifteen Sermons Preached at the Rolls Chapel. In D.D. Raphael (ed.), *British Moralists 1650–1800*, Vol. I (pp.325–77). Indianapolis: Hackett, 1991.

—— (1736). Dissertation on the Nature of Virtue. In D.D. Raphael (ed.), *British Moralists 1650–1800*, Vol. I (pp. 378–86). Indianapolis: Hackett, 1991.

Carritt, E.F. (1928). *The Theory of Morals*. London: Oxford University Press.

Cavalier *et al.* (ed.) (1989). *Ethics in the History of Western Philosophy*. Basingstoke: Macmillan.

Childress, J.F. (2009). Methods in Bioethics. In *Oxford Handbook*

of Bioethics (pp. 15–45). Oxford: Oxford University Press.

Clarke, S. (1706) A Discourse of Natural Religion. In D.D. Raphael (ed.), *British Moralists 1650–1800*, Vol. I (pp. 192–225). Indianapolis: Hackett, 1991.

Coady, C.A.J. (1994). Sidgwick. In C.L. Ten (ed.), *The Nineteenth Century* (pp. 122–47). London: Routledge.

Coleridge, S.T. (1835). *Table Talk*. In T. Ashe (ed.), *The Table Talk And Omniana of Samuel Taylor Coleridge*. London: George Bell and Sons, 1888.

Crompton, L. (1978). Jeremy Bentham's Essay on 'Paederasty'. *Journal of Homosexuality*, 3: 383–8 (「自己にそむく違反、男色」、土屋恵一郎編『ホモセクシュアリティ』、弘文堂、1994 年、29–96 頁).

Cudworth, R. (1731). *A Treatise Concerning Eternal and Immutable Morality; with, A Treatise of Freewill*. In D.D. Raphael (ed.), *British Moralists 1650–1800*, Vol. I (pp. 106–34). Indianapolis: Hackett, 1991.

Dancy, J. (1991). An Ethic of Prima Facie Duties. In P. Singer (ed.), *A Companion to Ethics* (pp. 219–29). Blackwell Reference.

Darwall, S. (1989). Moore to Stevenson. In *Ethics in the History of Western Philosophy* (pp. 366–93). Basingstoke: Macmillan.

—— (1998). *Philosophical Ethics*. Boulder: Westview Press.

—— (2006). How Should Ethics Relate to (the Rest of) Philosophy? Moore's Legacy. In Terry Horgan and Mark Timmons (eds.), *Metaethics after Moore* (pp. 17–37). Oxford: Oxford University Press.

Dawkins, R. (1976). *The Selfish Gene*. Oxford: Oxford University Press (日高敏隆ほか訳『利己的な遺伝子』、紀伊國屋書店、1992 年).

Descartes, R. (1651). *Regulae ad directionem ingenii* (野田又夫訳『精神指導の規則』、岩波文庫、1974 年).

Devlin, P. (1965). *The Enforcement of Morality*. Oxford: Oxford University Press.

Epstein, S. (1994). Integration of the Cognitive and the Psychodynamic Unconscious. *American Psychologist*, 49: 709–24.

Feinberg, J. (1973). *Social Philosophy*. London: Prentice-Hall.

Foot, P. (1967). The Problem of Abortion and the Doctrine of the Double Effect. In N.L. Rosenblum and R.C. Post (eds.), *Virtues and Vices* (pp. 19–32). Princeton: Princeton University Press, 2002.

Frankena, W. (1939). The Naturalistic Fallacy. In K.E. Goodpaster (ed.), *Perspectives on Morality: Essays by W.K. Frankena* (pp. 1–11). Notre Dame: University of Notre Dame Press.

—— (1963). *Ethics*. Englewood Cliffs, N.J.: Prentice-Hall (杖下隆英訳『倫理学』、培風館、1975年).

Frey, R.G. (2000). Act-Utilitarianism. In *The Blackwell Guide to Ethical Theory* (pp. 165–82). Oxford: Clarendon Press.

Gazzaniga, M.S. (2005). *The Ethical Brain*. New York: The Dana Press. (梶山あゆみ訳『脳のなかの倫理』、紀伊國屋書店、2006年).

Gewirtz, G. (1996). On 'I Know It When I See It'. *Yale Law Journal*, 105: 1023–47.

Gillett, G. (2003). Reasoning in Bioethics. *Bioethics* 17: 243–60.

Gilovich, T. and D. Griffin. (2002). Introduction - Heuristics and Biases: Then and Now. In Gilovich T. et al. (ed.), *Heuristics and Biases: The Psychology of Intuitive Judgment* (pp. 1–18), Cambridge: Cambridge University Press.

Godwin, W. (1842). *Enquiry Concerning Political Justice* (4th ed). BiblioLife, LLC.

Green, T.H. (1883) *Prolegomena to Ethics*. Oxford: Clarendon Press, 2003.

Greene, J. *et al.* (2001). An fMRI Investigation of Emotional Engagement in Moral Judgment. *Science*, 293: 2105–8.

Greene, J. and J. Haidt. (2002). How (and Where) Does Moral Judgment Work?. *Trends in Cognitive Sciences*, 6: 517–23.

Griffin, J. (1982). Modern Utilitarianism. *Revue Internationale de Philosophie*, 141: 331–75.

Haidt, J. (2001). The Emotional Dog and its Rational Tail: A Social Intuitionist Approach to Moral Judgment. *Psychological Review*, 108: 814–34.

Hall, E.W. (1949). The 'Proof' of Utility in Bentham and Mill. *Ethics*, 60: 1–18.

Hardin, R. (1988). *Morality within the Limits of Reason*. Chicago: University of Chicago Press.

Hare, R.M. (1952). *The Language of Morals*. Oxford: Clarendon Press (小泉仰・大久保正健訳『道徳の言語』、勁草書房、1982年).

—— (1963). *Freedom and Reason*. Oxford: Clarendon Press (山内友三郎訳『自由と理性』、理想社、1982年).

—— (1972/3). Principles. In R.M. Hare, *Essays in Ethical Theory* (pp. 49–65). Oxford: Clarendon Press, 1989.

—— (1973). Rawls' Theory of Justice. In N. Daniels (ed.), *Reading Rawls* (pp. 81–167). Oxford: Blackwell, 1975.

* —— (1981). *Moral Thinking*. Oxford: Clarendon Press (内井惣七・山内友三郎監訳『道徳的に考えること』、勁草書房、1994年).

—— (1987). *In Vitro* Fertilization and the Warnock Report. In R.M. Hare, *Essays on Bioethics* (pp. 98–117). Oxford: Clarendon Press.

—— (1989). The Structure of Ethics and Morals. In *Essays in Ethical Theory* (pp. 175–90). Oxford: Clarendon Press.

Harris, J. (1975). The Survival Lottery. In J. Harris (ed.), *Bioethics* (pp. 300–15).

Harrod, R.F. (1936). Utilitarianism Revised. *Mind*, 45: 137–55.

Hart, H.L.A. (1959). Immorality and Treason. *The Listener*, 30: 162–3.

—— (1961). *The Concept of Law*. Oxford: Clarendon Press (矢崎光圀監訳『法の概念』、みすず書房、1976年).

—— (1963). *Law, Liberty and Morality*. Stanford: Stanford University Press.

Hartley, D. (1749). Observation on Man. In D.D. Raphael ed., *British Moralists* 1650–1800, Vol. II (pp. 123–7).

Häyry, M. (1994). *Liberal Utilitarianism and Applied Ethics*. London: Routledge.

Herman, B. (1993). *The Practice of Moral Judgment*. Cambridge: Harvard University Press.

Hintikka, J. (1999). The Emperor's New Intuitions. *The Journal of Philosophy*, 96: 127–47.

Hobbes, T. (1650). Human Nature. In D.D. Raphael (ed.), *British Moralists 1650–1800*, Vol. I (pp. 4–17). Indianapolis: Hackett, 1991.

—— (1651). Leviathan. In D.D. Raphael (ed.), *British Moralists 1650–1800,* Vol. I (pp. 18–60). Indianapolis: Hackett, 1991 (永井道雄、宗片邦義訳『世界の名著 23　ホッブズ　リヴァイアサン』、中央公論社、1971 年).

Hooker, B. (2000a). *Ideal Code, Real World.* Oxford: Clarendon Press.

—— (2000b). Rule-Consequentialism. In *The Blackwell Guide to Ethical Theory* (pp. 183–204). Oxford: Blackwell.

—— (2002). Intuitions and Moral Theorizing. In P. Stratton-Lake (ed.) *Ethical Intuitionism* (161–83). Oxford: Clarendon Press.

＊Hope, T. (2004). *Medical Ethics: A Very Short Introduction*. Oxford: Oxford University Press (児玉聡・赤林朗訳『医療倫理』、岩波書店、2007 年).

Hudson, W.D. (1967). *Ethical Intuitionism*. New York: St. Martin's Press.

—— (1980). *A Century of Moral Philosophy*. Guildford: Lutterworth Press.

—— (1988). The Development of Hare's Moral Philosophy. In D. Seanor and N. Fotion (eds.), *Hare and Critics* (pp. 9–23).Oxford: Clarendon Press.

Hughes, G. (1962). Morals and the Criminal Law. *Yale Law Journal*, 71: 662–83.

Hume, D. (1739–40). *A Treatise of Human Nature*. D.F. Norton and M.J. Norton (ed.), Oxford: Oxford University Press, 2000.

—— (1751). *An Enquiry Concerning the Principles of Morals*. T.

Beauchamp (ed.), Oxford: Oxford University Press, 1998（渡部峻明訳『道徳原理の研究』、晢書房、1993 年）.

Hurka, T. (2003). Moore in the Middle. *Ethics*, 113: 599–628.

Hutcheson, F. (1725). An Inquiry Concerning Moral Good and Evil. In D.D. Raphael (ed.), *British Moralists 1650–1800*, Vol. I (pp. 261–99). Indianapolis: Hackett, 1991.

—— (1728). Illustrations upon the Moral Sense. In D.D. Raphael (ed.), *British Moralists 1650–1800*, Vol. I (pp. 305–21). Indianapolis: Hackett, 1991.

Jamieson, D. (1993). Method and Moral Theory. In P. Singer (ed.), *A Companion to Ethics* (pp. 476–99). Oxford: Blackwell Publishers.

Jonsen, A. (1986). Bentham in a Box: Technology Assessment and Health Care Allocation. *Law, Medicine & Health Care*, 14: 172–4.

—— (2001). Beating Up Bioethics. *Hastings Center Report*, September-October, 2001: 40–5.

Kahneman, D. (2003). A Perspective on Judgment and Choice: Mapping Bounded Rationality. *American Psychologist*, 58: 697–720.

Kamm, F.M. (2000). Nonconsequentialism. In *The Blackwell Guide to Ethical Theory* (pp. 205–26). Oxford: Blackwell Publishers.

Kant, I. (1783). *Prolegomena zu einer Jeden Kunftigen Metaphysik*（篠田英雄訳『プロレゴメナ』、岩波文庫、1977 年）.

—— (1797) Ueber ein vermeintes Recht aus Menschenliebe zu luegen（谷田信一訳「人間愛からの嘘」、坂部恵ほか編『カント全集 13』、岩波書店、2002 年）.

Kass, L. (1997) The Wisdom of Repugnance: Why We Should Ban the Cloning of Humans. G. McGee (ed.), *The Human Cloning Debate* (pp. 149–80). Albany: Berkely Hills, 1988.

Keynes, J.M. (1949). My Early Beliefs. In S. P. Rosenbaum, (ed.), *The Bloomsbury Group.* (Rev. Ed., pp. 82–97), Toronto: University of Toronto Press, 1995（宮崎義一訳「若き日の信条」、『中公クラシックス ケインズ』、中央公論新社、2005 年、1–41 頁）.

Koenigs, M. *et al.* (2007). Damage to the Prefrontal Cortex Increases Utilitarian Moral Judgements. *Nature*, 446: 908–11.

Kogut, T. and I. Ritov. (2005a). The "Identifiable Victim" Effect. *Journal of Behavioral Decision Making*, 18: 157–67.

—— (2005b). The Singularity of Identified Victims in Separate and Joint Evaluations. *Organizational Behavior and Human Decision Processes*, 97: 106–16.

Kuhse, H. (2002). Introduction: The Practical Ethics of Peter Singer. In P. Singer, *Unsanctifying Human Life* (pp. 1–14). Oxford: Blackwell Publishers（佐々木拓訳「序　ピーター・シンガーの実践倫理」浅井篤ほか監訳『人命の脱神聖化』、晃洋書房、2007 年、i-xix 頁).

Kymlicka, W. (2002). *Contemporary Political Philosophy*. Second ed., Oxford: Oxford University Press（千葉眞ほか訳『現代政治理論（新版)』、日本経済評論社、2005 年).

Lacey, N. (2004). *A Life of H.L.A. Hart*. Oxford: Oxford University Press.

Laslett, P. (1956). *Philosophy, Politics and Society*. Oxford : Basil Blackwell.

Lecky, W.E.H. (1869). *History of European Morals from Augustus to Charlemagne*. London Watts and Co, 1946.

*Lee, S. (1986). *Law and Morals: Warnock, Gillick and Beyond*. Oxford: Oxford University Press（加茂直樹訳『法と道徳』、世界思想社、1992 年).

Letwin, S.R. (1998). *The Pursuit of Certainty*. Indianapolis: Liberty Fund.

Louden, R.B. (1996). Toward a Genealogy of 'Deontology'. *Journal of the History of Philosophy*, 34: 571–92.

Lyons, D. (1965). *Forms and Limits of Utilitarianism*. Oxford: Clarendon Press.

MacCormick, N. (1981). *H.L.A. Hart*. London: Edward Arnold Ltd.

Maclean, A. (1993). *The Elimination of Morality: Reflections on Utilitarianism and Bioethics*. London: Routledge.

MacIntyre, A. (1981). *After Virtue*. Notre Dame: University of

Notre Dame Press（篠﨑榮訳『美徳なき時代（第二版）』、みすず書房、1993 年）.

Magee, Bryan. (1978). *Men of Ideas: Some Creators of Contemporary Philosophy*. Oxford: Oxford University Press（磯野友彦訳『哲学の現在』、河出書房新社、1983 年）.

Mandeville, B. (1714). *The Fable of the Bees, or, Private Vices, Public Benefits*. Oxford: Clarendon Press（泉谷治訳『蜂の寓話』、法政大学出版局、1985 年）.

McCloskey, H.J. (1957). An Examination of Restricted Utilitarianism. In Michael D. Bayles (ed.), *Contemporary Utilitarianism* (pp. 117–41), Gloucester: Peter Smith, 1968.

—— (1965). A Non-Utilitarian Approach to Punishment. In Michael D. Bayles (ed.), *Contemporary Utilitarianism* (pp. 239–59), Gloucester: Peter Smith, 1968.

McMahan, J. (2000). Moral Intuition. In *The Blackwell Guide to Ethical Theory* (pp. 92–110). Oxford: Clarendon Press.

Midgley, M. (2000). Biotechnology and Monstrosity: Why We Should Pay Attention to the "Yuck Factor." *Hastings Center Report*, September-October, 7–15.

Mill, J.S. (1833). Remarks on Bentham's Philosophy. Reprinted in J.M. Dent (ed.), *Utilitarianism, On Liberty, Considerations on Representative Government*, new ed. (pp. 429–45). Everyman's Library, 1993.

—— (1835). *Professor Sedgwick's Discourse on the Studies of the University of Cambridge*. Kessinger Publishing, 1867.

—— (1836). Whewell on Moral Philosophy. Reprinted in A. Ryan ed., *Utilitarianism and Other Essays* (pp. 228–70). Penguin Books, 2004.

*—— (1859). On Liberty. Reprint in J.M. Dent (ed.),*Utilitarianism, On Liberty, Considerations on Representative Government* (pp. 69–185). London: Everyman's Library, 1993（早坂忠訳「自由論」、関嘉彦責任編集『世界の名著 38　ベンサム、J・S・ミル』、中央公論社、1967 年）.

—— (1861). Representative Government. Reprinted in J.M. Dent

(ed.), *Utilitarianism, On Liberty, Considerations on Representative Government* (pp. 187–428). Everyman's Library,1993 (山下重一訳「代議政治論」、関嘉彦責任編集『世界の名著 38 ベンサム、J・S・ミル』、中央公論社、1967 年).

*—— (1863). Utilitarianism. Reprinted in J.M. Dent (ed.), *Utilitarianism, On Liberty, Considerations on Representative Government* (pp. 1–67). Everyman's Library,1993 (伊原吉之助訳「功利主義論」、関嘉彦責任編集『世界の名著 38 ベンサム、J・S・ミル』、中央公論社、1967 年).

—— (1867). *Mill on Bentham and Coleridge*. London: Chatto & Windus, 1950 (松本啓訳『ベンサムとコウルリッジ』、みすず書房、1990 年).

—— (1873). *Autobiography*. London: Penguin Books, 1989 (朱牟田夏雄訳『ミル自伝』、岩波文庫、1960 年).

Monro, D.H. (1972). *A Guide to the British Moralists*. London: Fontana.

Moore, G.E. (1903). *Principia Ethica* (revised ed.). Cambridge University Press, 1993 (泉谷周三郎ほか訳『倫理学原理』、三和書籍、2010 年).

Muirhead, J.H. (1932). *Rule and End in Morals*. London: Oxford University Press.

Paley, W. (1785). *The Principles of Morals and Political Philosophy*. Indianapolis: Liberty Fund, 2002.

Paulsen, F. (1889). *System der Ethik* (蟹江義丸訳『倫理學』(抄訳)、博文館、1899 年、蟹江義丸ほか訳『倫理學大系』(原本第五版全訳)、博文館、1904 年).

Pogge, T. (2007). *John Rawls*. Oxford: Oxford University Press.

Price, R. (1758). *A Review of the Principal Questions in Morals*. In D.D. Raphael (ed.), *British Moralists 1650–1800* (pp. 18–60), Indianapolis: Hackett Publishing Company, 1991.

Prichard, H.A. (1912). Does Moral Philosophy Rest on a Mistake? In *Moral Obligation: Essays and Lectures* (pp. 1–17), Oxford: Clarendon Press, 1949.

—— (1937). Moral Obligation. In *Moral Obligation: Essays and*

Lectures (pp. 87–163). Oxford: Clarendon Press, 1949.
—— (1949). *Moral Obligation: Essays and Lectures.* Oxford: Clarendon Press.
Quinton, A. (1989). *Utilitarian Ethics* (2nd ed.). London: Duckworth.
Rachels, J. (1975). Active and Passive Euthanasia. In *Can Ethics Provide Answers and Other Essays in Moral Philosophy* (pp. 63–8). Rowman & Littlefield Publishers, Inc., 1997.
*—— (2003). *The Elements of Moral Philosophy*, 4th ed. New York: McGraw-Hill (古牧徳生・次田憲和訳『現実をみつめる道徳哲学』、晃洋書房、2003 年).
Raphael, D.D. (1947). *Moral Sense.* London: Oxford University Press.
—— (1969). *British Moralists 1650–1800,* Vols. I-II. Indianapolis: Hackett Publishing Company, 1991.
Rashdall, H. (1907). *The Theory of Good and Evil*, Vol. 1. Oxford: Clarendon Press.
Rawls, J. (1955). Two Concepts of Rules. In M.D. Bayles (ed.), *Contemporary Utilitarianism* (pp. 60–98). Garden City, N.Y.: Anchor Books, 1968.
—— (1971). *A Theory of Justice.* Cambridge: Belknap Press of Harvard University Press.
—— (1993). *Political Liberalism.* New York: Columbia University Press.
—— (1999). *The Law of Peoples.* Cambridge: Harvard University Press (中山竜一訳『万民の法』、岩波書店、2006 年).
Reid, T. (1788) *Essays on the Active Powers of Human Mind.* In J.B. Schneewind (ed.), *Moral Philosophy from Montaigne to Kant: An Anthology.* Volume II (pp. 632–50). Cambridge: Cambridge University Press.
Ross, W.D. (1930). *The Right and the Good.* Oxford: Clarendon Press.
Rostow, E. V. (1960). The Enforcement of Morals. *Cambridge Law Journal* 18: 174–98.

Rowling, J. K. (2005). *Harry Potter and the Half-Blood Prince*. London: Bloomsbury（松岡佑子訳『ハリー・ポッターと謎のプリンス』上・下、静山社、2006年）.

Russell, B. (1956). *Portraits from Memory and Other Essays*. New York: Simon And Schuster.

Sadler, B. (2002). Tips for the top. *The Philosophers' Magazine*, 18: 13–4.

＊Sandel, M.J. (2009). *Justice*. London: Penguin Books（鬼澤忍訳『これからの「正義」の話をしよう』、早川書房、2010年）.

Scarre, G. (1996). *Utilitarianism*. London: Routledge.

Schilpp, P.A. ed. (1968). *The Philosophy of G.E. Moore*. 3rd ed. Illinois: Open Court.

Schneewind, J.B. (1977). *Sidgwick's Ethics and Victorian Moral Philosophy*. Oxford: Clarendon Press.

—— ed. (1990a). *Moral Philosophy from Montaigne to Kant: An Anthology*. Volume I. Cambridge: Cambridge University Press.

—— ed. (1990b). *Moral Philosophy from Montaigne to Kant: An Anthology*. Volume II. Cambridge: Cambridge University Press.

—— (1998). *Invention of Autonomy*. Cambridge: Cambridge University Press.

—— (2009). "Sixty Years of Philosophy in a Life." *Proceedings and addresses of the American Philosophical Association*. 83: 79–95.

Schofield, P. (2009). *Bentham: A Guide for the Perplexed*. London: Continuum.

Seanor, D. and F. Fotion. (1988). *Hare and His Critics*. Oxford: Clarendon Press.

Selby-Bigge, L.A. (1897). *British Moralists: Being Selections from Writers Principally of the Eighteenth Century,* Vols. I-II. Oxford: Clarendon Press.

Sen, A. and B. Williams eds. (1982). *Utilitarianism and beyond*. Cambridge University Press.

Shaw, W.H. (1999). *Contemporary Ethics: Taking Account of Utilitarianism*. Massachusetts: Blackwell Publishers.

Sidgwick, H. (1886). *Outlines of the History of Ethics*. Indianapolis:

Hackett Publishing Company（竹田加寿雄・名越悦訳『倫理学史』上・下、刀江書院、1951/1952年）.

—— (1907). *Methods of Ethics*. 7th ed. Indianapolis: Hackett Publishing Company, 1981.

Singer, P. (1974). Sidgwick and Reflective Equilibrium. In *Unsanctifying Human Life*. Oxford: Blackwell Publishers, 2002.

*—— (1997). *How are we to Live?: Ethics in an Age of Self-Interest*. Amherst, N. Y., Prometheus Books（山内友三郎監訳『私たちはどう生きるべきか』、法律文化社、1999年）.

—— (2002). *One World*. New Haven: Yale University Press（山内友三郎・樫則章監訳『グローバリゼーションの倫理学』、昭和堂、2005年）.

—— (2002). R.M. Hare's Achievements in Moral Philosophy. *Utilitas*, 14: 309–17.

*—— (2002). *Unsanctifying Human Life*. Helga Kuhse ed. Oxford: Blackwell Publishers（浅井篤ほか監訳『人命の脱神聖化』晃洋書房、2007年）.

—— (2005). Ethics and Intuitions. *Journal of Ethics*, 9: 331–52.

Slovic, P. (2007). "If I look at the mass I will never act": Psychic numbing and genocide. *Judgment and Decision Making*, 2: 79–95.

Small, D. *et al*. (2007). Sympathy and callousness. *Organizational Behavior and Human Decision Processes*, 102: 143–53.

Smart, J.J.C. (1956). Extreme and Restricted Utilitarianism. In Michael D. Bayles (ed.), *Contemporary Utilitarianism* (pp. 99–115). Gloucester: Peter Smith, 1968.

Smart, J.J.C. and B. Williams. (1973). *Utilitarianism For and Against*. Cambridge: Cambridge University Press.

Smith, W.J. (2000). *Culture of Death*. California: Encounter Books.

Sprigge, T.L.S. (1965). A Utilitarian Reply to Dr. McCloskey. In Michael D. Bayles (ed.), *Contemporary Utilitarianism* (pp. 261–99). Gloucester: Peter Smith, 1968.

Stanovich, K.E. and R.F. West. (2000). Individual differences in reasoning: Implications for the rationality debate? *Behavioral and*

Brain Sciences, 23: 645–726.

Stevenson, C. (1937). The Emotive Meaning of Ethical Terms. In *Facts and Values: Studies in Ethical Analysis*, New Haven, CT: Yale University Press, 1963.

Stingl, M. (1997). Ethics I (1900–45). In J.V. Canfield (ed.), *Philosophy of Meaning, Knowledge and Value in the Twentieth Century* (Routledge History of Philosophy vol. 10, pp. 134–62), London: Routledge.

Stratton-Lake, P. (2002a). *Ethical Intuitionism: Re-Evaluations*. Oxford: Oxford University Press.

—— (2002b). Introduction. In D. Ross, *The Right and the Good*, Oxford: Oxford University Press, pp. ix-lviii.

Thomson, J.J. (1976). Killing, Letting Die, and the Trolley Problem. In *Rights, Restitution, and Risk: Essays in Moral Theory*, Cambridge, MA: Harvard University Press, 1986.

Tooley, M. (1972). Abortion and Infanticide. *Philosophy and Public Affairs*, 2: 37–65.

Urmson, J.O. (1953). The Interpretation of the Moral Philosophy of J.S. Mill. In Michael D. Bayles (ed.), *Contemporary Utilitarianism* (pp. 13–24). Gloucester: Peter Smith, 1968.

—— (1974). A Defence of Intuitionism. *Proceedings of the Aristotelian Society*, 75: 111–9.

Veatch, R.M. (2003). *The Basics of Bioethics*. 2nd ed. New Jersey: Prentice Hall（品川哲彦監訳『生命倫理学の基礎』、メディカ出版、2003年）.

Warnock, G.J. (1967). *Contemporary Moral Philosophy*. London: Macmillan.

Warnock, M. (1978). *Ethics since 1900*. 3rd ed. Oxford: Oxford University Press（ただし初版は1960年。以下の翻訳は初版に基づく。保田清監訳『二十世紀の倫理学』、法律文化社、1979年）.

Whewell, W. (1852). *Lectures on the History of Moral Philosophy*. A new ed. with additional lectures. Cambridge: Dighton, Bell, and co. 1862.

White, S.K. (2002). Pluralism, Platitudes, and Paradoxes: Fifty

Years of Western Political Thought. *Political Theory*, 30: 472–81.

Williams, B. (1979). *Report of the Committee on Obscenity and Film Censorship*. London: Her Majesty's Stationery Office.

—— (1981). *Moral Luck: Philosophical Papers 1973–1980*. Cambridge: Cambridge University Press.

—— (1995). *Making Sense of Humanity and Other Philosophical Papers: 1982–1993*. Cambridge: Cambridge University Press.

William, T. (1985). *Mill* (Past Masters). Oxford: Oxford University Press.

Wolf, S. (1982). Moral Saints. *The Journal of Philosophy*, 79: 419–39.

Wolfenden, J. (1963). *The Wolfenden Report*. Authorized American ed. New York: Stein and Day Publishers.

用語集

一見自明な義務（*prima facie* duties）——ロスが用いた言葉で、他の義務と衝突したり、他の義務が優先したりしない限りは、果たすべき義務のこと。たとえば約束を守る義務、償いをする義務、恩に報いる義務など。ロスによれば、一見自明な義務とは当の状況の本質に含まれている客観的な事実であるが、その状況において存在する複数の一見自明な義務のうち、どれがその状況における「実際の義務」(actual duty, duty *sans phrase*）であるのかは自明ではなく、熟慮して決めるしかないとされる。

宇宙の視点（from the point of view of the universe）——シジウィックが用いた言葉で、（利己主義者のように）自分の利益を特別視するのではなく、（功利主義者のように）すべての人の利益を平等に考慮するという不偏的（impartial）な立場を指す。

観念連合（association of ideas）——習慣の力によって、もともとは無関係な観念同士が分かちがたく結びつき、一方が想起されると他方も想起されるという現象のこと。ロックが定式化したこの考え方をハートリや父ミルらが引き継ぎ、良心や道徳感覚といった一見したところ単純な快苦には還元できない心的な働きも、究極的には単純な観念の結びつきによって形成されるとした。

帰結主義（consequentialism）——行為の正しさをその帰結（結果）によって評価する立場。以前は目的論（teleology）とも。

規則功利主義（rule-utilitarianism）——「ある一定の状況においては常にある種の行為をせよ」と命ずる規則に従うことの功利性を考慮し、そうした規則の中で最も功利性の高い規則を採用することを命ずる立場。

行為功利主義と対比的に用いられる。

基礎付け主義（foundationalism）――幾何学が少数の公理から出発して体系を築くように、それ自体は正当化を必要としない基礎的な信念によって他の信念を演繹的に正当化し、理論体系を作っていく立場。整合説と対比して用いられる。

義務論（deontology）――世の中には結果の善し悪しにかかわらずなすべき行為や守るべき義務があるとする考え方。

共感と反感の原理（the principle of sympathy and antipathy）――「ある行為を（…）単にある人がその行為を是認しまたは否認したいと思うがゆえに、是認または否認し、その是認や否認をそれ自体として十分な理由であると考えて、何らかの外的な理由を探し求める必要を否定するような原理」（Bentham 1789: 25/94）のこと。独断主義（ipsedixitism）、感情主義（sentimentalism）とも。ベンタムによれば、これまでの道徳理論の大半がこの原理を採用している。そして、この原理を用いる限り、自分の主張の客観的根拠を示せないため主観主義に陥らざるを得ないと批判した。

教義的直観主義（dogmatic intuitionism）――シジウィックの用語。善意、正義、約束などの常識道徳における一般的規則を公理として直観的に把握するという考え方。

共通道徳（common morality）――ビーチャムとチルドレスらによると、すべての道徳的に真面目な人々（morally serious person）が共有する一連の規範のこと。これはあらゆる地域のあらゆる人々を拘束する単一で普遍的な道徳規範だとされる。

経験則（rule of thumb）――過去の経験の積み重ねによって作られた、通常はそれに従っておけば間違いないような大雑把な規則のこと。

行為功利主義（act-utilitarianism）――ある特定の状況において行ないうる複数の行為の中で、最も功利性の高い行為をなすべきだとする立場。規則功利主義と対比的に用いられる。

功利原理（the principle of utility）――ベンタムの定式化によれば、「利害関係のある人の幸福を増進させるように見えるか減少させるように見えるかの傾向に従って、ありとあらゆる行動を是認または否認する原

理」である（Bentham 1789: 11–2/82)。個人の行為だけでなく、政府の政策についても適用される。

功利主義（utilitarianism）――行為や政策が人々に与える結果を重視する立場であり、最大多数の最大幸福に役立つ行為が倫理的に正しいとする考え方。

功利性（utility）――論者によって意味は異なるが、一般に事物が持つ有用性のこと（語源であるラテン語の *utilitas* は、「役に立つこと」を意味する)。たとえばベンタムは「功利性を持つ対象は個人あるいは社会一般に対して快をもたらすか、苦を妨げるはたらきをする」と述べ、快苦と結び付けて理解している（Bentham 1789: 12/83)。

自然主義的誤謬（naturalistic fallacy）――ムーアの用語。ムーアによれば、善さ（good）は単純観念であるがゆえに定義できない。したがって、善さを定義しようとする試み、とりわけ快さなどの自然的性質と同一視する試みは誤謬であるとして、このように呼んだ。

実定道徳（positive morality）――現に効力のある法律を「実定法（positive law)」と呼ぶのと類比的に、現に存在する道徳のことを指してオースティンが用いた言葉。これに対して、「あるべき道徳」のことをH・L・A・ハートが後に「批判道徳（critical morality)」と名付けた。慣習道徳（conventional morality）という言葉も、実定道徳と同じ意味で用いられることが多い。

主意主義（voluntarism）――主知主義と対立する考え方で、道徳的な善悪は、神が決めることであるとする立場。神の命令説とも。道徳の客観性が失われ、道徳が恣意的になるという批判がある。

主知主義（intellectualism）――主意主義と対立する考え方で、神の命令や決定に先立って、道徳的な善悪が客観的に存在するという立場。神の全能性に反するという批判がある。

常識道徳（common sense morality）――リードによれば、あらゆる時代に受け入れられてきた道徳の実践的規則のことで、万民の同意（*consensus gentium*）を得ているがゆえに妥当性を持つとされる。

情動説（emotivism）――非認知説の一種で、道徳判断は話者の感情や態度を表明しているとする立場。エアやスティーブンソンらが代表的な論

者。

神学的功利主義（theological utilitarianism）――われわれは神の命令に従うべきであり、神が何を命じているかは、功利原理を用いて知ることができると考える立場。来世での幸福（および不幸）が道徳的に行為するための主な動機付けになるとする。ペイリーやオースティンらの立場。

心理的快楽説（psychological hedonism）――心理的利己説の一種で、われわれが持つさまざまな種類の欲求は、突き詰めると、すべて自らの快楽を増大させ苦痛を減少させるという欲求に還元できるとする立場。

心理的利己説（psychological egoism）――われわれが持つさまざまな種類の欲求は、突き詰めると、すべて利己的なものであるとする立場。

整合説（coherentism）――ある信念は、それが整合的な信念の体系に属していることによって正当化されるとする立場。基礎付け主義と対比して用いられる。基礎付け主義が成り立つためには、理論体系の少なくとも一部に正当化される必要のない自明な信念が存在することが必要だが、整合説ではそのような信念は必要とされず、あくまで他の信念との関係のみが重要である点が大きく異なる。

正の理論（theory of the right）――「どのような行為をなすべきか」を問題にする理論。善の理論と対比されて用いられる。ムーア以降の倫理学における基本的な区別となった。義務の理論（theory of obligation）とも。

善の理論（theory of the good）――「〔何か別のものの手段として価値があるのではなく〕それ自体に価値があるために存在すべき事物は何か」を問題にする理論。正の理論と対比されて用いられる。価値の理論（theory of value）とも。

他者危害原則（the harm to others principle）――J・S・ミルが『自由論』（1859）で定式化した自由主義の原則。判断能力のある成人の行為に関して、権力を用いて規制してよいのは、その行為が他人に危害を加える性質のものである場合に限るとする。この原則によれば、その人の行為が、当人の利益に反すると考えられたり、不道徳だと考えられたりするとしても、その行為を禁止したり別の行為を強制したりすることは許されないことになる。危害原則（the harm principle）とも。

知覚的直観主義（perceptional intuitionism）——シジウィックの用語。個々の行為の正・不正を直観的に把握するという考え方。

直観（intuition）——何らかの過程を経ずに知識を直接的に得ること。デカルト的な考え方では、論証の出発点となる知識（観念）は論証によっては証明できないゆえ、理性の働きの一つである直観能力によって知られる他はないとされる。今日では、倫理的問題に対して、批判的思考を経ることなく下される道徳判断や、それ以上合理的に説明しようがない判断のことを指す場合が多い。

直観主義（intuitionism）——一般的には、道徳的善悪や正・不正の把握が「直観」によってなされるとする立場。本書における直観主義の特徴づけについては、第五章第3節を見よ。

哲学的直観主義（philosophical intuitionism）——シジウィックの用語。常識道徳の背後にある哲学的基礎を見つけようとする場合の直観主義のことを指す。シジウィックは、そのような哲学的直観として、形式的な意味での「正義」(等しいものは等しく、異なるものは異なった仕方で扱え)、「合理的自愛」(人は全体としての自分の善を目指すべきである)、「合理的善意」(「宇宙の視点」からすれば、ある人の善は別の人の善と同じだけの重要性しかない。したがって、理性的存在者としての個人は、一部の善だけではなく、全体の善を目指すべきである）の三つを挙げている。

道徳感覚説（moral sense）——直観主義の一種で、われわれには視覚や聴覚と同様、道徳感覚なるものがあり、これによって道徳的区別を知ることができると考える立場。感覚説（sentimentalism)、美的直観主義（aesthetic intuitionism）とも。

道徳器官（moral faculty）——道徳的区別を認識したり、道徳判断を行なったり、その判断に基づいた行為へと人を動機付ける器官ないし能力のこと。理性的直観主義者は理性こそがこの器官だと主張し、道徳感覚説論者は道徳感覚がそれだとした。

道徳的区別（moral distinctions）——正と不正、善と悪などの区別のことを指す、主に18世紀の用語。

道徳的実在論（moral realism）——正しさや善さなどの道徳的性質は、

世界に実在する客観的性質であると考える立場。ムーアやロスのような直観主義者は、道徳的実在論を支持するだけでなく、道徳的性質は快さのような自然的な性質に還元することはできないとする非自然主義（non-naturalism）を採る。

道徳の独自性（*sui generis*）――道徳はそれだけで独自の類（*genus*）を形成しており、他のものと同類に扱うことができないということ（*sui generis* はラテン語で、英語に直訳すると of its own kind)。たとえば、道徳を自然科学に還元したり、道徳的善悪を快苦などに還元したりすることは、この道徳の独自性という特徴を無視しているとされる。

内在的価値（intrinsic value）――ある物が、何かの手段として重要なのではなく、それ自体として重要であること。対義語は道具的価値（instrumental value)。

認識論的直観主義（epistemological intuitionism）――バーナード・ウィリアムズの用語で、直観主義を構成する要素のうち、認識に関する側面（世界の側に実在する道徳的性質を、われわれは独特な仕方で直接的に知ることができる）を指す言葉。ウィリアムズは、倫理的命題を数学的真理とのアナロジーで理解する数学的直観主義と、知覚による認識とのアナロジーで理解する知覚的直観主義を区別している（Williams 1995)。ブラッド・フッカーは（道徳）器官直観主義（faculty intuitionism）と呼んでいる。

パターナリズム（paternalism）――ある人が自分自身に対して危害を与えることを防止するために、当人の行為を規制してもよいとする考え方。父権主義とも。

反省的均衡（reflective equilibrium）――ロールズの用語。彼によれば、原初状態において導出される道徳原理が、われわれの「正義について熟慮を経た信念（considered convictions of justice)」と合致しない場合には、原初状態の初期条件を変えるか、あるいは信念の方を修正するかして、最終的にわれわれの信念に合致するような道徳原理を生みだす初期状況を設定することができる。この、道徳原理とわれわれの信念の行きつ戻りつを経て最終的に均衡の取れた状態を反省的均衡（状態）と呼ぶ。反照的均衡とも。

非認知説（non-cognitivism）――道徳判断は、感情や態度の表明や推奨、命令の一種であり、その真偽を問うことはできないとする考え方。たとえば、「盗むことは不正である」という道徳判断は、「盗むの反対！」「盗むな！」といった態度の表明や命令と理解される。エアやスティーブンソンの情動説（emotivism）、ヘアの指令説（prescriptivism）などが非認知説に含まれる。これとは逆に、道徳判断は何らかの実在や性質を記述している真偽が問える命題であると考える立場を認知説（cognitivism）と言う。

不快原則（the offense principle）――ある行為を公然と行なうと人々に（危害ではないが）不快を与えるという理由から、当の行為を規制することが許されるとする考え方。

普遍的指令説（universal prescriptivism）――「〜すべし」「〜は正しい」といった道徳語は、通常、普遍化可能性と指令性という論理的性質を持つとする、ヘアが主張したメタ倫理学上の立場。普遍化可能性とは、簡単に言えば、「同様の状況であれば同様のことが正しい」という一貫性の要求であり、指令性とは、道徳判断は一種の命令であり、「A すべきだ」という判断に同意するならば、その行為をしないことは論理的に見て不誠実だとする考え方である。

方法論的直観主義（methodological intuitionism）――バーナード・ウィリアムズの用語で、直観主義を構成する要素のうち、第一原理は複数あり、その衝突を解決するための明示的な優先原理はないとする側面を指す言葉（Williams 1995）。功利主義のような一元論と対比して用いられる。ブラッド・フッカーは道徳的多元論（moral pluralism）と呼んでいる。

ホッブズ主義（Hobbism）――利他心の存在を否定し、道徳の人為性を強調する立場。ホッブズやマンデヴィルがこのような立場を主張していると理解された。

メタ倫理学（metaethics）――「何をすべきか」を問題にする規範倫理学に対して、道徳概念の分析や道徳に関する認識論、存在論などを研究する領域のこと。たとえば、道徳と宗教の関係や、道徳の客観性を問題にしたり、どのように道徳的判断の真理性を認識できるかや、「善い」「正

しい」とはどのような意味かを問題にしたりする。

リーガル・モラリズム（legal moralism）――法による道徳の強制を肯定する立場。すなわち、不道徳な行為はそれが誰かに危害を加えているかどうかにかかわらず禁止してよいとする考え方。

利己的快楽説（egoistic hedonism）――シジウィックが、倫理学の方法の一つとして提示した、規範理論としての利己主義（人は、当人の幸福ないし快楽を最大化すべきである）のこと。記述理論としての心理的快楽説（人は、当人の幸福ないし快楽を現に追求している）と区別されると同時に、規範理論としての功利主義は「普遍的快楽説（universal hedonism）」と呼ばれて区別された。

理性的直観主義（rational intuitionism）――直観主義の一種で、われわれは理性によって道徳的区別を知ることができるとする立場。知性説（intellectualism）とも。

理想的功利主義（ideal utilitarianism）――帰結主義を採るが、快楽を善とするのではなく、美的経験や友情や愛情といったものを善と考えるムーアやラシュダールのような立場を指す。

論理実証主義（logical positivism）――前期ウィトゲンシュタイン（Ludwig Josef Johann Wittgenstein, 1889–1951）の思想に影響を受けたオーストリアのウィーン学派（the Vienna Circle）を中心とする哲学的思潮。1920年代に始まり、英国ではウィーン学派の影響を受けたA・J・エアの『言語・真理・論理』（1936）によって広まった。自然科学の思考法をモデルとし、観察によって真偽を検証しうる命題でなければ、意味のある命題ではないとする立場を採った。この立場によれば、倫理学の命題（たとえば「人のものを盗むのは不正である」）は真偽を問える有意味な命題ではなく、命題の形を装った命令（「人のものを盗むな！」）、あるいは嫌悪の感情の表明（「人のものを盗むなんて！」）であると解釈された。